# ÉBAUCHE

D'UN

# GLOSSAIRE

DU

LANGAGE PHILOSOPHIQUE

14,171. — ABBEVILLE, IMP. R. HOUSSE.

# ÉBAUCHE

D'UN

# GLOSSAIRE

DU

LANGAGE PHILOSOPHIQUE

PAR

LÉON BROTHIER

PRÉCÉDÉ D'UN AVERTISSEMENT

PAR

CH. LEMONNIER

*Concordia discors !*

---

PARIS

LIBRAIRIE PHILOSOPHIQUE DE LADRANGE
41, RUE SAINT-ANDRÉ-DES-ARTS

—

M DCCC LXIII

# AVERTISSEMENT

## DE L'ÉDITEUR

---

I

La meilleure préface que l'éditeur de ce livre puisse faire lui paraît le simple récit des circonstances qui en ont amené la composition.

Le coup d'État du 2 décembre 1851 a frappé les républicains et les socialistes, d'une leçon, dont ils n'ont point encore, peut-être, su tirer tout le fruit. Jetés d'abord, et pour longtemps, dans une stupeur douloureuse, ils n'ont senti, dans cette grande secousse, que le renversement de leurs généreuses espérances. Quelques-uns même, voyant le succès tourner si brusquement, ont eu le regret coupable de n'avoir point voulu, quand le pouvoir était dans leurs mains, user de ce pouvoir d'une façon plus dictatoriale et moins respectueuse pour la liberté.

Ce qui a redoublé leurs perplexités et rendu l'épreuve de cette triste expérience si amère, qu'à cette heure même on peut à grand'peine essayer d'en chercher le sens et le profit, c'est, en apparence du moins, l'absence de toute théorie chez les victorieux. Il semble que leurs moyens d'action aient été empruntés, avec une souveraine indifférence, aux doctrines les plus contraires et, chose étrange, la force a paru jusqu'ici leur venir précisément de ce mélange des principes les plus opposés !

Était-ce donc la France qui n'était point mûre pour l'application des théories de la Révolution et du Socialisme ? N'était-ce point, au contraire, ces théories qui se trouvaient fausses, ou tout au moins incomplètes ? Ce problème douloureux, que se posèrent, dès 1854, quelques hommes de bonne foi, en fondant la *Revue philosophique et religieuse,* n'est point encore résolu. Le bruit que les écoles socialistes firent, il y a trente ans, par la nouveauté de leurs prédications, l'audace de leur critique et la témérité de leurs affirmations, s'est éteint. Des hommes que ces écoles avaient rassemblés, les uns sont rentrés dans l'obscurité des limbes du prolétariat, les autres sont parvenus à conquérir les honneurs, la réputation, le succès, dans les rangs les plus élevés du *vieux monde;* aucun n'a pu maintenir dans sa splendeur le drapeau apostolique qu'ils avaient levé d'une main si hardie.

Toutefois il s'en faut de beaucoup que les travaux de ces hommes soient demeurés stériles. Bien au contraire, il est facile, aujourd'hui, de découvrir dans toutes les parties de la société moderne, les traces profondes des enseignements socialistes : le roman, le théâtre, l'économie sociale, la politique, l'industrie, la morale, la religion elle-même ont reçu cette forte empreinte. Il semble que, depuis vingt ans, il se soit fait, dans l'intérieur de la société, une sorte de digestion lente des idées que les écoles dont nous parlons prêchèrent avec un enthousiasme si impétueux, et, s'il est vrai que certains de leurs principes se trouvent définitivement écartés par la conscience publique, d'autres sont, au contraire, passés tout entiers dans la circulation du corps social.

Pourtant, cette sorte de tamisation des sentiments et des idées modernes s'est, jusqu'ici, faite aveuglément, et pour ainsi dire d'instinct. Les doctrines socialistes ont suscité à la fois l'enthousiasme et la haine, mais je ne sache pas que, sauf la tentative marquée par l'apparition du recueil dont il vient d'être parlé, elles aient encore été l'objet d'une vraie critique.

La situation intellectuelle et morale, créée par les événements politiques de 1851 et des années qui ont suivi, paraissait pourtant conseiller ce travail.

Au moment où tant d'espérances croulaient, au moment où il semblait que le ciel de la liberté se voilât pour toujours, c'était bien l'heure, pour les philosophes, de rechercher les causes secrètes d'une si grande perturbation et de sonder d'une main ferme les assises rudement ébranlées des croyances modernes.

Le Socialisme qui, pendant vingt ans, avait fait avec tant de superbe et si peu de miséricorde, la critique passionnée de tous les principes et de toutes les parties de l'institution sociale, avait, à son tour, besoin d'être jeté au creuset. Pourquoi s'était-il, avec tant de hauteur, séparé de la Révolution? Pourquoi, de son côté, la Révolution était-elle demeurée, par ignorance ou par orgueil, indifférente aux travaux des écoles socialistes? Cette divergence entre deux branches sorties toutes les deux du tronc de la philosophie, n'était-elle point au fond la raison de l'échec que subissaient à la fois le Socialisme et la Révolution? Leurs forces ne s'étaient-elles pas amoindries en se divisant? Leurs lumières n'eussent-elles point jeté plus d'éclat si elles avaient brillé au même foyer?

Quoi qu'il en soit, l'ancien dogme n'ayant plus de prise sur les intelligences, ni les vieilles croyances sur les cœurs, on se trouvait, et l'on se trouve encore, forcé de conclure ou que le genre humain doit désormais se passer de dogme et de croyances, ou qu'il doit continuer, sur d'autres errements, la rénovation intellectuelle et morale entreprise par les libres penseurs des trois derniers siècles.

Précisément parce que le Socialisme avait remis en question tous les principes, cette critique à faire du socialisme devait être universelle et radicale : critique de la critique. La théorie du progrès elle-même, fondement commun sur lequel ont bâti toutes les écoles ; la théorie du progrès, si bien passée à l'état de croyance populaire que les défenseurs du passé la faussent tous les jours en tâchant de l'accommoder à leur usage, devait, la première, être reprise et vérifiée, ne fût-ce qu'afin de savoir si le genre humain doit ou non se tenir pour condamné à faire perpétuellement équation entre le droit et le succès.

## II

Ce travail de critique universelle, la *Revue philosophique et religieuse,* dont nous parlions tout à l'heure, en donna le signal. Pendant trois ans elle est restée fraternellement ouverte aux libres penseurs de toutes les écoles. L'économie sociale et la politique demeurèrent pour le nouveau recueil un terrain prohibé par le décret du 17 février 1852, et ses rédacteurs n'eurent garde d'en franchir les limites ; mais il leur importait peu, sachant bien que l'économie sociale et la politique obéissent aux mêmes lois que le dogme et que la morale.

De la fin de 1854 à la fin de 1857, on reprit, dans

la *Revue philosophique* et l'on y agita, avec une entière franchise et dans une extrême liberté, tous les problèmes qui font l'éternel objet des philosophies et des religions.

| | |
|---|---|
| *Nécessité d'un dogme.* | (Léon Brothier.) |
| *La Raison et la Foi.* | (Charles Lemaire.) |
| *La Trinité au point de vue philosophique.* | (C. Renouvier.) |
| *Esquisse d'une nouvelle théorie des fonctions cérébro-intellectuelles.* | (A. Guépin.) |
| *Essai sur la personnalité de Dieu.* | (Ch. Lemonnier.) |
| *Aspirations vers une religion rationnelle.* | (Ch. Fauvety.) |
| *Dante et son temps.* | (Albert Castelnau.) |
| *Trois grands problèmes.* | (F. Cantagrel.) |
| *Au-delà du romantisme.* | (C. Potvin.) |
| *Moïse et les langues.* | (Chavée.) |
| *La Bible et la question des femmes.* | (M<sup>me</sup> P. Jenny d'Héricourt.) |
| *Défense du Criticisme.* | (Ausonio Franchi.) |
| *La Philosophie de l'histoire.* | (A. Guéroult.) |
| *Etudes sur la Trinité.* | (Ch. Lambert.) |
| *Esquisse de logique.* | (Ch. Michelet, de Berlin.) |
| *Du Progrès indéfini.* | (C. Pecqueur.) |
| *De l'Enseignement des femmes.* | (M<sup>me</sup> Gauthier-Coignet.) |
| *Sommaire exposition du Positivisme.* | (A. de Lombrail.) |
| *Jésus-Christ et les philosophes allemands.* | (Littré.) |
| *Fondements de la certitude.* | (Léon Brothier.) |
| *Du théisme et du panthéisme.* | (H. Cros.) |
| *Réveil de la Gaule.* | (Alfred Dumesnil.) |

Les titres qui précèdent, et vingt autres que nous pourrions citer, indiquent suffisamment la portée des travaux que nous venons de rappeler.

La *Revue philosophique et religieuse* allait commencer sa quatrième année lorsqu'elle fut forcée de disparaître ; la livraison du 1er janvier 1858 fut la dernière.

La *Revue* éteinte, plusieurs de ceux qui s'étaient associés pour sa publication poursuivirent les travaux dont ce recueil avait été le centre, et l'un d'eux fit paraître, en 1859, une édition des *OEuvres choisies de Saint-Simon,* précédée d'un Essai critique sur la doctrine de ce philosophe; mais l'intimité même de la collaboration conduisit promptement les fondateurs de la *Revue* à reconnaître, par leur expérience personnelle, que la confusion des idées et des sentiments anciens, jointe à l'éclosion d'idées et de sentiments nouveaux, qui n'ont pas encore d'expression précise, a jeté parmi les termes de la langue philosophique, un tel désordre que, sur ce terrain, le travail en commun devient à peu près impossible.

Cette obscurité dans les mots et dans les idées n'est point d'ailleurs particulière à la philosophie. Les langues de la morale, de la politique et de la religion offrent toutes, aujourd'hui, la même confusion.

Tant de systèmes se sont heurtés, tant de débris se sont mêlés, tant d'efforts contraires se sont détruits, qu'il n'est plus guère de mot de quelque importance, qui ne porte avec soi plusieurs significations. Deux causes ont augmenté cette confusion : l'heureuse liberté laissée à chacun de discuter le sens des mystères philosophiques ou religieux, jadis réservés pour la secrète élaboration des sanctuaires, et l'empire que, depuis vingt-cinq ans, les doctrines panthéistes exercent à peu près sans opposition. Préoccupé, en tout, et partout, des ressemblances, dont le dernier terme serait l'universelle identité, le panthéisme efface peu à peu, par une action insensible et involontaire, les différences d'idées et de sentiments ; les mots suivent le sort des sentiments et des idées ; et petit à petit, le paradoxe passe de l'imagination et du raisonnement dans la langue.

Quiconque voudra se mettre un peu au courant des débats religieux et philosophiques de ce temps, découvrira sans peine, s'il essaie de préciser la valeur des termes, que les mots prennent, dans chaque bouche et sous chaque plume, un sens parfois si différent, que l'exagération n'est peut-être pas trop forte de comparer la situation présente des écrivains, politiques, moralistes, philosophes ou religieux, à l'état dans lequel la légende biblique nous représente les ouvriers de la tour de Babel, stupéfaits d'avoir perdu, tout d'un coup, l'intelligence, et partant l'usage de la langue que, la veille encore, ils possédaient en commun.

Une telle confusion reconnue, le seul moyen de la faire cesser, entre gens qui sentaient que, sous l'équivoque involontaire des mots, il y avait pourtant communauté de principes, c'était de passer une revue complète des termes de signification douteuse, d'attacher à chacun de ces termes une valeur précise et convenue, d'établir, enfin, entre les mots et les idées une exacte corrélation qui, une fois bien fixée, fît disparaître toute équivoque et permît de poursuivre avec une clarté suffisante le travail commencé.

## III

Telle est l'origine du *Glossaire religieux et philosophique,* dont nous donnons la première partie. Avant d'être offert au public, ce livre a été, à l'origine, un simple manuel composé pour l'usage personnel de ceux qui l'ont fait.

Rédigé par M. Léon Brothier, qui en est le véritable auteur, le *Glossaire* a été, dans toutes ses parties, non-seulement révisé, mais discuté et critiqué, pour ainsi dire, mot par mot, par MM. Ch. Lemonnier, Massol et Fauvety.

Nous pouvons ajouter que ce manuel a déjà rendu, à ceux qui l'ont composé et critiqué, le service qu'ils en attendaient. Car aussitôt qu'ils l'ont eu terminé, ils se sont trouvés, non point assurément d'accord sur toutes les questions, — ce n'était point un symbole qu'ils entendaient rédiger, — mais parfaitement intelligibles les uns pour les autres ; la logomachie, à laquelle ils avaient voulu mettre fin, avait cessé; ils savaient clairement en quoi ils étaient d'accord, sur quelles solutions ils se divisaient, pour quoi et par quoi ils étaient divisés. C'est donc un outil éprouvé que nous mettons à la disposition des penseurs.

Le lecteur comprendra facilement qu'à moins de se borner à une simple compilation, il était impossible de composer un Glossaire philosophique, sans se rendre un compte exact du sens des mots qu'on faisait entrer dans sa composition, et plus impossible encore de se rendre compte du sens des termes, sans faire une révision radicale des idées. Il est donc vrai que le Glossaire contient, au moins, les linéaments principaux d'un système philosophique et religieux complet, mais nous pouvons, nous devons même, au nom de l'auteur, déclarer que sa prétention n'est point d'apporter dans le débat philosophique un système de plus. Ses visées sont à la fois plus modestes et plus hautes.

Les religions et les philosophies lui paraissent se ranger naturellement en trois catégories, correspondant aux trois éléments essentiels de toute connaissance, de toute morale, de toute politique : Spiritualisme, Panthéisme et Matérialisme. A ses yeux, chacune des religions et des philosophies du passé n'a eu qu'un tort, au fond, c'est d'exalter jusqu'à l'exclusivisme un des trois aspects essentiels de la vie, et d'écraser les deux autres sous l'anathème et la persécution. Le Panthéisme, le Spiritualisme, le Matérialisme, sont désormais épuisés ; chacun de ces grands filons a livré, depuis longtemps, toute sa richesse ; ceux qui s'obstinent à travailler suivant cette méthode d'exclusivisme et d'isolement frappent dans le vide, et pulvérisent de la poussière.

Le seul progrès possible aujourd'hui, c'est l'*Association,* et l'association sous la loi d'*égalité,* des trois ordres de considérations, des trois ordres de sentiments, des trois ordres de travaux, que, selon la diversité des lieux et des temps, le genre humain, a jusqu'ici, poursuivis tour à tour avec un enthousiasme exclusif.

Nous avons dit : *association,* et point *éclectisme ;* en effet, il n'est pas question de renouveler les tentatives stériles de 1821, et de relever une bannière qui, malgré sa légende, ne couvrait en réalité qu'une variété de spiritualisme. Il ne s'agit point d'emprunter à chacune des grandes doctrines entre lesquelles se partage la tradition, un fragment de vérité pour composer, avec deux autres fragments, une sorte de mosaïque. Il s'agit de voir, de sentir et de comprendre que les trois formes selon lesquelles l'esprit humain a jusqu'ici conçu tout dogme, toute morale et toute politique, n'étaient fausses que parce qu'elles étaient incomplètes, et incomplètes, que parce qu'elles étaient exclusives ; que le *beau*, le *vrai*, le *bon*, se doivent désormais chercher dans l'ASSOCIATION progressive de toutes les forces, de tous les sentiments, de toutes les vérités, l'idéal étant la liberté de chacun, garantie par l'accord de tous, et non l'écrasement des uns au profit d'un seul ou de quelques-uns : *Concordia discors !*

## IV

Si nous en jugeons par la vivacité des débats, qui se sont élevés et qui se poursuivent, à ce sujet entre ceux qui ont aidé M. Brothier de leur concours et de leurs conseils, un des points sur lesquels s'exercera, sans aucun doute, avec le plus de vivacité, et, nous l'espérons, avec le plus de fruit, la critique que ne manqueront point de susciter les idées dont nous nous faisons l'éditeur, sera probablement la conception théologique dont l'exposé termine la première partie du *Glossaire*. L'affirmation de la personnalité divine aura pour adversaires tous les esprits, et le nombre en est grand parmi les libres penseurs, qui, par un chemin ou par un autre, ont fini par se réunir sur le terrain du panthéisme.

Nous ne chercherons point ici à justifier d'avance une conception que nous voulons, au contraire, exposer à l'épreuve de la discussion publique, mais il nous sera permis de préparer cette discussion, et, peut-être, de la rendre plus féconde, en faisant remarquer aux esprits éminents qui ne manqueront pas de voir dans une affirmation théologique un retour involontaire aux dangereuses superstitions du passé, que la critique qu'ils croiront sans doute devoir faire de cette affirmation doit, si elle est légitime, frapper d'abord la conception ontologique ; et que cette conception elle-même n'étant que la contre-épreuve de l'analyse psychologique par laquelle s'ouvre le *Glossaire*, l'erreur ou la vérité du travail que nous offrons au public se trouve, en fin de compte, tout entière concentrée dans l'analyse des sources de la connaissance.

Nous disions tout à l'heure que nous ne voulions point relever le drapeau de l'éclectisme ; essayons de faire ressortir en quoi la conception socialiste diffère des tentatives faites, il y a trente ans, pour concilier les trois grandes doctrines qui se sont jusqu'ici partagé les croyances.

Le Spiritualisme peut être caractérisé, au point de vue ontologique, par l'affirmation exclusive de l'unité absolue et par conséquent de *l'infinité ;* laquelle se traduit théologiquement par la conception antinomique, partant contradictoire, d'un être *exclusivement* infini, et cependant personnel.

Le Panthéisme, qui se distingue par l'affirmation ontologique de *l'identité de substance,* se traduit théologiquement par l'affirmation d'un être *exclusivement* universel, auquel, par un paralogisme si évident que la plupart des panthéistes n'osent s'y engager, les penseurs qui ont voulu tirer des limbes du panthéisme les éléments d'une religion positive ont essayé de donner l'attribut contradictoire de la personnalité ;

Le Matérialisme, qui se sépare des deux autres doctrines par l'affirmation exclusive du collectif et du *fini*, traduit théologiquement dans le passé par la déification polythéiste des forces naturelles, se retranche de nos jours dans la théorie abstraite des atômes et des molécules, principes des forces et des lois, et renonce franchement à toute affirmation théologique.

Pour résoudre l'antinomie spiritualiste d'une *personne exclusivement infinie*, l'antinomie panthéiste d'un être *exclusivement universel*, et pourtant personnel, enfin l'antinomie matérialiste d'atômes, de forces, de lois, concourant sans consciencee à une œuvre harmonieuse et intelligible, il suffit de considérer que les notions de l'infini, de l'universel et du fini sont données au même titre, et par l'analyse de l'entendement humain, et par l'observation cosmologique. Rien, ni dans cette analyse, ni dans cette observation, ne nous contraint, j'ajouterai, ne nous autorise, à l'affirmation de la *réalité exclusive* de l'un de ces trois éléments nécessaires de toute connaissance, de l'un de ces trois aspects nécessaires de tout être. Au contraire, puisque l'observation psychologique nous présente partout, et en tout, le concours et l'association de ces trois notions ; puisque l'observation cosmologique nous montre en tout, et partout, l'association de ces trois manières d'être, la logique nous conduit à l'affirmation nécessaire que cette association est la condition de toute existence.

Or, si l'*infini* et l'*universel* ne sont, aussi bien que le *fini,* que des *manières d'être,* que des attributs nécessaires, essentiels, inséparables de tout être, mais dont chacun pris isolément n'est qu'une abstraction, l'antinomie spiritualiste du *personnel* et de *l'infini,* l'antinomie panthéiste de l'*universel* et du *personnel,* l'antinomie matérialiste de la *pluralité* et de l'*individualité* s'évanouissent à la fois. Or, reconnaître que *nul être* ne peut être conçu autrement que comme étant, A LA FOIS : *fini* sous un aspect, *universel* sous un second aspect, *infini* sous un troisième, c'est du même coup concilier toutes les antinomies religieuses et philosophiques, et ruiner, dans ce qu'elles ont d'exclusif, toutes les conceptions ontologiques et théologiques du passé.

Il est aisé maintenant d'entrevoir que les conséquences des principes que nous venons de proposer, le travail latent de la conscience publique les a déjà produites, comme d'instinct, depuis trente ans, et que la besogne qui reste à faire n'est guère qu'un travail de révision et de mise en ordre.

Les théories du droit divin s'écroulent dans les

ruines du surnaturel ! la justice et la liberté naissent sur les débris du miracle et de la révélation ! Tous les êtres possibles, connus ou inconnus de l'homme, auquel sa propre science défend de prendre la limite de l'observation actuelle pour limite vraie de l'univers, tous les êtres sont conçus comme fraternellement unis par le lien d'une invincible solidarité, mais, en même temps, distincts par le ressort de leur irréductible individualité ; aucun d'eux, sans exception, ne peut donc être conçu comme existant sans l'assistance nécessaire de TOUS les autres ; le plus grand ne pouvant rien sans le concours libre du plus petit ; aucun d'eux, non plus, ne peut être conçu comme auteur exclusif, comme cause unique de tous les autres ; chacun étant libre, c'est-à-dire, étant de la manière qui lui est spéciale, cause de soi et de tous les autres ; chacun enfin puisqu'il est une activité, ayant à prendre son rôle et à se faire sa place dans la république, universelle. Point d'anarchie, par conséquent ; par la même raison, point de despotisme ; point de maître, ni de sujets : DES ASSOCIÉS !

La fécondité du principe socialiste ne se montre pas moins clairement dans les corrections qu'il fait subir à la théorie du progrès.

Sous l'influence à peu près exclusive de l'école saint-simonienne, qui s'est faite, parmi nous, la promotrice infatigable et méritante de cette théorie, on n'a fait ressortir des trois notions qui composent l'idée de progrès que la notion de *développement.*

On n'a fait aucune part, ou l'on n'a fait qu'une part trop faible, à l'innovation ; on a considéré les faits présents comme sortant des faits passés par voie de pure évolution. La transformation du passé en présent, et du présent en futur, ayant paru tout le progrès ces deux mots : évolution et transformation ont exprimé l'idéal. On n'a pas compris que, s'il est vrai qu'en tout fait il y ait transformation, en tout fait aussi, il y a mort et naissance, destruction et innovation !

Voilà pourquoi l'école saint-simonienne a fait schisme avec la Révolution ! Voilà pourquoi les générations nouvelles n'acceptent le précieux héritage qu'elle leur offre que sous la réserve du bénéfice d'inventaire !

Si l'école saint-simonienne a péché pour n'avoir pas vu que la *révolution* était une face du progrès, aussi nécessaire, aussi morale, aussi juste que l'*évolution,* la démocratie mérite, à son tour, le reproche opposé ; elle n'a guère, jusqu'ici, procédé que par voie d'*innovation* et de *destruction,* elle n'a point fait place légitime à la *transformation.*

De là, nous l'avons déjà dit, l'antinomie politique qui s'est produite entre les écoles socialistes et la Révolution ; antinomie dont la conciliation doit être le premier fruit de la vraie doctrine *socialiste.*

## V

Nous ne voulons point pousser plus loin le développement d'une thèse qui n'est, elle-même, que le corollaire de principes sur le mérite desquels le lecteur ne pourra prononcer en parfaite connaissance, qu'après avoir lu, au moins, la première partie de l'ouvrage que nous publions.

Si notre façon de voir les choses est fondée, la besogne de la pensée humaine serait moins, en ce moment, l'invention de principes nouveaux, que la critique, l'emploi et la mise en ordre de conquêtes déjà faites, sur une étendue, dans une profondeur et, surtout, avec une suite plus grande que ne le croient les découragés. Mais une telle œuvre est forcément une œuvre collective, et ne peut s'achever dans une seule tête, ni par l'effet isolé d'une seule pensée; tout au plus peut-on espérer jeter un appel et élever un fanal.

Cette conviction est celle des auteurs du *Glossaire*; ils le publient donc comme l'imparfaite ébauche d'un travail à faire, et à l'achèvement duquel ils convient tous les penseurs, et avant tous, les jeunes gens dont les phalanges généreuses se montrent à l'horizon. Si l'œuvre de la génération à laquelle nous appartenons fut surtout une œuvre d'enthousiasme, de prédication, de propagande, il semble que la mission réservée à nos successeurs soit d'abord un travail de critique et d'élcuidation. La jeunesse, qui commence à pousser ses verts rameaux par toutes les fissures où elle trouve un peu d'air et de jour, paraît comprendre ce rôle, et se trouver pourvue des qualités néessaires pour le bien jouer. Le besoin d'aimer, d'admirer et de croire s'allie chez elle à une réserve prudente et à une grande sagacité critique : elle bâtira, nous l'espérons, pour elle et pour nous, mais elle bâtira sur des fondements dont elle aura elle-même sondé la solidité, elle aimera, elle croira, mais son amour et ses croyances seront pures de toute superstition traditionnelle.

Les auteurs du *Glossaire* ne cherchent point seulement des lecteurs, mais des critiques, des collaborateurs, et, si faire se peut, des amis. Si le public accueille cette première partie, ils lui offriront plus tard la seconde qui contiendra l'exposition des doctrines morales, économiques et politiques, conséquences des principes sur lesquels il est, avant tout, nécessaire de se mettre d'accord.

Toutes les demandes d'explications, les observations critiques, et, en général, toute la correspondance devront être adressées, par lettres affranchies, à la suc cursale de l'imprimerie R. Housse, 34, rue Saint-Lazare, à Paris.

Nous ne saurions nous engager à répondre, sans exception, à toutes les objections qui pourront nous être faites ; d'ailleurs, formulées par des lecteurs qui n'auront pu se concerter, ces objections ne feront, bien souvent, que se répéter. Pour éviter de les discuter séparément, et aussi pour que tous profitent des lumières de chacun, nous analyserons, avec l'impartialité la plus grande, les critiques auxquelles nous ne pourrons immédiatement répondre, et, sous une forme qui ne peut encore être arrêtée, nous en ferons, plus tard, s'il y a lieu, l'objet soit d'une publication spéciale, soit d'un appendice à la seconde partie du *Glossaire*. Seulement, nous prions nos futurs correspondants, afin d'éviter toute discussion inutile, de ne se servir des mots de la langue philosophique que dans le sens que leur donne le *Glossaire*, l'adoption de notre vocabulaire n'entraînant, en aucune façon, l'adoption de nos idées.

Ch. LEMONNIER,

# INTRODUCTION

Un esprit nouveau fermente dans le sein des masses. Le XIXe siècle tressaille dans les angoisses d'un laborieux accouchement. Le mot *socialisme,* timidement prononcé en 1830, a tout à coup retenti comme un coup de tonnerre en 1848. Ce mot n'est pas seulement le signe de ralliement d'un parti; c'est l'expression, incomprise encore, même par le plus grand nombre de ceux qui la répètent, de la révolution la plus radicale et, en même temps, de la transformation la plus féconde dont le monde ait été le théâtre.

Le caractère propre du socialisme, c'est d'être surtout une religion, et par conséquent d'embrasser aussi bien le domaine des sentiments et des idées que celui des faits politiques ou économiques. C'est surtout à titre de religion qu'il est acclamé par la foule fatiguée de ses vieilles idoles.

Cette religion, qui ne peut recevoir que de la science seule sa forme et ses dogmes, n'est encore qu'à l'état de vague et obscure aspiration. Ceux qui, sans attendre l'éclosion des idées générales devant lui servir de base, ont prématurément voulu en déduire quelques applications particulières, n'ont fait que la compromettre par de folles ou de dangereuses utopies. Les événements ont retiré la parole aux faiseurs de systèmes ; mais, pour cela, les esprits ne sont pas restés oisifs. D'importants travaux ont été entrepris dans la seule direction qu'il soit aujourd'hui convenable de suivre. La discussion toujours irritante des faits de détail a été abandonnée pour la recherche des principes généraux par lesquels, une fois qu'on se sera mis d'accord, les questions secondaires se trouveront d'avance résolues.

Toute explosion religieuse est précédée et préparée par un grand mouvement philosophique. Si Socrate n'était pas venu au monde, Jésus aurait été impossible. La philosophie a une double mission : si elle renverse les vieux sanctuaires d'où sont partis les dieux, de la même main elle creuse les fondements du temple nouveau. Aujourd'hui, la philosophie du socialisme est en pleine voie d'élaboration. Un sérieux obstacle entrave cependant ses progrès. A chaque instant les travailleurs de la pensée qui se sont consacrés à cette œuvre, s'aperçoivent qu'ils parlent une langue qui, à force de remaniements et de transformations, est devenue une intarissable source d'équivoques et de controverses. Animés tous du même esprit, animés tous du même sentiment, à chaque minute, faute de se comprendre, ils se voient sur le point de se séparer ou de se combattre. Tous ils sentent que, s'ils s'entendaient bien sur les mots, ils seraient bien près de s'entendre sur les choses.

Il ne faut pas croire que, même dans le langage philosophique, les mots conservent invariablement la même signification. Ils en changent toutes les fois que se produit une nouvelle doctrine, et, quand plusieurs doctrines sont en présence, ils prennent autant de significations différentes qu'il existe de systèmes généraux d'idées. Il est évident que le mot *Dieu,* par exemple, signifiait autre chose pour les Grecs que ce que, plus tard, il a signifié pour les chrétiens. L'*esprit,* pour quelques-uns, n'est que l'ensemble des facultés au moyen desquelles nous acquérons et combinons des idées, tandis que, pour d'autres, l'esprit est une substance, un être emprisonné dans un corps dont il aspire à se débarrasser. Nous venons de prononcer le mot *substance*; en est-il un seul qui ait donné et qui donne encore lieu à d'aussi interminables disputes?

La nécessité dans laquelle se trouve toute nouvelle doctrine de fixer le sens des mots, afin de prévenir les objections que, mal compris, ils ne peuvent que faire naître, avait déjà été sentie dans notre siècle par un penseur éminent. Reinhold avait entrepris, au point de vue des perfectionnements à apporter à la doctrine Kantienne, de faire subir un complet remaniement au langage philosophique, mais son travail demeura inachevé, parce que le Kantisme s'était déjà écroulé dans son propre vide avant même que son interprète ait eu le temps de classer les termes de son vocabulaire.

Il semblerait qu'un pareil travail, tout philologique en apparence, pour être bien fait, doive être entrepris d'une manière impartiale et désintéressée, sans préoccupation d'une doctrine spéciale. Mais demander cela, c'est demander l'impossible, car, dans ce cas, lorsqu'au même mot s'attachent plusieurs significations, sur quoi se fonder pour faire un choix entre elles? Et puis, un pareil travail, à quoi pourrait-il servir? Fait en dehors de toutes les écoles, à quelle école pourrait-il être utile?

Celui que nous entreprenons, nous l'avons conçu sous l'influence des sentiments et des idées socialistes. C'est de ce point de vue seulement qu'il doit être jugé.

Par la nature même de notre sujet, l'ordre alphabétique nous était interdit; car arbitrairement rangées, ne s'éclairant pas les unes les autres, les définitions que nous aurions données, malgré tous nos efforts, demeureraient obscures et incomplètes. A l'ordre alphabétique nous avons dû naturellement préférer l'ordre philosophique, qui consiste à suivre, pour ainsi dire, l'ordre de génération des mots, en commençant par ceux qui correspondent aux idées les plus simples pour aller progressivement à ceux qui correspondent aux connaissances les plus complexes.

Pour faciliter les recherches, néanmoins, nous présenterons, à la suite de notre travail, sous forme de table alphabétique, l'ensemble des termes dont la signification aura été discutée.

Nous n'avons pas la prétention de donner un *Glossaire* complet du langage philosophique, mais d'en essayer une simple ébauche. Sans nous préoccuper beaucoup des nombreuses lacunes que renfermera nécessairement ce travail, nous ne nous attacherons qu'à établir d'une manière bien précise la signification des mots qui nous paraîtront avoir le plus d'importance dans le langage.

Pour plus de clarté, nous diviserons ce *Glossaire* en deux parties, composées chacune d'un certain nombre de sections.

La première de ces deux parties traitera d'abord des expressions psychologiques et des expressions ontologiques, puis successivement des expressions anthropologiques, cosmologiques et théologiques.

Dans la seconde partie, après avoir essayé de formuler une systématisation générale des sciences particulières, nous nous attacherons à fixer et à nettement déterminer le sens des expressions propres aux sciences morales, politiques et économiques. On voit que, si nous ne faisons qu'effleurer notre sujet, au moins nous l'abordons dans toutes ses parties.

# ÉBAUCHE D'UN GLOSSAIRE

## DU LANGAGE PHILOSOPHIQUE

---

### PREMIÈRE PARTIE

PREMIÈRE SECTION

### EXPRESSIONS PSYCHOLOGIQUES

#### CONNAISSANCE

Comme tous les faits primitifs, la connaissance n'est pas susceptible de définition. Sa définition, d'ailleurs, si elle était possible, serait inutile, car chacun sait parfaitement ce que le mot *connaître* signifie et, à cet égard, tout le monde est d'accord.

Tout ce que nous pouvons dire de la connaissance, c'est qu'elle est le résultat d'un mode particulier d'assimilation de la nature par l'homme ou, plus exactement encore, d'un mode particulier d'association entre l'homme et la nature.

Son caractère essentiel est qu'elle ne peut se former en nous sans que, nécessairement et à l'instant même, nous affirmions, non-seulement que les objets connus sont, mais encore qu'ils sont tels que nous les connaissons, ce qui toutefois ne veut pas dire que ce que nous connaissons ne puisse, par d'autres et même par nous plus tard, être mieux et plus complètement connu.

On a demandé si cette affirmation inhérente à la connaissance était légitime, c'est-à-dire si les choses que nous connaissons sont réellement telles que nous les connaissons. La démonstration de la légitimité de cette affirmation est manifestement impossible, car il est impossible que nous nous placions entre la connaissance et l'objet connu pour comparer ces deux choses entre elles, et, quand nous le pourrions, cela ne nous servirait à rien, car on pourrait nous demander encore si la connaissance que nous aurions ainsi acquise de l'identité de ces choses peut légitimement donner lieu à une affirmation. Ce qui est évident n'est évident que parce qu'on ne peut le démontrer et, ici, on demanderait non-seulement la démonstration de l'évidence, mais la démonstration d'une évidence sur laquelle toute démonstration possible repose.

Déterminé à combattre l'évidence, le scepticisme a cru trouver un moyen de la couvrir d'un voile de doute, en convenant que les objets de notre connaissance sont bien tels que nous les connaissons, mais en ajoutant qu'ils sont tels seulement *pour nous,* et que rien ne nous autorise à prétendre qu'ils soient tels pour eux-mêmes ou en eux-mêmes.

On ne peut, comme nous venons de le dire, opposer à ce doute une démonstration directe. Mais il est d'autres arguments qui peuvent la remplacer.

Tout homme, quel qu'il soit, qui voit et touche une chose qui lui paraît ronde, affirme non-seulement qu'elle lui paraît ronde, que pour lui elle est ronde, mais qu'en effet elle a cette forme. Si c'est une illusion, comment se fait-il qu'elle soit générale et qu'il ne se soit jamais rencontré un seul homme affirmant que cette chose soit carrée ? L'hypothèse du *grand trompeur* de Descartes est-elle donc fondée et le genre humain, pour qui cette conclusion du *paraître* à l'*être* est une nécessité, est-il donc le jouet de quelque malfaisant génie?

Si on met en doute la véracité de notre connaissance relativement aux manières d'être de ses objets, on doit la tenir en suspicion aussi, relativement à leur existence; on doit soutenir que les choses que nous connaissons peuvent bien n'exister que pour nous, comme c'est pour nous seulement qu'existent les fantômes de nos rêves. Mais si les choses n'existent que pour nous, elles n'existent qu'en nous, et toute notre connaissance se réduit à la connaissance que nous avons de nous-mêmes et de nos propres modifications. Le monde tout entier n'est qu'une illusion ou, pour parler comme Fichte, qu'une création de notre esprit.

Si enfin, en consentant à accorder quelque créance à l'expérience et à l'observation, on convient que les objets que nous connaissons existent et sont même pour quelque chose dans la formation de la connaissance, comment admettre qu'ils n'y laissent pas quelques traces de leurs manières d'être? S'ils sont, au moins en partie, causes de nos connaissances, comment entre l'effet et la cause pourrait-il n'y avoir aucun rapport?

Par une hypothèse de juste-milieu, Kant a cru trouver la solution de ces problèmes. Dans la formation de la connaissance, enseigne-t-il, nous apportons la *forme*, et les objets la *matière*, de sorte que, dans nos connaissances, la forme n'est vraie que pour nous, n'est réelle que *subjectivement*, tandis que la matière a seule une réalité *objective* ou extérieure.

Dans l'hypothèse de Kant nous ne connaissons pas immédiatement les objets. Nous ne connaissons que leur *représentation*, que leur image qui se dessine dans notre entendement. Nous ne voyons les choses que dans un miroir, et ce miroir n'est pas inert et passif, comme le supposait Condillac; pour notre malheur, il est actif et vivant, et, par ses reflets et ses nuances, trouble sans cesse la fidélité des images reçues.

Cette arbitraire imagination d'un intermédiaire entre les objets et nous ne peut se soutenir en présence de ce fait incontesté que, pour le moins, nous nous connaissons immédiatement nous-mêmes. Or, se connaître, comme nous le verrons plus tard, c'est à la fois se confondre et se distinguer. Nous ne pouvons donc nous connaître sans, en même temps, nous distinguer et nous sentir reliés à ce dont nous nous distinguons. La connaissance du monde extérieur est donc indispensable à la connaissance que nous avons de nous-mêmes, et, comme cette dernière connaissance est immédiate, il s'ensuit que c'est immédiatement et sans intermédiaire que les objets nous sont connus.

Kant lui-même a été obligé de reconnaître que toutes nos connaissances n'étaient pas des représentations et que, bien que nous connaissions le goût de la pêche, bien que nous connaissions le mal aux dents, il serait ridicule de dire que nous possédons une image du mal aux dents ou une représentation du goût de la pêche. Mais, si la représentation n'est pas essentielle à la connaissance, pourquoi expliquer la connaissance par la représentation?

Ce n'est pas à dire néanmoins que nous repoussions dans son entier la doctrine du philosophe de Kœnigsberg. Que, dans la connaissance, l'entendement apporte la forme et les objets la matière, cela confirme ce que nous avons dit en commençant : que la connaissance était le résultat de l'association de l'entendement et de la nature. Seulement il s'agit de bien s'entendre sur la nature du concours que chacun des deux associés apporte dans l'œuvre commune, sur ce que dans la connaissance il y a d'*objectif*, c'est-à-dire venant des objets, et de *subjectif,* c'est-à-dire venant du sujet que nous sommes.

D'un certain point de vue, il est permis d'affirmer qu'il n'y a rien, absolument rien dans la connaissance qui ne soit dans les objets, ou, pour nous servir d'un vieux, mais expressif langage, que tout ce qui est *a parte mentis* est aussi *a parte rei*. S'il en était autrement, si la connaissance renfermait quelque chose d'étranger aux objets, elle cesserait d'en être l'expression fidèle et nous ne serions plus en droit d'affirmer, comme nous le faisons par une nécessité de notre nature, que ce que nous connaissons est tel que nous le connaissons.

En disant que tout ce qui est dans la connaissance est fourni par les objets, nous ne prétendons pas, comme on l'a fait trop souvent, nous renfermer dans le domaine de la sensation. Nous soutenons, au contraire, qu'il n'est pas vrai que nous ne recevions des choses qu'une impression purement physique. Si cela était, il n'y aurait de vrai et d'adéquat dans nos connaissances que ce qui correspondrait à l'aspect sensible des choses. Ainsi, dans la connaissance que nous avons d'un cheval, il n'y aurait de dignes de croyance que ce que nous connaîtrions de sa couleur, de sa taille, etc., etc. Son individualité, les proportions, les harmonies de ses organes seraient autant d'illusions de notre esprit. Bien plus encore : toutes les connaissances que nous avons de nos opérations intellectuelles, de nos émotions morales, toutes choses dans lesquelles la sensation joue un bien faible rôle, ne seraient que de grossiers mensonges et l'homme qui dit : je réfléchis, ou j'imagine, je veux ou j'aime, ne profèrerait que des non-sens !

On a beau vouloir rajeunir la vieille doctrine d'Aristote, elle a fait son temps. La sensation est indispensable à toute connaissance assurément, mais elle n'est pas la connaissance tout entière. La connaissance des objets ne nous arrive pas seulement par les sens, mais aussi par deux autres voies non moins essentielles et dont nous aurons bientôt à nous occuper.

Tout, dans la connaissance, vient des objets. Est-ce à dire pour cela que la connaissance ne suppose de notre part qu'une simple réceptivité et que, dans sa formation, nous n'ayons à jouer qu'un rôle purement passif ? L'expérience nous prouve le contraire. Si nous ne faisions que voir et entendre, nous ne connaîtrions pas. Mais, en même temps que nous voyons, nous regardons ; en même temps que nous entendons, nous écoutons. On en a conclu que, parce que nous écoutons et écoutons chacun à notre manière, nous arrivons chacun à une connaissance différente des mêmes objets qui, alors, ne sont encore ce qu'ils paraissent être que pour nous seulement. Or il n'est pas vrai que nous regardions et écoutions chacun à notre manière ; il n'y a pas deux manières d'écouter et de regarder ; seulement on peut, dans ces actes, déployer plus ou moins de puissance.

Sans doute, une intelligence supérieure à la nôtre pourra, dans l'objet que nous considérons, découvrir une foule de qualités que nous n'y apercevons pas et, par l'association de ces qualités partielles, arriver à avoir de cet objet une connaissance non-seulement plus complète, mais aussi plus claire que celle à laquelle nous pouvons atteindre. Cette connaissance sera autre, mais seulement en degré : elle sera autre dans le sens où nous disons avoir d'un chef-d'œuvre de l'art une connaissance autre que celle que s'en forme un paysan qui n'en comprend pas la poésie. Le progrès de la connaissance n'est pas la négation de la connaissance imparfaite qui est son point de départ ; seulement il la transforme parce qu'il la complète.

Si, parce que nous sommes différents, notre connaissance du même objet devait être différente, aucune communication intellectuelle, entre nous, ne serait possible ; car, si vous voyez blanc ce que je vois noir, nous n'arriverons jamais à nous entendre.

Que nous mettions chacun notre empreinte particulière sur notre connaissance, comme des chanteurs qui, répétant le même morceau, sans cependant y changer une note, le rendent et l'accentuent néanmoins d'une manière différente, cela est hors de doute ; car, dès que nous concourons à une œuvre, il est clair que nous y imprimons quelque chose de notre nature, mais cela n'est qu'extrinsèque et superficiel et ne change rien au fond même des choses.

Ce n'est pas d'ailleurs à si peu que se réduit le rôle de notre activité. Il n'y a rien dans la connaissance qui ne soit dans les objets, excepté la connaissance elle-même, *præter ipse intellectus,* comme le disait Leibnitz. La connaissance, c'est l'entendement qui la crée en combinant, en associant les éléments intelligibles que nous fournissent les objets.

A ce point de vue, la distinction entre le subjectif et l'objectif prend un tout nouveau caractère.

La connaissance n'est pas identique aux objets. Elle n'est pas les objets eux-mêmes, mais les objets devenus intelligibles, non par addition et par composition, mais, s'il est permis de parler ainsi, par élucidation, par illumination. Parce qu'une tour est ronde et solide, il serait absurde de supposer à la connaissance exactement la même rondeur et la même solidité. Quelque bizarre cependant qu'il paraisse de dire qu'une connaissance soit solide ou ronde, elle a ces qualités néanmoins, mais à l'état intellectuel. Quel est cet état ? En quoi consiste-t-il ? C'est là précisément ce que nous ne pouvons savoir. Mais cet état existe ; mais, quoique ce soient les mêmes qualités, nous distinguons très-nettement la manière dont elles sont dans nos connaissances de celle dont elles sont dans les objets. La première nous la rapportons surtout au sujet que nous sommes et la seconde aux objets eux-mêmes.

Nous connaissons à la fois les objets comme existants et comme connus ou, si on peut s'exprimer ainsi, comme obscurs et comme éclairés. Ce ne sont pas là deux connaissances différentes, mais les aspects variés de la même connaissance. Les mots *objectif* et *subjectif* ne se rapportent donc pas, comme on le croit généralement, à des choses différentes, mais à des points de vue différents. C'est ainsi qu'on peut également dire de toute connaissance qu'elle est objective parce qu'elle ne renferme rien qui ne soit dans les objets, et, en même temps qu'elle est subjective, en ce sens que ce n'est que grâce à notre intervention qu'elle est connaissance.

Tout ceci assurément aurait besoin de quelques développements. Nous tâcherons de les donner tout à l'heure sous le mot *entendement*. Nous prions d'ailleurs le lecteur de se rappeler que nous n'écrivons pas un traité de psychologie et que toute notre ambition est d'ébaucher un dictionnaire de la langue philosophique.

*Notions* ou *idées*. — Mots qui servent à désigner les *éléments* de la connaissance.

Ces éléments fournis par les objets, quand ils nous arrivent, nous ne les connaissons pas, car autrement ils seraient déjà eux-mêmes des connaissances. Seulement lorsque, par suite de leur combinaison, la connaissance s'est formée, nous parvenons, par un effort d'analyse, non pas à les isoler, ce qui détruirait la connaissance et ferait renaître les ténèbres, mais à les abstraire comme autant de faces diverses de la connaissance ou des objets eux-mêmes.

Quoique ceci ne puisse être bien compris qu'après ce qui va suivre, disons tout de suite que les notions sont l'expression des aspects des objets qui ne correspondent qu'à un seul des attributs de l'entendement, tandis que la connaissance elle-même correspond toujours, à la fois, à la totalité de ces attributs. Nous insistons sur cette distinction entre la *notion* et la *connaissance*, parce qu'elle jouera un grand rôle dans ce qui va suivre.

*Pensées*, *jugements*, etc., etc., combinaisons, associations de connaissances. *Raisonnements*, associations de jugements.

Nos *connaissances* sont toujours adéquates à leur objet, mais il n'en est pas de même des *jugements* que nous portons sur ces connaissances.

Nous savons, par exemple, que la position du soleil, par

rapport à la terre, change à chaque instant. Cette connaissance, dans laquelle prédomine la sensation, ne nous trompe point. Nous savons aussi que lorsque deux choses changent de position l'une par rapport à l'autre, il faut nécessairement que l'une ou l'autre de ces deux choses, ou même que ces deux choses à la fois soient en mouvement. Cette connaissance, surtout rationnelle, est vraie encore. Enfin nous en possédons une troisième, à savoir que, *ordinairement,* quand nous sommes placés sur un corps en mouvement, nous le sentons remuer, et, généralisant sans droit cette observation particulière, nous nous en servons pour lier, pour associer entre elles nos deux autres connaissances et pour conclure que, puisque nous ne sentons pas la terre remuer, il faut que ce soit le soleil qui marche. Ici, comme dans tous les cas possibles, ce n'est pas dans les connaissances elles-mêmes, mais dans les jugements que nous en portons que gisent nos erreurs.

La *logique* n'est que la science des jugements, que la science des moyens à prendre pour éviter l'erreur dans la formation des jugements et des raisonnements qui en sont la suite.

### ENTENDEMENT

*Entendement,* puissance que possède l'homme de connaître.

En tant que réceptivité, l'entendement a trois manières d'être principales :

La *sensibilité,* mode suivant lequel il perçoit la *notion* du côté *relatif* des objets ;

La *raison,* mode suivant lequel il perçoit la notion de leur côté *absolu ;*

Le *sentiment*[1], mode suivant lequel il perçoit la notion de leur côté *indéterminé*.

La signification de ces mots : *absolu, relatif* et *indéterminé* sera exposée tout à l'heure.

En tant qu'activité fécondante, l'entendement ne fait que se définir à lui-même les connaissances qu'il a passivement acquises. Or, d'après tous les traités de logique, on ne définit que par le *genre* et la *différence,* c'est-à-dire par l'énonciation de ce qu'il y a de commun entre la chose définie et les autres choses, et en même temps, par l'énonciation des caractères qui n'appartiennent qu'à cette chose. Mais il faut noter tout de suite que les choses diffèrent entre elles de deux façons : tantôt par la *qualité,* tantôt par la *quantité :* par la qualité, quand on remarque dans la chose définie une qualité qui n'appartient à aucune autre de celles qu'on lui compare ; par la quantité toutes les fois que la différence gît dans le *plus* ou le *moins* d'une qualité commune.

Pour faire passer à l'état de connaissance, pour rendre intelligibles les notions qui, ne le perdons pas de vue, lui arrivent simultanément, l'entendement agit donc de trois manières différentes : il les différencie par la *qualité,* il les différencie par la *quantité* et il les identifie. Dans les deux premiers cas, il s'occupe des différences ; il voit en quoi et comment les notions se distinguent ; dans le troisième, il s'occupe des ressemblances, il voit en quoi elles se conviennent et se rapprochent.

---

[1] Le mot *sentiment* a deux sens qu'il est de la dernière importance de ne pas confondre. Tantôt, en effet, il se rapporte à un des trois modes de l'entendement, tantôt à l'ensemble de nos facultés affectives. A bien dire, le *sentiment-entendement* est le point par lequel l'aspect intellectuel se soude à l'aspect affectif de notre être. Néanmoins, malgré cette intimité qu'exprime parfaitement le langage ordinaire en donnant à ces deux choses une appellation commune, il est indispensable que l'analyse distingue le *sentiment-entendement* du *sentiment-affection.* Dans ce qui va suivre c'est toujours au sentiment-entendement que correspondra le mot *sentiment.* Quand nous emploierons ce mot dans une autre sens, nous aurons soin d'en avertir le lecteur.

Le terme le plus élevé de la considération des différences c'est la *contradiction* ;

Le terme le plus élevé de la considération des ressemblances c'est la *confusion*.

L'entendement tend donc, de sa nature, à la contradiction et à la confusion, mais, comme il y tend à la fois, ces deux tendances se combinent, se complètent et donnent lieu à l'acte de connaissance. On peut donc dire, avec plus de vérité, que l'entendement n'a qu'une tendance unique qui consiste à concilier, à *associer* les contraires, à constater des oppositions, et, sans les détruire, à les relier, à les fusionner entre elles, à faire, en un mot, naître l'harmonie des contrastes.

Les caractères de la différence, nous l'avons déjà dit, sont de deux espèces : la différence est *absolue* et s'exprime par *oui* et par *non* quand elle porte sur les qualités et qu'elle est constatée par la *raison* qui, on l'a dit plus haut, correspond au côté absolu des choses ; la différence est *relative* et s'exprime par *plus* ou *moins* quand elle porte sur la quantité et quand elle est constatée par la sensation. L'entendement lui-même, quand il s'occupe des différences absolues, s'appelle *raison,* et *sensibilité* quand il s'occupe des différences relatives. De même, quand il s'occupe des ressemblances ou des rapports, il s'appelle *sentiment.*

L'emploi de ces mots auxquels l'usage a déjà attribué une signification différente peut paraître regrettable. Ne nous hâtons pas trop, cependant, de médire du génie de notre langue, car cet emploi des mêmes vocables cache un sens profond ; il indique que la réceptivité et l'activité de l'entendement ne sont pas choses en réalité distinctes et que tout est instantané dans le fait de la formation de la connaissance. D'où cette rectification à apporter à nos définitions premières :

La *raison,* c'est l'entendement en tant qu'il perçoit le côté *absolu* des choses et que, en même temps, il distingue absolument cette notion de toutes les autres.

La *sensibilité*, c'est l'entendement en tant qu'il perçoit le côté *relatif* des choses et que, en même temps, il distingue relativement entre elles les notions ainsi perçues.

Le *sentiment,* enfin, c'est encore l'entendement en tant qu'il perçoit le côté *indéterminé* des choses et que, au moyen de cette notion, il identifie entre elles les notions qu'il a absolument et relativement distinguées.

Dans l'acquisition ou, pour mieux dire, dans la formation de la *connaissance,* et nous savons qu'il ne faut pas confondre la connaissance et la *notion,* l'entendement est toujours, à la fois, sensibilité, sentiment et raison. Ce sont là ses trois attributs essentiels et inséparables. A tort on leur donnerait le nom de *facultés.* Il n'y a rien là de facultatif, rien de ce qui constitue des facultés proprement dites. Il n'y a de facultés véritables que ce dont l'exercice est contingent et accidentel. Ainsi voler est une faculté pour l'oiseau, parce qu'il ne vole pas toujours ; mais la pesanteur est un de ses *attributs,* et non une de ses facultés, parce qu'il est toujours pesant. C'est parce que ce sont les conditions mêmes de son existence que nous disons que la sensibilité, la raison et le sentiment ne sont pas des facultés mais bien des attributs, des qualités nécessaires de l'entendement.

Outre l'entendement, outre la puissance de connaître, l'homme possède la faculté de s'attacher plus particulièrement tantôt à l'une, tantôt à l'autre des trois notions qui sont les éléments nécessaires de toute connaissance, et la faculté aussi de conserver, de comparer, de combiner les connaissances acquises. Ces diverses facultés sont connues sous le nom générique de *facultés intellectuelles.*

Le mot *esprit* est souvent employé à désigner indifféremment ces facultés et la puissance de connaître. C'est dans ce sens et en prenant le mot *esprit* comme synonyme d'*entendement,* qu'on parle des connaissances de l'esprit humain, ou bien en employant ce même mot comme expression de l'ensemble de nos facultés intellectuelles, qu'on dit que l'esprit compare ou imagine. Le mot *esprit* a d'autres significations encore, mais ce n'est pas ici le lieu de s'en occuper.

### CATÉGORIES

Nous appellerons *catégories* les caractères communs à toutes les *notions* de même origine, ou, ce qui est la même chose, les formes que revêtent nécessairement et pareillement toutes nos connaissances.

Les catégories, ce que nous avons dit de l'entendement l'indique assez, sont au nombre de trois :

L'absolu,

Le relatif,

Et l'indéterminé.

Ce qui revient à dire que, dans toutes nos connaissances, il y a toujours, à la fois, un aspect *relatif,* un aspect *indéterminé* et un aspect *absolu,* ou, si l'on veut, que toute connaissance est l'association de notions absolues et de notions relatives reliées entre elles par des notions indéterminées.

1º ABSOLU. — *Absolu,* synonyme de complète indépendance. *Ab-solutum,* ce qui ne dépend de rien, ce qui n'est rattaché à rien. L'absolu est, comme on le disait dans les écoles, ce qui est en soi et par soi, ou, comme l'expliquait Spinoza, ce qui, pour être conçu, n'a besoin d'aucune conception étrangère.

Ce mot est purement adjectif. C'est par un abus de langage qu'on lui donne quelquefois une forme substantive. L'absolu n'existe pas plus que la grandeur, la couleur ou la bonté. Tout ce que l'on peut dire, c'est qu'il existe des êtres [1] absolus, indépendants, sous un de leurs aspects,

---

[1] Nous expliquerons ailleurs le sens que nous attachons à ces mots : *êtres* et *choses.*

comme il existe des choses colorées, grandes ou bonnes.

Il ne faudrait pas croire que la qualité absolue appartienne seulement à quelques êtres privilégiés. La notion, l'affirmation de l'absolu, de *l'inconditionnel,* est une nécessité de notre entendement ; c'est un des éléments nécessaires de toute connaissance. L'absolu est le seul côté des choses que la raison puisse distinguer, le seul qu'elle puisse percevoir. Comme nous ne pouvons rien connaître sans faire usage de notre raison, nous ne pouvons rien connaître sans distinguer dans ce que nous connaissons un côté absolu.

Cette qualité d'absolu, cette indépendance que la raison affirme, sans exception, de tous les êtres, est-ce un caractère qui véritablement leur appartienne ? Il nous est impossible de le vérifier, mais nous sommes forcés de le croire, car en douter serait douter de la raison elle-même et douter de la raison serait douter de notre propre existence.

Le mot *absolu* est, à proprement parler, l'expression la plus générale par laquelle le langage philosophique caractérise le côté que la raison affirme et perçoit dans les êtres. Lorsqu'on veut s'expliquer avec moins de généralité et entrer dans les détails, le mot *absolu* est remplacé par des synonymes partiels dont nous allons étudier les principaux.

*Infinité,* caractère de ce qui n'a ni commencement ni fin, de ce qui n'a pas de limites.

L'infinité est évidemment un aspect particulier de la qualité absolue, car, si un être absolu avait des limites, cet être serait conditionné par ces limites, il serait dépendant et non pas absolu. Mais le mot *absolu* a une signification plus large. Il signifie indépendance en tous sens, en toutes manières, au lieu qu'infinité veut dire seulement indépendance de toutes limites.

On donne souvent aussi au mot *absolu,* pour synonymes, les mots *complet* et *parfait,* en désignant par là ce à quoi on ne peut rien ajouter. C'est dans ce sens qu'on dit qu'il n'y a personne d'*absolument,* c'est-à-dire de *complètement* ou de *parfaitement* heureux sur la terre. On dit encore qu'une ligne est absolument droite pour dire qu'on ne peut rien ajouter à sa rectitude. Le complet est un infini *dans son genre.* Il n'a pas de limites, car, s'il avait des limites, on pourrait, en reculant ces limites, ajouter quelque chose au complet, ce que les mots eux-mêmes se refusent à exprimer. Il en est de même du *parfait,* du parachevé. La chose parfaite est celle qui est complètement faite, celle à qui il ne manque rien et à qui on ne peut rien ajouter.

*Unité,* ce qui n'a pas de partie, ce qui est simple, indivisible, indécomposable même par la pensée, ce qui ne contient que soi en soi.

Ce qui est *un* n'est susceptible ni d'augmentation ni de diminution. De diminution, cela est évident, car diminuer c'est diviser, et, par définition, ce qui est *un* est indivisible ; d'augmentation, ce n'est pas moins évident, car augmenter de quelque chose ce qui est *un* serait le rendre composé de la chose ajoutée et de ce qu'il était avant cette augmentation, ce qui détruirait son unité.

L'unité est un des aspects sous lesquels nous concevons ce qui est absolu, car, si ce qui est absolu n'était pas un, s'il était composé de parties, il *dépendrait* du nombre de ces parties, ce qui est contre sa définition.

De même qu'*infinité* signifie indépendance de limites, *unité* signifie indépendance de parties. Ces mots, nous le répétons, n'expriment donc que des manières différentes de considérer dans les êtres leur aspect indépendant ou absolu.

Aucun terme de la langue philosophique n'a autant reçu de significations diverses que celui d'unité.

Quelquefois on veut qu'il signifie *ressemblance.* C'est ainsi que dans les sciences naturelles on parle de l'*unité de composition* des animaux pour dire que tous les animaux ressemblent plus ou moins à un type commun qui est l'homme.

D'autres fois on fait de l'unité un synonyme d'*identité*. Nous verrons bientôt combien est vicieuse cette synonymie.

Pour les littérateurs, *unité* veut dire encore *harmonie*, concert, concours, ensemble. Ce décor, dit-on, ce costume manque d'unité. C'est en ce sens que l'on dit encore du monde, c'est-à-dire de l'ensemble des êtres, qu'il forme une admirable unité. Dans toutes ces locutions, le mot *unité* est pris comme synonyme d'ensemble et d'harmonie : Synonymie vicieuse qui tient à ce qu'on ne fait pas attention à ceci que, autre chose est l'unité, autre chose est ce qui fait jaillir l'unité du sein même de la pluralité ; que, dans l'harmonie, il y a de l'unité, sans doute, mais qu'il y a aussi de la pluralité et quelque chose encore, quelque chose qui n'est ni l'unité, ni la pluralité, mais l'accord et le lien de ces deux antinomiques.

Dans le langage ordinaire, on prend souvent le mot *unité* comme synonyme d'*unicité*. Cette montagne n'a qu'un sommet. Cela veut dire que ce sommet est unique, mais nullement qu'il soit un, c'est-à-dire indivisible. Nous désirons tous que l'Italie soit une, c'est-à-dire qu'elle ait un chef unique au lieu de plusieurs princes, une loi unique au lieu de plusieurs lois, etc., etc.

L'unité des mathématiciens non plus n'a rien de commun avec l'unité telle que nous l'entendons. L'unité des mathématiciens n'est qu'une somme, un groupe, une collection. Seulement dans le langage des mathématiques, ce mot désigne une somme choisie pour mesure commune à comparer avec d'autres sommes. Le mètre est une somme de décimètres, de centimètres, etc., etc. La seconde est composée de tierces, de quartes, etc., etc. Et, en effet, comme on ne peut comparer entre elles que des choses de même nature, on n'a pu comparer les sommes qu'à d'autres sommes qui, rendues invariables par convention, ont pris le nom de *mesures* ou d'*unités de mesure*.

Quant à l'unité numérique, elle n'est elle-même qu'une somme de décimales ou de fractions ordinaires. Elle est à la grandeur des nombres ce que le mètre est à la grandeur des étoffes. Néanmoins l'unité numérique et les unités de mesures jouent souvent le rôle de l'unité métaphysique. En effet, quand je dis qu'une étoffe a dix mètres de longueur, je ne pense en aucune manière aux fractions dont se compose le mètre. Le mètre m'apparaît alors comme une chose simple et indivisible. D'un autre côté, comme il est, non par lui-même, mais par un effet de notre volonté, invariable, et non susceptible d'augmentation ou de diminution, et comme cela est encore un des caractères de l'unité, il est naturel que nous l'assimilions à l'unité. De même, si nous considérons l'unité numérique seulement comme le *point* de départ de la double série des nombres entiers et des fractions, ce point de départ ou de partage étant, comme tous les points possibles, indivisible, l'unité numérique et l'unité métaphysique se confondent.

Il est évident que donner au même mot tant de significations différentes est un moyen assuré de ne jamais s'entendre. Ayant à faire un choix au milieu de ce chaos, nous avons pris pour définition de l'unité celle qui, avant nous, avait été adoptée par la grande majorité des philosophes modernes, et, avec eux, nous répétons qu'*unité* n'a d'autre équivalent que simplicité absolue, qu'indivisibilité.

Avant de quitter ce sujet, une réflexion encore. Puisque ce qui est absolu est un et indivisible, puisqu'il n'est aucun être qui, sous un certain aspect, ne soit absolu, tout être, sous ce même aspect, est indivisible et un. Il n'existe donc aucun être qui soit *exclusivement* composé. Donc, si par le mot *matière* on entend ce qui est exclusivement composé, ce qui est dépourvu de simplicité, on est logiquement forcé de conclure qu'il n'existe aucun être exclusivement matériel, ou, en d'autres termes, que la matière n'existe pas. Ceci est une simple indication destinée à montrer que l'étude, si stérile en apparence, à laquelle nous nous livrons, touche, par ses conséquences aux points les plus délicats de la philosophie.

*Individualité,* caractère de ce qui se distingue absolument de toute autre chose.

Comme l'infinité est l'indépendance de toutes limites, comme l'unité est l'indépendance de toutes parties, l'individualité est l'indépendance ou mieux l'absence de toute ressemblance.

Ne pas confondre l'*individualité* avec la *personnalité,* car la personnalité n'est pas l'individualité, mais la conscience et l'affirmation de l'individualité. Les plantes nous apparaissent chacune comme autant d'individus dont nous pouvons dire que celui-ci n'est point celui-là ; mais cette distinction absolue ne fait pas que nous devions attribuer la personnalité aux plantes.

Il ne suffit pas que les choses soient distinctes entre elles pour que nous puissions les considérer comme des individus ; il faut qu'elles soient absolument distinctes ; il faut qu'à un certain point de vue nous ne puissions en aucune manière dire de l'une ce que nous disons des autres ; il faut qu'elles aient des manières d'être que nulle autre ne possède. Pourquoi ne pouvons-nous regarder un bloc de marbre comme un individu ? parce que ce bloc ne se distingue des autres que par sa couleur, sa forme, son volume, toutes manières d'être qui sont communes à beaucoup d'autres choses. Pourquoi, au contraire, sommes-nous portés à attribuer l'individualité à un cheval ou à un chien ? parce que ce cheval, ce chien, indépendamment de leur grandeur, de leur poids, de leur couleur, etc., ont quelque chose de caractéristique, quelque chose de spécial qui nous paraît leur être exclusivement propre et faire qu'ils sont eux et non d'autres. Ce quelque chose, c'est leur individualité. Individualité, indivisibilité, unité, sont des termes de la même série, logique aussi bien qu'étymologique, série dont *l'absolu* est le caractère le plus général.

Dans l'homme, l'individualité consiste dans ce que nous appelons le *moi*, or ce moi, un et indivisible, n'est ce pas ce qui nous distingue absolument de tous les autres êtres ? Ce serait néanmoins, disons-le en passant, une erreur grossière que de prendre ce moi pour l'homme tout entier. Ce moi n'est que l'aspect absolu de l'être que nous sommes. Ce moi est si peu l'homme lui-même, l'homme tout entier, que l'homme en parle, non pas comme d'une chose qui soit lui, mais comme d'une chose qui est à lui, rien qu'à lui, qui est sa propriété distinctive et exclusive. En disant : *mon* moi, il atteste que, si l'individualité est une de ses propriétés essentielles, elle n'est cependant qu'une de ses propriétés, c'est-à-dire qu'une de ses manières d'être.

2° RELATIF. — Nous appelons *relatif* ce qui est dépendant. Le relatif est l'antinomique, c'est-à-dire le contraire de l'absolu [1].

L'entendement humain, nous l'avons vu, est, à la fois, *sensibilité, sentiment* et *raison*. En tant que sensibilité il ne conçoit rien que comme relatif. Nos sensations, en effet, *dépendent* du milieu dans lequel et à l'occasion duquel elles se produisent. Nos sensations sont conditionnées par les objets en présence et par l'action desquels nous les éprouvons. En tant que raison, l'entendement reconnaît à tout objet un caractère absolu. De là cette antinomie qui se retrouve sans exception au fond de toutes nos connaissances.

De même que le mot *absolu* exprime le plus haut degré de généralité du mode rationnel de la connaissance, de même le mot *relatif* exprime au plus haut degré le caractère général de l'aspect sensible de cette même connais-

[1] Il demeure bien entendu que, malgré son étymologie, le mot *relatif* n'a, pour nous, rien de commun avec ce qu'exprime le mot *relation*, si on donne à celui-ci le sens de *rapport*. Pour nous, *relatif* signifie *dépendant* et pas autre chose. Plus loin, nous montrerons que, bien comprise, la dépendance ne constitue pas un rapport, et nous dirons pourquoi on a souvent confondu deux ordres de notions qui doivent demeurer distincts.

sance. Selon les divers points de vue auxquels on se place, ce mot se traduit et se décompose par des synonymes partiels, dont nous allons examiner les principaux.

*Fini,* qualité de ce qui a des limites, de ce qui *dépend* de certaines limites. Tous les êtres, sous un de leurs aspects, sont finis. Il n'existe donc pas d'être *exclusivement* infini.

Pourquoi cela ? parceque la sensation, parce que le fini, par conséquent, est une essentielle condition de la connaissance, et parce que, si un être exclusivement infini existait, il ne donnerait aucune prise à la connaissance. N'étant pas intelligible, n'étant intelligible en aucune manière, un pareil être non-seulement serait pour nous comme n'existant pas, mais renfermerait en lui-même une contradiction qui rendrait son existence impossible, car cette privation d'intelligibilité serait destructive de son infinitude, c'est-à-dire de cette qualité qui consiste dans l'absence de toute privation.

Et, de même, un être *exclusivement* fini ne pourrait se concevoir, car, en lui, il ne se trouverait rien d'accessible à la raison. La notion absolue ferait défaut et, par suite, manquant d'un de ses éléments essentiels, la connaissance jamais ne s'en pourrait former.

*Pluralité* ou composition, qualité de ce qui est divisible, de ce qui est composé de parties et dépend du nombre de ces parties, en un mot, de ce qui est susceptible d'augmentation et de diminution.

*Collectivité,* qualité de ce qui dépend d'un certain nombre de rapports ou de ressemblances entre diverses choses.

Quoique se rapprochant beaucoup de celle du mot *pluralité* la signification du mot *collectivité,* dont les synonymes sont *addition, total, somme,* est, à quelques égards, différente. On n'additionne que des choses de même espèce ; donc l'addition suppose un rapport, une similitude et en dépend.

Je vois un cheval, un bœuf, un arbre et une pierre ; je les distingue ; je tâche de les nombrer, mais la comparaison que je fais de ces choses m'amène à reconnaître entre elles des différences qui empêchent de les additionner, de les comprendre dans un même groupe, d'en former un même total. J'ai alors l'idée de leur *pluralité*, mais non celle de leur *collectivité*. Pour pouvoir les *colliger*, pour en former une addition, une collection, il faut que je fasse abstraction de leurs différences spécifiques, que je n'aie égard qu'à celles de leurs qualités qui leur sont communes, que je ne m'attache qu'à ces qualités, par exemple à celles d'occuper une place, de peser un certain poids, d'avoir une couleur quelconque, etc., etc. Je dis voilà quatre corps, quatre choses. Je n'aurais pu avoir cette notion si je n'avais découvert entre ces quatre choses des ressemblances, des rapports. La notion du rapport est donc la *condition* de la notion de *collectivité*.

De même que le *relatif* est l'antinomique de l'*absolu*, le *fini* est l'antinomique de l'*infini*, la *pluralité* de l'*unité* et la *collectivité* de l'*individualité*. Si cette dernière antinomie nous paraît moins frappante, c'est que de vicieuses habitudes de langage nous portent à confondre toujours les mots *individu* et *personne*. Certainement ma personne, l'être que je suis, n'est pas l'antinomique de l'idée de collection, car elle est une collection aussi bien qu'un individu, qu'une unité. Certainement vous pouvez négliger mon aspect individuel et m'appeler un être collectif, c'est-à-dire composé de choses additionnables, telles que sont mes organes ; mais, si vous me donnez le nom d'*individualité collective*, vous prononcerez des mots qui n'ont pas plus de sens que si vous parliez d'une *unité multiple* ou d'un infini fini. Vous tombez dans la logomachie dont se rendrait coupable celui qui prétendrait qu'un troupeau de moutons est un individu. Deux antinomiques mises en présence sans qu'un troisième terme vienne les relier, se détruisent mutuellement et ne correspondent plus à aucun objet.

3° INDÉTERMINÉ. — L'indéterminé est ce qui, pouvant être, à la fois, considéré comme dépendant et comme indépendant, quoique étant cependant autre chose, sert de lien et constitue le rapport, l'harmonie, la convenance entre la *dépendance* et l'*indépendance,* entre l'*absolu* et le *relatif.*

L'indéterminé est la qualité de ce qui ne se distingue que par l'absence de tout caractère distinctif, c'est-à-dire, pour parler plus juste, de ce qui ne se distingue pas. De l'indéterminé on peut dire tout ce qu'on voudra, excepté qu'il n'est pas telle ou telle chose, car toute négation serait une distinction qui répugne à sa nature. C'est par là que, sans pouvoir nettement le distinguer, nous pouvons néanmoins le connaître.

Le caractère propre de l'indéterminé est donc de ne pas avoir d'antinomique. Le déterminé, absolu ou relatif, c'est-à-dire rationnel ou sensible, n'est pas l'antinomique de l'indéterminé, car l'indéterminé n'est pas l'indéterminable. L'indéterminé est ce qui n'est pas encore déterminé, ce qui est en voie de détermination possible.

On comprend aisément combien il est difficile ou, pour mieux dire, impossible de définir ce qui est *indéterminé.* Quand les grammairiens expliquent les parties du discours, ils donnent l'idée du nom en disant que c'est le mot par lequel on désigne les personnes ou les choses. Il n'est pas plus malaisé de caractériser l'adjectif en expliquant qu'on nomme ainsi les mots qui désignent les qualités, les manières d'être des personnes et des choses ; mais quand il s'agit de définir le verbe, ils en sont réduits à deux remarques : l'une qu'il n'y a véritablement qu'un seul verbe, le verbe *être,* lequel exprime simplement l'existence sans détermination de sujet ni d'attribut ; l'autre que la seule fonction de ce verbe unique est d'affirmer un rapport, une convenance quelconque, sans déterminer laquelle, entre le sujet et l'attribut. Ils ajoutent enfin que, malgré le vague de sa signification, le verbe est partie intégrante et nécessaire de toute proposition, c'est-à-dire que, sans verbe, il n'y a point de langage, de même que, sans rapport, il n'y a point de connaissance.

Nous suivrons l'exemple des grammairiens et, sans tenter l'effort impossible de donner une définition de cet aspect de la connaissance, nous tâcherons de le rendre autant que possible intelligible en expliquant le rôle important qu'il remplit dans la formation de la connaissance, nous attachant plutôt à sa fonction qu'à sa nature.

Ce rôle, nous l'avons déjà indiqué par le mot de *rapport*. Voyons donc ce que, pour nous, ce mot signifie.

*Rapport,* connexion, concours, accord, harmonie, lien, convenance, ressemblance, enchaînement, reliation ou relation, non pas les choses liées et enchaînées, mais le lien lui-même.

La notion de rapport est essentiellement indéterminée, c'est-à-dire qu'elle n'est, à proprement parler, ni dépendante ni indépendante d'une autre notion, ou, ce qui est la même chose, qu'elle participe de ces deux manières d'être. Le rapport n'est pas absolu ou indépendant, car il n'y a de lien qu'à la *condition* qu'il y ait quelque chose à relier. Un rapport ne peut se concevoir sans les termes qu'il relie. Et cependant, chose étrange en apparence, on ne peut pas dire non plus qu'il soit relatif ou dépendant, car il dépend si peu des termes qu'il relie qu'on peut arbitrairement les supprimer et les remplacer par d'autres sans que le rapport en soit affecté. Ceci demande explication.

Dans toutes les langues possibles, l'expression la plus générale, la plus indéterminée et, par conséquent, la plus vraie du rapport, c'est le verbe *être*, formule suprême de l'affirmation. Or, comme, excepté ce qui n'est pas, ce qui n'est rien, tout peut indifféremment être affirmé, il s'ensuit que l'objet de l'affirmation n'influe en rien sur l'affirmation elle-même. Que je dise : la terre est ronde, ou que je dise : la neige est blanche, quoique les termes reliés par l'affirmation *est* aient changé, la signification du verbe *être* est restée la même. Dans un cas comme dans l'autre, il exprime convenance ou rapport. Il est donc vrai de dire que le rapport, quoique ne pouvant exister sans eux, est néanmoins indépendant des termes qu'il relie.

C'est parce qu'il est une transition ; c'est parce que, sans être dépendant, il participe du dépendant ; c'est parce que, sans être indépendant, il participe de l'indépendant, que le rapport est indéterminé ou plutôt qu'il est l'essence de l'indéterminé lui-même.

L'indétermination du verbe *être* dans les propositions affirmatives est évidente. Elle n'est pas moins réelle dans les propositions négatives. On peut même dire que, dans la réalité, il n'existe pas de propositions négatives ou que, dans tous les cas, la négation ne porte jamais sur le signe de rapport qui ne peut exprimer ni opposition ni contraste. Dans cette proposition : le sphynx n'est pas, la négation ne porte pas sur le verbe *être,* mais sur le terme sous-entendu *existence.* Cela revient à dire : le sphynx est non existant ; il y a rapport et convenance entre l'idée du sphynx et celle de non-existence, zéro égale réellement et affirmativement zéro. Ceci n'est pas inutile à remarquer car, s'il existait des rapports négatifs, comme la négation est essentiellement déterminative, il s'en suivrait qu'il existerait des rapports déterminés, ce qui est contre la définition même que nous donnons du mot *rapport*.

Ce qui, la plupart du temps, nous empêche de comprendre que, en lui-même, le rapport est essentiellement indéterminé, c'est que, confondant sans cesse la *notion* avec la *connaissance,* nous nous persuadons qu'il existe plusieurs espèces de rapports qui, puisqu'ils se distinguent entre eux, se déterminent les uns les autres.

Toute connaissance, ne l'oublions pas, est une association de notions [1]. Elle suppose au moins deux notions détermi-

---

[1] *Association,* ce mot à notre sens, le plus important du langage philosophique, ne pourra être défini plus tard. Nous l'employons

nées reliées ensemble par la notion de rapport. Dans la connaissance le rapport paraît, en quelque sorte, déterminé par la nature même des termes qu'il relie, mais cette détermination est si peu inhérente à sa nature qu'elle disparaît aussitôt qu'on cesse de s'occuper des termes mis en rapport. Nous disons bien : rapports de formes, rapports de grandeur, rapports d'amitié, rapport de la cause à l'effet, rapport de la conséquence au principe, rapport numérique, rapport moral, etc., etc., mais évidemment cela ne signifie que lien, convenance, similitude entre deux formes, entre deux grandeurs, entre deux amis, entre deux quantités, entre deux caractères. Le rapport c'est la convenance ; or, pouvons-nous nous faire une idée de plusieurs espèces de convenances? La *connaissance* complexe que nous avons d'un lien entre deux grandeurs est différente, il est vrai, de celle que nous avons d'un lien entre deux formes; mais, dans ces connaissances, la *notion* du lien, abstraction faite des termes reliés, reste identique à elle-même. Une image rendra ceci plus intelligible. Un cercle, s'il ceint une barrique, s'appelle cercle de barrique; s'il ceint une roue, cercle de roue, mais cela n'empêche pas que ce ne soit toujours le même cercle.

Les nombres, comme l'a si bien montré Newton, n'expriment que des rapports. Quand vous dites d'une pièce d'étoffe qu'elle a 50 mètres, c'est comme si vous disiez qu'elle est 50 fois plus grande que ne le serait une autre pièce d'étoffe n'ayant qu'un mètre de long. Quand vous dites 50 mètres et 5 mètres, vous exprimez bien des rapports différents, mais qui ne sont différents néanmoins qu'en raison de l'unité choisie. Une simple variation dans la nature de cette unité suffira pour faire cesser cette différence et, en effet, vous ne pouvez plus prétendre, s'il s'agit de 50 décimètres et de 5 mètres, qu'il y ait là deux rapports

néanmoins parce que, plus ou moins nettement, tout le monde en comprend la signification.

différents. Dans ce cas évidemment 50 égale 5 ; 50 est identique à 5. De la même manière on rendrait 5 identique à tel nombre qu'on voudra, preuve certaine que, par lui-même, le nombre, le rapport, n'a aucune signification, aucune valeur déterminée.

Tout rapport est *analogique,* c'est-à-dire consiste dans une *ressemblance,* ce mot toutefois étant pris dans son acception la plus large. Tout rapport consiste dans une similitude. Il indique rapprochement et concours, communauté et convenance, assimilation et pénétration, fusion et, sous sa forme la plus générale, identité ou *confusion*. Il indique encore : transition insensible d'un état à un autre, l'état neutre, ambigu, indécis, ondoyant ; toutes choses qui sont encore des ressemblances, car, dans toute progression, le moyen terme participe de la nature de l'antécédent et de celle du conséquent, et, par suite, ressemble à l'un et à l'autre.

Le rapport entre la cause et l'effet semble, moins que tout autre, être l'affirmation d'une ressemblance. A y regarder de près, cependant, l'effet n'est que l'*expression* de la nature et de la puissance de la cause. C'est ce qui le distingue de la conséquence qui n'est que le développement du principe dont elle émane. Quand on dit qu'il n'y a rien dans l'effet qui ne soit dans sa cause, on pèche par exagération. Si je déchire le papier sur lequel j'écris, dira-t-on que cette déchirure était en moi ? J'avais la pensée, la volonté de cet acte, mais avant que je ne l'aie réalisé, il n'existait pas et ne pouvait par conséquent être en moi. C'est un fait nouveau qui se produit, un fait qui exprime mon activité et qui, à ce titre, porte tellement mon empreinte que c'est un adage commun que tout ce que nous faisons, que tout ce que nous créons, nous le créons à notre image et ressemblance et, en effet, il est impossible que la chose qui exprime ne ressemble pas en quelque manière à la chose exprimée.

La ressemblance étiologique, il est vrai, n'a rien de

commun avec celle qui existe entre un original et sa copie. Quoique d'une espèce particulière, elle est si réelle, cependant, que la connaissance des effets nous suffit le plus souvent pour nous donner une idée de la cause qui les produit. Plusieurs sciences n'ont même pas d'autre objet que cette connaissance des causes déduite de l'observation de leurs effets.

Il n'existe point de rapports de dissemblance ou d'opposition. La sympathie est un rapport, point l'antipathie. L'antipathie n'est pas cependant l'antinomique de la sympathie, ni le contraste ou l'opposition, l'antinomique du rapport. Il y a contraste, opposition, antipathie là où manque le lien, où la conciliation n'est pas faite, où la ressemblance n'est pas aperçue.

Si des rapports de contraste étaient possibles, ils existeraient alors même que le contraste serait porté à son degré le plus haut. Il y aurait donc des rapports de contradiction, absurdité manifeste qu'aucune langue humaine n'a puissance d'exprimer.

Nous ne nions pas qu'il n'y ait des rapports entre les choses les plus opposées. Loin de là puisque, toute différence étant, au fond, une opposition, ce n'est qu'entre les choses différentes ou opposées que peut régner un rapport; mais nous nions que ces rapports naissent de cette opposition, ou que cette opposition soit engendrée par ces rapports. En un mot, nous ne reconnaissons pas au rapport le pouvoir de lier et de délier, mais celui de lier seulement.

Les rapports, s'ils n'avaient pas de contre-poids, aboutiraient à l'identité, c'est-à-dire à la confusion. L'identité est donc la forme la plus élevée de la notion du rapport, forme à laquelle nécessairement on arrive si, en négligeant la diversité, on se préoccupe exclusivement des ressemblances ou des rapports.

On a souvent confondu la notion d'*identité* avec celle d'*unité* et cependant il est manifeste que l'identité est autre chose que l'unité, car l'identité suppose au moins deux choses confondues entre elles, et ces deux choses ainsi identifiées entre elles n'en font pas *une*, mais, ce qui est fort différent, deviennent la *même*. Nous avons dit que le déterminé s'exprimait par oui et par non, et par plus et par moins ; nous ajoutons que l'indéterminé s'exprime par le *même*. Entre l'*un* et le *même* la distance est incommensurable. C'est à quoi on ne réfléchit pas assez et c'est de là que provient une foule d'erreurs.

L'indéterminé, quoique étant le passage de l'un à l'autre, n'étant ni l'absolu ni le relatif, il faut bien qu'il soit l'identité ; car s'il exprimait des différences, ces différences, par hypothèse, ne pouvant être ni absolues ni relatives, que pourraient-elles être ? Par des motifs que nous exposerons tout à l'heure et dans la crainte d'être mal compris, nous ne dirons pas cependant que l'indéterminé soit l'identité ; nous préférons dire qu'il est la tendance à l'identité, qu'il est comme un acte continu d'identification.

La *dépendance*, la *condition* est-elle un rapport ? Si elle est un rapport, le dépendant, le conditionnel, le *relatif*, en un mot, se confond avec l'indéterminé, et notre analyse, à peine commencée, s'écroule par sa base. Puisque *rapport* signifie convenance, similitude, comment une condition pourrait-elle être un rapport ? Certainement si une chose n'existe qu'à la condition de l'existence d'une autre chose, ces deux choses, quand cela ne serait que par cela seul qu'elles coexistent, qu'elles ont cela de semblable d'exister, sont unies par un rapport, mais visiblement ce rapport ne consiste pas dans le fait même de condition.

Si la dépendance est un rapport, c'est-à-dire un lien, comme tout lien, elle suppose au moins deux choses reliées. Ici, nous n'en voyons qu'une que, à toute rigueur et par un abus de métaphore, on pourrait considérer comme telle, à savoir la chose dépendante. Quant à la chose dont elle dépend, l'état de dépendance de l'autre ne l'affecte en aucune manière. Un triangle dépend de l'existence et de l'arrangement de trois lignes, mais ces trois lignes sont indépendantes du triangle, et, pouvant être disposées dans un autre ordre, en ligne droite, par exemple, elles existeraient fort bien sans lui. Si la dépendance est un lien, les côtés s'en trouvant affranchis, ce prétendu lien ne lie qu'une seule chose, le triangle, et par conséquent n'est pas un lien.

Dans une convention qui consacre ma dépendance, mes obligations, mes devoirs, je me dis lié par la condition que j'ai acceptée; mais celui qui me l'a imposée est si peu lié par elle qu'il peut la faire cesser par un simple acte de son bon plaisir. Si la condition était réciproque, ce serait autre chose. Il y aurait entre nous lien véritable, mais ce lien ne consisterait pas dans la condition elle-même; il consisterait ce qui est bien différent, dans la *réciprocité*.

C'est parce que la dépendance n'est pas un lien que la loi civile déclare nulle tout convention contractée sous une condition protestative, c'est-à-dire dont l'accomplissement dépend exclusivement de la volonté d'une seule des parties.

La fausse idée qu'on se faisait du *rapport*, la croyance plus fausse encore où l'on était que la dépendance constituait par elle-même un rapport, une *relation* avait fait donner le nom de *relatives* aux choses dépendantes et conditionnelles. Ce nom nous l'avons conservé parce qu'il a reçu la consécration de l'usage et qu'il y aurait puérile innovation à donner, pour antinomique à l'absolu, autre chose que le relatif; mais ce n'a pas été, on doit s'en souvenir, sans faire nos réserves contre les conséquences qu'on pourrait tirer de son étymologie.

Cette dissertation, un peu longue peut-être, sur les caractères de la notion de rapport nous a paru indispensable pour aider le lecteur, peu familiarisé avec ce point de vue si négligé jusqu'ici par les écoles occidentales, à comprendre ce que nous entendons par l'*indéterminé*. Nous allons, par une autre voie, continuer la même étude en faisant pour l'*indéterminé* ce que nous avons déjà fait pour l'*absolu* et pour le *relatif*, c'est-à-dire en l'examinant sous quelques-unes de ses diverses faces.

L'*indéfini*, qu'on a aussi appelé l'*infini-relatif*, est la transition entre le fini et l'infini, le rapport qui unit ces deux termes. L'indéfini n'accuse ni la présence, ni l'absence, mais plutôt l'indifférence de limites. Il participe de l'infini en ce qu'il n'a pas de limites extérieures et du fini en ce qu'il a une limite intérieure.

Deux exemples feront mieux comprendre cela que ne pourraient le faire six pages de raisonnements.

Tout le monde est d'accord que, au moins sous un certain aspect, le temps est indéfini. Il n'a certainement pas de limites extérieures, car qui pourra jamais s'imaginer un moment où le temps cessera de s'écouler ? Ce qui viendrait après cet impossible moment, ne serait-ce pas le temps encore ? D'un autre côté, est-il possible d'avoir l'idée du temps sans avoir aussi l'idée du moment actuel, c'est-à-dire d'un instant qui limite à la fois le passé et l'avenir en imposant une fin à l'un et un commencement à l'autre ? Quand nous parlons du moment actuel, nous nous exprimons mal, car le point dont il s'agit est indifférent ou arbitraire, car nous pouvons tout aussi bien prendre, pour limite interne du temps, le moment de la naissance de Socrate ou celui de la mort de Jésus.

Il en est de même de l'espace, que personne assurément n'a regardé comme infini, puisqu'il est divisible[1], ni comme fini, puisque, au-delà des limites de l'espace, on ne peut concevoir que de l'espace encore. Or nous ne concevons l'espace qu'à la condition de nous en constituer le centre ou au moins de lui supposer un centre quelconque. L'espace c'est tout ce qui s'étend à ma droite et à ma gauche, par devant et par derrière moi, c'est tout ce qui s'étend à votre droite et à votre gauche, par devant et par derrière vous.

---

[1] Spinoza est cependant tombé dans cette erreur, mais plutôt, néanmoins, au point de vue des mots qu'à celui des choses, car ce qu'il appelait l'*infini* était, le plus souvent, l'*indéfini* lui-même.

Ce centre que nous sommes forcés de concevoir au temps et à l'espace est une limite véritable. C'est le point d'intersection, c'est le point de départ de rayons sans nombre et sans limites, de sorte que l'indéfini c'est ce qui est limité dans un sens et sans limite dans l'autre.

Ce n'est cependant ni la limitation ni l'illimitation qui forme le véritable caractère de l'*indéfini*. Remarquons ces mots : le temps s'*écoule,* l'espace s'*étend;* il disent tout ce que les langues humaines peuvent dire de plus net de l'indéfini [1].

L'*absolu* correspond à l'*isolement,* le *relatif* à la *contiguité,* l'*indéfini* à la *continuité.* Quand on dit que l'étendue est indéfiniment divisible, cela veut dire qu'on peut *continuellement* la diviser. Quand les mathématiciens enseignent qu'on peut indéfiniment approcher de la racine carrée de 5, ils entendent par là qu'on peut continuellement ajouter au nombre 2, des quantités toujours de plus en plus petites, et qu'ainsi on approchera continuellement et de plus en plus du nombre qui, multiplié par lui-même, reproduira le nombre 5, sans cependant pouvoir jamais arriver à l'obtenir. Si nous ne pouvons jamais y arriver, est-ce par l'effet de notre impuissance? Non, car on démontre que ce nombre n'existe pas.

L'idée d'indéfini, on le voit, explique l'idée de mouvement continu, de tendance vers une limite externe que l'on considère comme reculant sans cesse mais qui, dans la réalité, n'est pas et ne peut être atteinte précisément parce qu'elle n'est pas.

Rien de plus commun que d'entendre confondre l'*infini* et l'*indéfini.* La différence est grande cependant. Si de l'infini vous retranchez quelque chose, l'infini s'évanouira;

---

[1] Nous savons bien que le *temps* et l'*espace* correspondent à des connaissances et non à des notions, mais comme ici nous les avons considérés seulement sous leur aspect indéfini, nous en avons fait de pures notions. D'autres exemples auraient été préférables, mais ceux-là avaient le mérite de se rapporter à des idées comprises par tout le monde.

il ne restera plus que le fini. De l'indéfini, au contraire, on peut retrancher ce qu'on voudra, ce qui restera sera indéfini encore. Du temps écoulé avant la naissance de Socrate, retranchez celui qui s'est écoulé entre l'époque de la naissance de Socrate et celle de la guerre de Troie, ce qui restera, se perdant dans l'abîme du passé, n'en restera pas moins indéfini.

De cela qu'on peut, sans le détruire, faire subir des retranchements à l'*indéfini* faut-il l'assimiler au *fini*? Ici encore, la différence est grande, quand d'une quantité finie on retranche quelque chose, ce qui reste est plus petit que ce qui existait en premier lieu. Or, rien de semblable ne se produit quand c'est de l'indéfini qu'il est question. Il n'est pas vrai que la série des nombres entiers soit plus grande que la série des nombres pairs ou que celle des nombre impairs. Pour que deux choses puissent être dites plus petites ou plus grandes, il faut que, étant finies et limitées en tous sens, elles puissent être comptées et mesurées; or, parce qu'elle est indéfinie, la série des nombres pairs est tout aussi innombrable et incommensurable que celle des nombres entiers. Les mathématiciens ne s'y trompent point : pour faciliter leurs calculs, ils distinguent plusieurs ordres d'indéfinis, mais jamais ils ne les supposent plus grands les uns que les autres.

Sans insister davantage sur les caractères de l'indéfini, remarquons que cette qualité n'est jamais attribuée qu'à des rapports. Plus tard, nous verrons que le temps et l'espace ne sont eux-mêmes que des rapports quand, du moins, on ne les considère que sous leur aspect indéfini. En géométrie, quand on dit que le polygone régulier inscrit, en multipliant ses côtés, se rapproche indéfiniment du cercle circonscrit, cela veut dire que le rapport de ressemblance existant entre ces deux surfaces va sans cesse en augmentant. En morale, quand on dit que l'homme est indéfiniment progressif, cela veut dire que le rapport de ressemblance existant entre lui et le type idéal de perfection qu'il poursuit va aussi en augmentant sans cesse. Peut-être ne serait-ce pas abuser des mots que de dire que l'indéfini consiste dans le développement continu des rapports.

*Proportion* ou *harmonie,* rapport de la simplicité et de la composition, passage de la pluralité à l'unité.

Qu'est-ce qui fait la beauté d'un palais, d'une cathédrale? N'est-ce pas cette harmonie, ce concours, ces proportions, ce rhythme qui font que d'une pluralité de détails ressort un caractère un, simple qui est comme l'individualité du monument? N'est-ce pas l'harmonie qui, dans un concert de mille voix différentes, fait une seule et unique voix ?

L'harmonie est manifestement indéterminée. On ne peut comprendre qu'il existe plusieurs espèces d'harmonie. Si on dit que l'harmonie d'un poème n'est pas semblable à celle d'un tableau ou d'une statue, c'est que, au lieu de s'attacher à l'harmonie elle-même, on pense aux choses harmonisées. C'est précisément parce qu'elle est de nature indéterminée qu'on ne peut la comprendre que par sa fonction, qu'on ne peut dire ce qui la constitue. Ce serait la définir, et définir l'indéfini c'est lui enlever précisément ce qui fait son essence.

Comme le propre de l'harmonie est, pour ainsi parler, de faire jaillir l'unité du sein de la pluralité, on l'a souvent confondue avec l'unité. Mais c'est là une pure inadvertance, car l'harmonie suppose des parties, des éléments, des détails à fusionner, à faire concourir à un effet unique. L'harmonie n'est pas plus l'unité qu'elle n'est la pluralité : elle est autre chose ; elle est un rapport.

Nous avons vu que les mathématiciens se créaient à leur usage une sorte d'unité artificielle. Ils se sont attachés aussi à un aspect particulier de l'harmonie, à la proportion, à qui ils ont donné pour expression le *nombre*. Nombre et proportion sont synonymes et Pythagore devinait Newton en confondant l'harmonie avec le nombre ou le rapport.

Vulgairement, nous ne saurions trop le redire, on confond l'idée de nombre avec celle de quantité ou de collectivité, parce que, toujours, à l'idée de nombre, on ajoute une autre idée. Si, en effet, 4 signifie quatre parties, c'est une collectivité qu'il exprime, mais en lui-même il exprime tout autre chose. Il signifie quatre fois ; il signifie *proportion* quadruple ; il exprime qu'il faut répéter quatre fois une certaine unité pour la rendre identique à une certaine pluralité, ou rendre une certaine pluralité quatre fois plus petite pour la rendre identique à une certaine unité. Il exprime, en quelque sorte, la condition d'identité ; et une condition, par elle-même, n'est certainement pas assimilable à une quantité.

La proportion, le nombre, la mesure ne sont pas toute l'harmonie. L'harmonie est aussi le rhythme, l'accord, l'arrangement, enfin tout ce qui relie la pluralité à l'unité, tout ce qui donne un caractère de simplicité à la composition la plus multiple.

*Universalité*, aspect des choses sous lequel elles se confondent de manière à ne plus être plusieurs et cependant à ne pas être une ; aspect des choses sous lequel l'entendement les considère comme étant la *même* chose.

Universalité est évidemment synonyme d'*identité* et de *confusion*. L'être qui ne serait qu'universel se confondrait avec tout et ne se distinguerait de rien ; il n'aurait aucune individualité et ne pourrait, à plus forte raison, avoir de personnalité. Il ne serait pas non plus une collection, car une collection suppose des parties distinctes, déterminées, nombrables, et il répugne que le déterminé entre comme élément dans l'indéterminé, et que l'indéterminé ait des éléments, des parties [1], un pareil être n'est donc pas possible. L'universalité à elle seule ne peut donc pas constituer l'existence ; elle n'en est qu'un aspect et cet aspect de l'existence n'est point particulier à un seul être, mais

---

[1] Une proportion n'est pas composée de *parties* ; elle est formée par un enchaînement de *termes*.

il est commun à tous, car chacun d'eux nous le concevons comme relié à tous les autres, et, par conséquent, à ce point de vue, ne faisant avec eux que le *même* être.

Toute *collection,* toute *totalité* a nécessairement des limites extérieures ; l'*universalité* n'en saurait avoir, car l'idée de limite implique celle de *différent* et par conséquent est étrangère à celle du *même*. Cela n'empêche pas que, sous la plume de beaucoup d'écrivains qui, cependant, ont des prétentions à l'exactitude du langage, *universalité* ne soit pris souvent comme synonyme de *totalité.*

L'universalité ne doit pas non plus être confondue avec l'unité ou avec l'individualité, car l'universalité est divisible. Seulement elle ne l'est qu'à la manière de l'indéfini. Qu'on retranche dans un sens de l'indéfini une partie limitée, ce qui restera sera encore, dans l'autre sens, sans limite; qu'un des éléments identifiés vienne tout à coup à se distinguer des autres, les autres, pour cela, n'en resteront pas moins identifiés. On n'aura pas détruit la notion première; seulement on aura deux notions différentes : la notion de l'indéfini telle qu'on l'avait auparavant et la notion d'un fini qu'on n'avait point.

Sans répugner ni à l'un ni à l'autre des deux termes de fini et d'indéfini, d'unité et de pluralité, l'universalité est autre chose qu'eux. L'universel, l'*unus-diversus,* est le lien, le rapport qui les associe. Placez-vous au point de vue de la sensibilité, les êtres vous paraîtront former une *totalité,* une *collection ;* au point de vue de la raison pure, vous n'apercevrez plus qu'une *individualité* dont l'unité est la négation de toute pluralité. Faites actuellement intervenir le sentiment des rapports, concevez le rapport si étroit, la similitude si entière que l'être *un* que vous considériez se confonde avec la pluralité des autres ; le résultat de cette identification sera que la collection et l'individualité disparaîtront pour faire place à l'*universalité.*

On se demandera, puisqu'il n'existe aucun rapport entre

l'*un* et le *plusieurs*, comment il peut se faire que le sentiment en découvre. C'est qu'on aura perdu de vue le fait initial sur lequel repose toute la théorie de la connaissance, à savoir que, si, entre l'un et le plusieurs, il n'y a aucun rapport ni pour la sensibilité ni pour la raison qui ne voient là que des antinomies, il en existe, au contraire, pour le sentiment qui, lui, ne connaît pas d'antinomies et ne perçoit que des rapports.

Une preuve, d'ailleurs, que la notion d'universalité est bien une notion de l'ordre indéterminé ou sentimental, c'est que l'épithète d'*universel* ne peut jamais s'appliquer qu'à des rapports. Qui jamais aura l'idée d'une individualité universelle, d'une collection universelle? Tandis qu'à chaque instant on parle de la gravitation universelle, c'est-à-dire de ce rapport, de cette ressemblance qu'ont les corps de s'attirer entre eux; tandis que tous nous admirons l'harmonie universelle, c'est-à-dire la proportion, l'accord qui partout éclate. Ce n'est donc pas à tort que nous soutenons qu'il n'y a d'universel que ce qui est commun, que ce qui est le *même*.

Nous ne traitons ici que de *catégories*, c'est-à-dire que des caractères essentiels aux notions dont se compose la connaissance. Nous devrions donc ne rien dire de l'*univers* qui n'est pas une qualité, une catégorie mais l'objet d'une association de notions, c'est-à-dire d'une connaissance véritable. Mais l'idée d'universalité rappelle si naturellement cette connaissance qu'il est bien difficile de séparer deux choses aussi étroitement unies.

Dans la connaissance que nous avons de l'univers, la notion des rapports prédomine, mais précisément parce qu'elle n'est plus seule, elle ne revêt plus son caractère transcendental d'identité, mais se présente seulement dans son rôle d'enchaînement et de lien. L'univers, c'est l'enchaînement des êtres; l'univers c'est l'harmonie, c'est la beauté, c'est le *cosmos*; l'univers ce sont les êtres reliés et harmonisés, c'est-à-dire associés entre eux.

La question de savoir si l'univers est limité est une question oiseuse, car, nous le répétons encore, par lui-même un enchaînement, un rapport ne saurait avoir ni mesure ni limite. Tout rapport est indéfini de sa nature ; on peut, il est vrai, demander si le nombre arithmétique des êtres est limité. Ceci est autre chose. Cette question, dont nous n'avons pas à nous occuper en ce moment, sera résolue dans un sens ou dans un autre, suivant la signification qu'on attribuera au mot *être,* suivant la conception qu'on se formera de l'existence.

### RÉCAPITULATION

Nous avons dit que les *catégories* ou formes essentielles des *notions* dont se compose la *connaissance* étaient au nombre de trois, ni plus ni moins ; que toutes les notions que nous pouvons posséder étaient des notions *rationnelles* ou *absolues,* des notions *sentimentales* ou *indéterminées,* ou enfin des notions *sensibles* ou *relatives.*

Pour nous faire une idée plus nette de ces formes essentielles de la notion, nous les avons considérées sous divers aspects. De là le tableau suivant qui renferme les principaux dérivés logiques des mots *absolu, relatif* et *indéterminé.*

| ABSOLU | INDÉTERMINÉ | RELATIF. |
|---|---|---|
| Infini, | Indéfini, | Fini. |
| Unité, | Proportion, | Pluralité. |
| Individualité, | Universalité, | Collectivité. |
| . . . . | . . . . | . . . . |
| . . . . | . . . . | . . . . |

Il est clair que ce tableau pourrait s'étendre beaucoup plus loin, et embrasser même presque tous les mots dont la langue se compose, car tous ceux qui ne correspondent pas à des connaissances, tous ceux dont la signification n'est pas complexe, expriment, à un point de vue différent, *distinction* ou *rapport*. Nous n'avons pas poussé cette étude plus loin, parce que nous avons cru que ce qui précède suffisait pour nous faire comprendre. Au surplus, pour qui voudra continuer cette analyse, voici une pierre de touche qui nous paraît infaillible. Tout ce qui est susceptible de plus ou de moins appartient à l'ordre relatif; tout ce qui, au contraire, n'est pas susceptible de degré, à l'ordre absolu. Quant aux termes correspondants aux idées de rapport, leur indétermination fait qu'ils se prêtent également à ces deux épreuves.

Avec Hégel, nous désignerons par les mots de *thèse* et d'*antithèse* les termes de l'antinomie, pourvu qu'indifféremment on désigne par ces mots l'un ou l'autre de ces termes, et seulement pour exprimer leur opposition. Quant au mot *synthèse*, nous refusons de nous en servir pour exprimer les rapports, et cela par deux motifs : d'abord parce que ce mot, comme celui d'*analyse*, reçoit, dans la science des méthodes, une acception toute différente ; en second lieu, parce qu'il correspond plutôt à la *connaissance* des choses reliées qu'à la *notion* même du lien. Nous nous contenterons de dire que toute connaissance suppose *thèse*, *antithèse* et *rapport*.

Nous ajouterons que les antinomies ne sont pas, comme on l'a supposé à tort, un obstacle à la science, parce que la contradiction quelles expriment ne porte jamais sur le même aspect du même fait, mais sur des aspects différents, toujours reliés entre eux par des rapports. Les antinomies sont le dernier mot de l'analyse, et l'analyse, comme on le sait, est un des plus puissants moyens du progrès intellectuel.

*Abstrait* et *concret*. — Dans ce qui précède nous avons souvent fait usage du mot *abstraction*. Nous l'avons pris et continuerons de le prendre dans le sens que tout le monde lui donne, dans le sens de vue partielle et incomplète. *Faire abstraction d'une chose,* pour nous, comme pour tout le monde, signifie séparer cette chose du groupe, de la combinaison dont elle est un élément, la mettre à part et ne pas s'en occuper.

L'objet de la connaissance, c'est ce qui est, c'est l'*être,* mais l'être peut être considéré tel qu'il est, sans élimination d'aucune de ses qualités ou de ses manières d'être, ou, au contraire, partiellement et abstraction faite de quelques-uns de ses modes. Dans le premier cas, la connaissance est *concrète;* elle est *abstraite* dans le second.

Ainsi, il n'y a de connaissance concrète que la connaissance que nous avons de chaque être considéré *individuellement, isolément* et *aussi dans ses rapports avec les autres êtres.* La connaissance que j'ai de tel homme, de telle plante, de tel animal est une connaissance concrète.

Quoiqu'elles correspondent non aux êtres, mais à de simples manières d'être, les connaissances abstraites ne doivent cependant pas être confondues avec les *notions.* Les notions, en effet, ne sont pas seulement l'abstraction à son plus haut degré; elles sont des abstractions d'une espèce particulière. Elles correspondent à des qualités, tandis que les connaissances, même les plus abstraites, correspondent à des groupes ou, plus exactement, à des combinaisons, à des *associations* de qualités. Nous n'en pouvons, ici, dire davantage, mais, plus tard, ce sujet sera repris quand nous aurons des êtres eux-mêmes ou, pour mieux dire, de l'existence en général une connaissance plus approfondie.

Dans le langage ordinaire, on ne considère comme abstraites que les connaissances dans lesquelles prédominent les notions absolues. Ainsi la géométrie est une science abstraite, parce qu'elle considère les surfaces planes comme *absolument* planes, les lignes droites comme *absolument* droites, etc., et qu'elle arrive toujours à des conséquences qui ne comportent *aucune exception.* On regarde, au contraire, comme concrètes, toutes les connaissances dans lesquelles prédomine l'élément sensible. Quoiqu'il soit toujours fâcheux de se mettre en opposition avec les usages reçus, dans cette circonstance néanmoins, nous croyons devoir nous en écarter, parce que nous ne pouvons concevoir que la géographie, par exemple, qui s'occupe de la configuration extérieure du globe terrestre, abstraction faite de son organisation interne, de l'histoire de ses développements successifs et de ses rapports avec les autres astres, soit une science moins abstraite que la géométrie, qui en mesure la surface sans tenir compte des accidents de sa forme; ni que l'anatomie, qui n'étudie que les organes, abstraction faite des forces dont ils sont les instruments, soit une science concrète; tandis que la mécanique qui s'occupe des forces, abstraction faite des organes, serait une science abstraite.

Nous prenons d'ailleurs pour guide l'étymologie. *Concret* veut dire *assemblage, combinaison*. Ce nom ne peut donc convenir à aucune des sciences dont l'objet est une *abstraction*, un démembrement du concret. Et toutes les sciences sont dans ce cas, toutes sont abstraites, car aucune d'elles ne s'occupe des êtres tels qu'ils sont, toutes ont pour objet, non les êtres eux-mêmes, mais quelques-unes des manières d'être qui leur sont communes.

Les connaissances concrètes sont toutes *particulières*; ceci ressort de leur définition. Les connaissances abstraites sont, ou *particulières* ou *générales*. Elles sont particulières quand elles ont pour objet quelques-unes des manières d'être spéciales à un seul être; générales quand elles ont pour objet quelques-unes des manières d'être communes à un plus ou moins grand nombre d'êtres.

Les *sciences*[1] ne vivent que d'abstractions. Elles ont toutes pour objet des *abstractions générales*. La science la

---

[1] Le mot *science* signifie systématisation de connaissances. Le mot *systématisation*, synonyme d'*organisation*, sera défini plus tard.

plus générale est aussi la plus abstraite de toutes, car, entre tous les êtres, il n'y a de commun que l'existence et que les conditions essentielles de l'existence. Cette science, l'*ontologie,* doit donc faire abstraction de toutes les autres manières d'être par lesquelles les êtres se distinguent entre eux.

L'ontologie, toutefois, n'est que le point de départ d'une science plus vaste encore, qui doit à cela le nom de *science générale* par excellence ou de *philosophie.* Cette science est, à proprement parler, la science du passage de l'*abstrait* au *concret.* Basée sur les plus hautes généralités ontologiques, elle reprend une à une, pour les associer, les manières d'être que l'ontologie avait écartées, et, si elle ne descend pas jusqu'à la connaissance concrète des individualités de toutes natures, elle pose du moins l'individualité-type dont toutes les autres relèvent, l'idéal dont elles ne sont que d'incomplètes mais progressives ébauches.

DEUXIÈME SECTION

# EXPRESSIONS ONTOLOGIQUES

---

Nous n'avons pas donné la définition du mot *psychologie* parce qu'on est d'accord à en faire le nom de la science de l'entendement ou de l'esprit humain. Nous sommes forcés, au contraire, de dire ce que nous entendons par *ontologie*, parce que ce mot a reçu successivement plusieurs significations différentes.

L'*ontologie* n'est pas, comme on a bien voulu le dire, la science de l'être *en soi*, de l'être dépouillé de ses rapports avec les autres êtres, car un pareil être n'existe pas. Elle est, ce qui est bien différent, la science de l'être en général, la science de ce que les êtres ont de commun entre eux, de ce qui leur est essentiel à tous, de ce sans quoi on ne pourrait les concevoir, ou, avec plus de précision, la science des conditions de l'existence.

## CATÉGORÊMES

En traitant des catégories, en recherchant quels étaient les caractères essentiels des notions qui, associées dans et par l'entendement, constituent la connaissance, nous nous sommes principalement tenus dans le domaine du subjectif. Nous disons *principalement* et non *exclusivement*, car c'est pour nous un axiome que tout ce qui est subjectif est objectif en même temps, en d'autres termes qu'il n'y a rien dans l'entendement qui ne soit dans les choses, sans néanmoins que tout ce qui est dans les choses soit toujours dans l'entendement.

Les catégories, les caractères nécessaires des notions et par conséquent de la connaissance, doivent être considérés aussi comme les caractères nécessaires de l'être. Les aspects de la *connaissance* doivent donc être considérés comme des aspects de l'*existence*. Pour indiquer ce changement de point de vue, il est convenable d'employer un mot autre que celui de *catégorie*. Nous proposons celui de *catégorème*, déjà employé dans un sens peu différent par Aristote et par ses continuateurs.

Ainsi, pour nous, les catégorèmes sont les conditions de l'existence, ou, ce qui est la même chose, les aspects nécessaires de la réalité considérée surtout comme objective.

D'une manière plus générale encore, on pourrait dire des catégorèmes qu'ils sont les *objets* des catégories.

De même qu'il n'y a que trois catégories : l'*absolu*, le *relatif* et l'*indéterminé*, il n'y a que trois catégorèmes correspondants terme par terme à ces catégories, à savoir : les *noumènes*, les *phénomènes* et la *substance*.

NOUMÈNES. — Nous désignerons par le mot de *noumène* le côté des objets accessible au *noûs*, à la raison, l'ensemble des caractères ou des qualités absolus de l'existence. Ainsi, la simplicité, l'individualité, etc., etc., considérées non plus dans les notions de l'entendement, mais dans l'objet de ces notions; ainsi le *moi*, ce côté absolu et indivisible de l'être que je suis; ainsi tous les modes que les vieux systèmes attribuaient à une prétendue substance spirituelle sont des noumènes.

PHÉNOMÈNES. — Par ce mot nous désignons toutes les qualités sensibles ou relatives de l'être, telle couleur, telle grandeur, tel changement déterminé, etc., etc., en un mot, tout ce qui, dans l'être, est susceptible de plus ou de moins.

SUBSTANCE. — La *substance* sera pour nous le côté par lequel les êtres sont identiques, par lequel ils sont le *même*.

Comme le mot *substance* est, de tous les mots de la langue philosophique, celui qui a soulevé le plus de controverses, nous croyons utile de nous arrêter un instant sur la signification nouvelle que nous venons de lui donner.

D'abord cette signification n'est pas aussi nouvelle qu'on pourrait le croire, car toutes les anciennes écoles s'accordaient à dire que la substance était ce qui restait de l'être, lorsqu'on l'avait dépouillé de tous ses attributs déterminatifs. Or, nous ne disons pas autre chose, car, pour nous, la substance c'est l'être considéré, abstraction faite des noumènes et des phénomènes, c'est-à-dire abstraction faite des aspects sous lesquels il est absolument ou relativement déterminé. En un mot, la substance c'est l'aspect indéterminé de l'existence.

Nous différons néanmoins des anciennes écoles, en cela qu'elles considéraient la substance comme quelque chose de réel et d'objectivement isolable, tandis que, pour nous, elle n'est qu'une abstraction ; qu'elles y voyaient la partie la plus essentielle de l'être, tandis que nous n'y voyons qu'un aspect aussi essentiel mais non plus essentiel que les autres ; et enfin qu'elles regardaient les noumènes et les phénomènes comme des manifestations de la substance, tandis que nous regardons la substance, aussi bien que les phénomènes et que les noumènes, comme une qualité de tout être.

Nous nous séparons encore des anciennes écoles, en cela que les unes ont enseigné que la substance pouvait exister indépendamment des phénomènes et des noumènes, et que les autres, en niant la substance, ont soutenu que les phénomènes et les noumènes, que le plus souvent elles confondaient, pouvaient exister par eux-mêmes, tandis qu'à nos yeux les noumènes, les phénomènes et la substance sont simplement des aspects que l'abstraction peut, à la rigueur, distinguer, mais qui, dans la réalité, sont inséparables et en combinaison irréductible.

En raison des disputes auxquelles il a donné lieu, on nous reprochera peut-être de ne pas avoir éliminé le mot *substance* du langage philosophique. Bien que l'absence de ce mot, dans un travail de la nature du nôtre, eût dû paraître singulière, nous nous serions cependant décidé à l'omettre, si nous en avions trouvé un autre qui désignât aussi nettement le côté indéterminé des choses, le côté par lequel les choses sont accessibles au sentiment [1], le côté par lequel elles sont identiques.

Comme, après tout, il n'est point légitime de quereller une définition de mots, tout ce qu'on peut nous demander c'est de ne pas mettre une étiquette sur un vase vide, c'est de montrer que réellement les choses sont identiques sous un de leurs aspects.

Est-il vrai, oui ou non, que tous les êtres, quels qu'ils soient, diffèrent, et néanmoins se ressemblent? Est-il vrai qu'à ne les considérer exclusivement que par le côté de leur ressemblance, ils se confondent et sont indiscernables ou identiques? Si cela est vrai, l'identité est donc une de leurs manières d'être, et, alors, pourquoi ne serait-il pas permis, en désignant par les mots *identité* ou *rapport* cette manière d'être en tant qu'elle est conçue par l'entendement, et de la désigner par un autre nom en tant qu'elle existe dans les choses?

Une autre objection nous a été adressée : les êtres ne se

---

[1] Ne pas oublier que le mot *sentiment* ne signifie point ici *affection morale*, mais le mode par lequel l'entendement perçoit le côté indéterminé des choses.

confondent que par les qualités qui leur sont communes. Les *noumènes* étant des caractères de distinction absolue, sont particuliers à chaque être. Mon *moi* étant absolument distinct de votre *moi*, n'a rien de commun avec lui, mais il n'en est pas ainsi des *phénomènes*. On sent très-bien que la forme, la grandeur, la couleur, etc., etc., peuvent être des qualités communes à tous les êtres. Mais si l'identité des êtres consiste dans ces qualités communes, si, d'un autre côté, la *substance* est la même chose que l'*identité*, il en résulte que la substance n'est autre chose qu'un ordre particulier de phénomènes, et que, par conséquent, notre analyse est radicalement vicieuse.

Cette objection repose tout entière sur un vice de langage. Il n'est pas vrai que les qualités communes à tous les êtres, la grandeur en général, la couleur en général, la forme en général, etc., etc., soient des *phénomènes*. En effet, qui a jamais vu, entendu, touché, flairé ou goûté la grandeur, la forme, la pesanteur, la couleur, etc., etc. ? Puisque personne n'atteint ces qualités communes à tous les êtres par les sens, ces qualités ne sont pas des phénomènes ; elles ne forment pas le côté des êtres accessible à la sensibilité ; au point de vue de leur généralité, elles ne sont pas susceptibles de plus ou de moins ; la grandeur n'est pas plus ou moins grande, la pesanteur plus ou moins pesante, la couleur plus ou moins colorée. Rien de ce qui constitue les phénomènes ne leur convient. Les expressions générales par lesquelles nous désignons les qualités communes ou, pour mieux dire, la communauté des qualités, comme toutes les expressions générales possibles, énoncent des *rapports,* des *similitudes ;* or c'est précisément dans le rapport, dans la similitude que nous faisons consister la substance ; qu'on ne dise donc plus que, pour nous, elle n'est qu'un ordre particulier de *phénomènes*.

Ne perdons jamais de vue, car, sans cela, la substance nous serait inintelligible et tout ce qui doit suivre n'aurait aucun sens, ne perdons jamais de vue qu'*autre est la ressemblance, autres sont les choses ressemblantes.*

Sans doute, la ressemblance ne se peut concevoir sans les choses ressemblantes et c'est pour cela que nous tenons la ressemblance ou la substancce pour une pure abstraction. Mais abstraction n'est pas erreur ; l'abstraction est une vue partielle de la réalité. La ressemblance est donc un aspect très-réel des choses et nullement, comme on serait porté à le croire, un simple résultat de la comparaison qu'en fait notre esprit. La comparaison nous fait découvrir la ressemblance mais ne la crée pas. La ressemblance est une qualité des choses tout comme la pesanteur ou la grandeur et, quand il n'existerait pas un seul être intelligent au monde pour les comparer, elles n'en seraient pas moins ressemblantes. La ressemblance est objective tout autant que subjective et, si, au point de vue subjectif, elle se nomme *rapport,* son nom, au point de vue objectif, est *substance.*

De même qu'en considérant, avec le rapport, les qualités qu'il relie, on est arrivé à supposer l'existence de plusieurs espèces de rapports : rapports de figure, rapports d'âge, rapports de goûts, etc., etc. [1], en considérant, avec leur ressemblance ou leur identité, les choses ressemblantes on est arrivé à supposer l'existence de plusieurs substances. Ainsi la substance minérale, végétale, etc., etc., est le côté par lequel les minéraux sont identiques, les végétaux sont identiques, etc., etc. De cela il ne faudrait pas conclure qu'il y ait, en effet, une substance humaine, une substance végétale, une substance minérale, etc., etc. Les *universaux* : l'humanité, l'animalité, etc., etc., ne correspondent ni à des réalités complètes et distinctes comme le voulaient les *réalistes,* ni à un pur néant comme le soutenaient les *nominaux,* mais à des abstractions, mais aux ressemblances très-réelles, quoique abstraites, qu'ont entre

---

[1] Conférez toute cette discussion avec ce qui a été dit touchant l'identité essentielle à la notion de *rapport,* page 31.

eux les hommes, les animaux, etc., etc., c'est-à-dire à de simples déterminations de la ressemblance ou de la substance. Mais les déterminations de la substance, qui, de sa nature et en elle-même, est indéterminée, ne sont pas des substances ; donc les universaux ne correspondent pas chacun à une espèce particulière de substance.

Il n'existe pas plus diverses espèces de substances qu'il n'existe plusieurs espèces de rapports. Chaque être n'a pas une substance qui lui soit propre. La substance, puisqu'elle est l'aspect sous lequel tous sont le *même,* est commune à tous et est la même pour tous. Tous les êtres sont *consubstantiels*.

La ressemblance, quand elle est considérée seule, est l'identité, et il ne saurait y avoir deux espèces d'identités. Sans doute l'énoncé de l'identité de formes diffère de l'énoncé de l'identité de grandeurs, mais l'identité en elle-même, n'est rien que l'identité. Les différences que vous croyez apercevoir ne vous apparaissent que parce que ce n'est pas de l'identité que vous vous préoccupez, mais des termes différents qu'elle identifie.

La substance n'étant que l'expression ontologique ou objective du *rapport* est, nous venons de le dire, comme lui, indéterminée, car les mots *indétermination, confusion, identité* sont synonymes.

Précisément parce qu'elle est indéterminée, la substance est universelle. Elle est le lien universel des *phénomènes* et des *noumènes* qui, sans elle, seraient contradiction et néant. Elle n'en est pas le *support ;* elle en est le lien.

Identité de la substance ! universalité de la substance ! Il semble que nous soyons tombé en plein panthéisme ; et cependant nous n'avons fait à cette grande doctrine que la part qui, légitimement, ne peut lui être refusée. Cela ne nous empêche pas de reconnaître l'erreur capitale qu'elle renferme. Cette erreur consiste en ce qu'elle fait de la substance la réalité tout entière, l'être tout entier et qu'elle regarde, au contraire, les noumènes et les phénomènes comme de pures illusions ou, tout au plus, comme d'accidentelles émanations, comme de simples signes de la substance, au lieu que, pour nous, loin d'être la réalité tout entière, la substance n'en est qu'un des trois aspects, aspect tout aussi abstrait que le sont les phénomènes et les noumènes quand on les considère isolément.

### EXISTENCE

De même que les catégorèmes *substance*, *noumènes* et *phénomènes* sont la traduction ontologique ou objective des catégories psychologiques ou subjectives *indéterminé*, *absolu* et *relatif*, de même l'*existence* correspond objectivement à la *connaissance*.

Que peut être, en effet, l'objet de la connaissance, si ce n'est ce qui est, ce qui existe ? Réduite à son expression dernière, la connaissance n'est-elle pas affirmation, et, en cela même, ne témoigne-t-elle pas qu'elle a pour objet l'existence ou, ce qui est la même chose, la réalité ?

En définissant l'*abstrait* et le *concret*, pour mieux nous faire comprendre, nous avons dit que l'existence était une *manière d'être* commune à tous les êtres. Nous nous sommes servis d'une expression impropre. Les manières d'être sont la matière même sur laquelle s'exerce l'abstraction. L'analyse peut toujours les séparer les unes des autres pour les considérer isolément. Or il est manifeste que l'existence ne peut être séparée de rien sans anéantir ce dont elle serait séparée. L'abstraction peut bien, à la rigueur, et c'est ce que nous faisons en ce moment, la considérer isolément, mais elle ne peut rien concevoir isolément d'elle. Quoique n'étant pas, à rigoureusement parler, une manière d'être, puisque toutes les manières d'être la supposent, l'existence est cependant l'objet, non pas d'une connaissance particulière, mais de toutes connaissances aussi bien abstraites que concrètes, parce que toute connaissance est affirmation et que l'existence est précisément ce qui, objectivement, correspond à l'affirmation.

De quelles notions se compose cette connaissance, racine de toutes les autres? Evidemment des notions essentielles à toute connaissance. De même que toute CONNAISSANCE est l'ASSOCIATION de l'*absolu* et du *relatif* reliés par l'*indéterminé*, en passant du subjectif à l'objectif, nous devons dire que l'EXISTENCE, objet de toute connaissance, est l'ASSOCIATION des *noumènes* et des *phénomènes* reliés par la *substance*.

L'existence, c'est l'association! tout être est une association! Comme ce mot *association* devient dès lors le nom que doit porter la doctrine dont nous tâchons d'être les interprètes, *doctrine de l'association* ou, d'une manière plus concise, *socialisme,* le moment nous semble venu de donner de ce mot une définition précise.

L'association, *concordia-discors,* est une antinomie conciliée, sans cependant être détruite, ou, pour nous expliquer plus clairement, l'association suppose des éléments tendant, sous deux aspects, à se distinguer, à s'isoler de plus en plus, et en même temps, sous un troisième, à se confondre.

Les associations qui nous sont les plus familières sont les associations d'intérêts, les associations de commerce. Dans ces sortes d'associations, les intérêts de chacun de leurs membres sont distincts et même, dans une certaine mesure, opposés à ceux de tous les autres ; car chacun, à la rigueur, a intérêt à faire sa part plus grosse au détriment des autres parts et néanmoins, quoique ayant des intérêts distincts, tous les associés ont cependant le même intérêt, tous désirent mêmement que leur association prospère.

Ces associations de personnes ne peuvent être qu'incomplètes, parce qu'elles ne se composent que d'éléments similaires. Elles ne peuvent donc nous donner qu'une idée très-imparfaite de cette association de qualités qui est l'être lui-même. Nous les rappelons cependant, parce que, même dans ces associations imparfaites, se manifeste le caractère propre à toute association, à savoir la distinction dans la confusion, l'appropriation dans la communauté, la spontanéité dans le concours, la liberté dans l'ordre.

Une chose digne de remarque et qui montre bien que l'association est ce qui constitue l'existence, c'est qu'aucune association, aussi incomplète qu'elle soit, ne vient à se former sans que nous ne la considérions comme un *quasi-être* ou, pour nous servir d'un mot consacré par l'usage, comme *une personne morale*. Tel est le cas des associations politiques, des associations commerciales, des associations scientifiques, etc., etc. C'est ainsi que nous disons, comme s'il s'agissait de personnes réelles : la France a voulu, l'Académie a décidé, etc., etc. Il faut bien que l'idée d'association soit adéquate à celle d'existence pour que, là où se montre la moindre trace d'association, nous soyons instinctivement portés à supposer l'existence d'êtres que nous savons néanmoins n'avoir qu'une simple apparence de réalité.

Les combinaisons chimiques, qui donnent lieu à un autre ordre d'êtres fictifs, ne sont elles-mêmes que des associations, non plus d'intérêts, mais de qualités sensibles. Les corps simples ne sont que des combinaisons jusqu'ici réfractaires à l'analyse. Il n'existe que des combinaisons, et, pour les chimistes aussi, *association* est synonyme d'*existence*. Quand ils forment une combinaison nouvelle, ils disent avoir obtenu un corps qui, jusque-là, n'existait pas : quand cette combinaison est détruite, ils disent que ce corps n'existe plus.

Pourquoi les associations d'intérêts et les combinaisons de qualités sensibles ne constituent-elles que des êtres imaginaires, tandis que l'association des noumènes et des phénomènes reliés par la substance constitue l'existence réelle? Parce que, dans le premier cas, les essentielles conditions de l'association ne sont pas toutes remplies; parce que la distinction entre les éléments associés ne va pas jusqu'à la contradiction ; parce que le rapport qui les relie ne va pas jusqu'à les identifier. Ne confondons donc pas l'association type, qui est le fond de toutes les réalités, avec les associations arbitraires que nous formons ou que nous concevons et dans lesquelles nous voyons bien un accord entre des différences, entre des oppositions, mais où ne se rencontre pas une conciliation véritable des termes d'une antinomie.

Ce qui distingue encore l'association ontologique de toutes les associations rudimentaires et artificielles que nous voyons ou que nous imaginons, c'est que, toutes, elles sont accidentelles et contingentes, tandis que l'association dont toutes les autres ne sont que de pâles reflets, est nécessaire et irréductible. Nous concevons très-bien que, par la séparation de ses membres, une maison de commerce prenne fin ; nous ne répugnons pas à affirmer que, lorsque l'analyse a isolé ses éléments, un corps n'existe plus ; mais qu'un être puisse être anéanti, mais que l'association qu'il est puisse se dissoudre, voilà ce que la conscience humaine ne pourra jamais accepter. Que les phénomènes, qui entrent dans cette association, changent, qu'ils disparaissent et soient remplacés par d'autres, cela est prouvé par l'expérience de chaque jour ; mais ce changement modifie l'association et ne la détruit pas. L'absolu ne se peut concevoir sans le relatif, ni la substance sans les termes qu'elle relie. Les éléments de l'existence sont indivisibles.

Nous ne sommes pas les premiers qui ayons dit que l'être est une association. C'est ce que, depuis Kant surtout, admettent tous les philosophes modernes. Seulement, n'ayant pas poussé assez loin l'analyse, ils comprennent tous les éléments de cette association sous le terme trop restreint de *phénomènes*. En cela, nous ne pouvons être d'accord avec eux, car nous ne concevons pas de phénomènes contradictoires les uns aux autres comme le sont l'absolu et le relatif, comme le sont les phénomènes et les noumènes.

Ils ajoutent que ces phénomènes, qui, suivant eux, constituent l'être tout entier, sont reliés entre eux par une *loi*. Si, par ce dernier mot, ils entendent un rapport nécessaire, nous ne les contredirons pas; seulement nous les prierons de voir si le rapport, dans sa généralité la plus haute, ne se confond pas avec la substance, et, dans tous les cas, nous les adjurerons de préférer le mot *rapport* au mot *loi*, que nous définirons plus tard, mais qui, souvent, reçoit dans le langage vulgaire un sens aussi opposé sans doute à leur pensée qu'à la nôtre.

Avons-nous besoin de dire que, bien que ne pouvant être sans eux, une association est autre chose non-seulement que chacun de ses éléments pris à part, mais même que leur somme et que leur *mélange*? Avons nous besoin de dire que, lorsque nous parlons de l'existence et de ses trois qualités essentielles, des trois catégorèmes, nous ne parlons pas de quatre choses? N'est-il pas visible que, si nous énumérons, que, si nous séparons les uns des autres, par l'analyse, les catégorèmes, nous détruisons leur combinaison, nous détruisons l'être que constituait cette combinaison et que, par conséquent, nous ne pouvons, en aucune manière, pour arriver au nombre quatre, ajouter encore à ces catégorèmes ainsi isolés, l'être que nous avons détruit? Ne serait-il pas ridicule de prétendre que l'oxygène, le calcium, le carbone et le marbre font quatre choses, quand il est d'expérience que, à l'instant où le carbone, le calcium et l'oxygène apparaissent en s'isolant, le marbre a cessé d'exister? Autant vaudrait dire, qu'une paire de gants et les deux gants qui la composent font trois choses, comme si on pouvait additionner ce qui ne peut se distinguer sans se détruire.

Une combinaison, néanmoins, répétons-le encore, est autre chose que ses éléments; un être est autre chose que des catégorèmes. Il n'est pas seulement *individualité*, *collectivité* et *universalité*; il est un ÊTRE. Nous connaissons les éléments ou, pour mieux dire, les aspects de l'être au moyen des modes de notre entendement; nous connaissons l'être au moyen de notre entendement tout entier. L'existence est aux catégorèmes ce que la connaissance est aux catégories.

Quelques esprits prévenus pourront nous accuser, parce que nous disons que l'être [1] est autre chose que les catégorèmes, de revenir, par une voie détournée, à la vieille imagination de la *substance-entité,* à la supposition de quelque chose de caché sous les catégorèmes. Cette accusation serait injuste : la substance était ce qui restait quand on avait enlevé les catégorèmes ou, comme on disait alors, les phénomènes; et nous disons, nous, que lorsqu'on a enlevé les catégorèmes, il ne reste rien. Pour arriver jusqu'à la substance-entité, on enlevait les phénomènes; pour arriver à l'être, nous n'enlevons pas les catégorèmes, nous les associons.

Jusqu'ici, pour la facilité du discours, nous avons cru pouvoir nous servir d'un mot qui, s'il n'était expliqué, pourrait faire naître dans l'esprit du lecteur les idées les plus fausses. C'est celui d'*élément. Elément,* dans le langage ordinaire, signifie *partie constituante* d'une chose. Or, les parties qui composent une chose sont antérieures, ou, du moins, peuvent être considérées comme antérieures à la chose qui en est composée, et il serait du dernier absurde de prétendre que quelque chose ait pu être antérieur à l'existence.

Dans la réalité, les catégorèmes et les catégories, que nous avons appelés des *éléments,* ne sont que des *aspects* de l'existence et de la connaissance.

Nous ne pouvons avoir la connaissance d'un être quelconque sans avoir simultanément la notion de son individualité, la notion de ses attributs sensibles et la notion enfin de sa ressemblance, de ses rapports avec les autres êtres. Ce sont bien là trois aspects différents sous lesquels

---

[1] Nous entendons par ce mot l'*être* un être quel qu'il soit, comme par le mot l'*homme* on entend un homme quelconque.

nous pouvons abstraitement le considérer, suivant que nous nous plaçons au point de vue de la raison, de la sensibilité ou du sentiment. Mais d'aucun d'eux isolément ne résulterait la connaissance, c'est-à-dire l'affirmation de l'existence. Pour que cette affirmation naisse en nous, il faut nécessairement que nous nous placions à ces trois points de vue à la fois, et alors, de ce point de vue concret ou synthétique, la distinction de ces trois aspects n'est plus ce qui nous frappe. Ce qui nous frappe c'est l'harmonie qui règne entre eux, c'est leur association.

Nous avons donc pris le mot *élément* dans le sens où on le prend quelquefois quand on dit que les rayons, le centre et la circonférence sont les éléments du cercle. Ce ne sont point là évidemment des parties séparables, mais seulement des conditions d'existence, des manières d'être essentielles, des aspects, en un mot, de cette figure. Un acide et un oxyde peuvent exister sans former un sel. Tout au contraire, sans cercle, il n'y a point de rayons, sans cercle point de centre, sans cercle point de circonférence. La même chose doit se dire des catégorèmes : ils sont les aspects essentiels de l'être; mais, sans l'être, ils ne pourraient même se concevoir.

Nos langues, essentiellement analytiques, se prêtent mal à exprimer ces vues d'ensemble. Voilà pourquoi nous ne pouvons caractériser l'existence qu'en énumérant ses conditions essentielles. Mais, comme ces conditions sont soumises à une condition elle-même qui est d'être associées, nous ne pouvons pas ne pas comprendre que c'est dans cette condition dernière que se résume tout ce que nous pouvons savoir de l'existence.

Résumons-nous : l'objectif et le subjectif ne sont pas deux choses différentes ; donc, l'existence et la connaissance que nous en avons sous des formes variées, ne sont qu'une même chose ; or, la connaissance est une association; donc l'existence est une association elle-même.

Une observation encore, car il ne faut pa que les termes

généraux : l'*existence*, la *connaissance*, dont nous sommes forcés de nous servir, fassent illusion au lecteur.

Il n'est point d'acte de l'entendement qui soit la connaissance en général. L'entendement n'est capable que de connaissances déterminées. Ces mots *la connaissance* n'expriment que ce qui est commun aux différentes connaissances.

De même, lorsque nous disons que l'existence est l'objet de la connaissance, par ce mot *existence* nous n'entendons point parler d'une certaine existence qui serait l'existence générale, chose qui n'a aucun sens, mais de ce qu'ont de commun les existences particulières, c'est-à-dire les différents êtres.

L'objet de la connaissance c'est ce qui est affirmé, c'est ce qui existe. Qu'existe-t-il ? Des êtres et rien que des êtres, car, par une définition en quelque sorte forcée, l'être étant ce qui est, ce qui ne serait pas un être ne serait pas et, par conséquent, ne pourrait être ni affirmé, ni connu. Donc, en disant que l'existence est une association, nous avons seulement voulu dire que, entre les êtres, il y a cela de commun que chacun d'eux est une association dont les noumènes, les phénomènes et la substance sont les éléments ou les aspects.

Les attributs, les qualités, les modes ne sont rien autre chose que les êtres partiellement ou abstraitement considérés. Mes connaissances sont moi connaissant, mes actions sont moi agissant. Hors les êtres, il n'est rien et, quoique l'être dont implicitement on parle ne soit pas toujours désigné, toujours il est sous-entendu.

### LE TEMPS, L'ACTION, L'ESPACE

Avant d'avoir pu nous rendre compte des formes essentielles de la connaissance, les catégories, et des formes essentielles de son objet, les catégorèmes, nous avons dû étudier les moyens par lesquels l'entendement arrive à la connaissance des objets et nous avons vu que ces moyens sont la sensibilité, le sentiment et la raison. Il nous reste à déterminer les moyens par lesquels, à leur tour, les objets pénètrent, pour ainsi dire, dans l'entendement ou, comme on le dit d'ordinaire, par lesquels ils se manifestent à nous.

Ces moyens sont : l'action, le temps et l'espace.

Ce sont là, en quelque sorte, les conditions *extérieures* de l'intelligibilité et par conséquent de l'existence puisqu'il n'y a d'absolument inintelligible que l'absurde et que l'absurde est ce qui n'existe pas.

Inséparables de l'existence, ces moyens manifestateurs sont de nécessaires objets de la connaissance, comme l'est l'existence elle-même. A tort, on prétendrait, comme on a quelquefois essayé de le faire, que le temps correspond à la raison, l'action au sentiment et l'espace à la sensibilité et par conséquent que nous ne pouvons avoir de ces choses que de simples notions. Elles sont l'objet, non pas de simples notions, mais de connaissances véritables, comme nous allons le prouver en les analysant et en cherchant la part qui, dans chacune d'elles, revient à chacun des trois modes de l'entendement.

Puisque tout être, quel qu'il soit, manifeste son existence, nous ne disons pas, qu'on le remarque bien, *dans* le temps et *dans* l'espace, mais *par* le temps et *par* l'espace, pour mieux la comprendre, nous allons étudier séparément cette *action* manifestatrice et chercher à nous rendre compte de ce que les mots *temps* et *espace* signifient.

*Le temps.* — Ce mot correspond à une connaissance. En effet, la connaissance que nous avons du temps se décompose en trois notions différentes :

1º L'*immuabilité* ou l'indépendance de tout changement, notion de l'ordre absolu.

Les spiritualistes, qui ont supposé l'existence d'un être exclusivement absolu, l'ont toujours proclamé immuable.

L'immuabilité, d'ailleurs, s'accorde avec tout ce que nous avons dit se rapporter à la catégorie de l'absolu. L'immuabilité est infinie ; elle n'a ni commencement ni fin, car elle ne pourrait commencer ou finir que par un changement. Elle n'est pas l'*éternité*, cependant, car l'éternité ne répugne pas au variable, ou, si l'on veut, elle est l'éternité, mais l'éternité cessant de s'écouler, l'éternité solidifiée en quelque sorte, l'éternité d'un moment quelconque.

A tout prendre, on peut même dire que l'immuabilité c'est le *moment,* c'est l'indivisible de la durée, car le moment considéré seul, s'il n'était pas conçu comme immuable, serait une série de moments. Elle est une et indivisible ; le moment ne peut se diviser puisque, lorsqu'il s'agit du temps, c'est par le changement seul que la division peut se concevoir.

L'immuabilité, enfin, convient à l'*individualité,* car le moyen de concevoir une individualité qui change, qui cesse d'être la même, qui commence ou qui s'anéantisse ? L'être individuel peut changer, mais l'individualité elle-même, quel changement peut l'atteindre ?

2º Le *changement,* la variabilité, antinomique de l'immuabilité, notion de l'ordre relatif.

. Le changement est l'état de ce qui n'était pas et tout à coup est, de ce qui était et tout à coup cesse d'être. Le changement suppose, à la fois, création et anéantissement : création d'un état nouveau et anéantissement de l'état qui précède. Il se compose de ces deux phases ; on ne peut le concevoir que comme composé.

Il est fini et limité ; cela ressort de sa définition même, car un changement qui durerait, ne fût-ce qu'une minute, pendant sa durée, ne serait pas un changement. Si l'immuabilité convient aux noumènes, il est certainement bien impossible de concevoir un phénomène qui ne soit pas un changement ou du moins qui ne soit pas susceptible de changement.

3° Le *devenir*, lien de l'immuabilité et de la variabilité, notion de l'ordre indéterminé.

Le devenir est l'état de ce qui se transforme. Le devenir n'est pas le changement, car ce qui se transforme ne laisse pas de subsister ; il n'est pas non plus l'immuabilité, car, dans la transformation, il y a un mouvement que l'immuabilité ne comporte pas.

L'immuabilité est *une*, le changement est *successif*, le devenir est *continu*. C'est un écoulement, une fluxion ; son caractère est de n'avoir rien de brusque, rien de subit, rien de heurté, mais de procéder par voie de transition insensible. L'immuabilité est *conservation*, le changement *innovation*, le devenir *évolution*.

Par cela même qu'il est continu, le devenir est indéfini, incommensurable. Vous pouvez bien arbitrairement lui assigner pour limite intérieure tel moment que vous voudrez, mais en deçà ou au-delà, il ne peut avoir de limites. Il ne pourrait commencer ou finir que par un changement, ce qui suffit pour montrer qu'il ne peut ni commencer ni finir. Il est l'immensité, l'universalité du temps, il est l'*éternité*.

Le devenir ou l'évolution, suivant le point de vue auquel on se place, porte encore deux noms différents : celui de *développemenent* et celui d'*enveloppement*. Si, par exemple, vous vous occupez du devenir de la nationalité française et si, par la pensée, vous vous transportez au siècle de Clovis, vous la voyez se développer depuis ce premier roi jusqu'à nos jours. Si, au contraire, vous la considérez de l'époque où nous sommes, vous la voyez s'envelopper de plus en plus jusqu'à ce que vous la perdiez au milieu de l'indécision du monde barbare, Franc ou Gaulois.

L'enveloppement et le développement sont choses fort différentes pour l'être qui s'enveloppe ou se développe [1],

---

[1] Il n'est pas inutile de remarquer la forme *réfléchie* de ces deux verbes. Il y a dans la grammaire plus de philosophie qu'on ne le pense.

mais, relativement au devenir, c'est le même fait sous deux noms différents, et ce fait c'est le devenir lui-même.

*Le Progrès.* — Nous n'avions du *temps* qu'une connaissance vague et obscure. A présent que, par l'analyse, nous en avons dégagé les notions élémentaires, à présent que nous savons que le *temps* est *immuabilité, variabilité* et *devenir,* nous en avons, non plus une connaissance seulement, mais une *conception,* c'est-à-dire une connaissance réfléchie et élucidée. Quoique l'une ne renferme rien de plus que ce que renferme l'autre, entre cette conception et cette connaissance la différence est trop grande pour que le même mot puisse servir à en désigner l'objet. Le vulgaire dit : un rond et une boule ; les géomètres, qui se sont rendu compte des conditions du rond et de la boule, ne les appellent plus que *cercle,* que *sphère.* Ainsi ferons-nous à l'égard du temps. Il ne s'appellera plus dans notre langage, *temps,* mais *progrès.* Le mot *progrès* sera la traduction philosophique du mot *temps* et ce dernier mot, à son tour, n'exprimera plus que le progrès confusément entrevu.

Le progrès qu'est-il, en effet, si ce n'est l'immuabilité reliée à la variabilité par le devenir? A quelle condition ai-je progressé? A la condition d'être resté le même et cependant d'avoir changé. Je suis certainement le même que j'étais alors que j'étais enfant et cependant je suis fort différent de ce que j'étais alors. Immuable sous un aspect, changé sous un autre, je suis *devenu* ce que je suis.

La formule du progrès, on le voit, est identique à celle du temps. Nous reconnaissons toutefois que le mot *progrès* implique une idée d'augmentation qui ne semble pas contenue dans la connaissance que nous avons du temps. Un être, en effet, ne progresse que parce que le nombre de ses qualités augmente ou que celles qu'il possède augmentent de puissance. Voyons si cette idée d'augmentation est aussi étrangère à la connaissance que nous avons du temps qu'on pourrait le supposer.

Le changement, nous venons de le dire encore, est un

aspect essentiel du temps. Or, tout changement étant, à la fois, anéantissement et création, est, par cela seul, augmentation quant à la chose créée et diminution quant à la chose anéantie. La diminution néanmoins est toujours moindre que l'augmentation. C'est que l'augmentation est réelle, tandis que la diminution n'est, en quelque sorte, qu'apparente. Il est bien vrai que, pour qu'il y ait changement, il faut qu'une manière d'être succède à une autre, qu'un fait nouveau succède à un fait antérieur. Mais le fait qui disparaît n'est pas comme s'il n'avait jamais été, car le devenir a précisément pour mission d'en tirer les conséquences. Il y a donc, après le changement, production du nouveau sans qu'il y ait complet anéantissement de l'ancien, donc il y a augmentation. Je puis oublier l'espagnol en apprenant l'anglais, mais des efforts que j'ai faits autrefois pour apprendre la langue oubliée, il me reste une plus grande facilité d'apprendre les langues. Par suite de ces efforts je suis *devenu* plus capable d'en saisir le mécanisme.

Le devenir ne fait point persister les faits tels qu'ils sont. Il ne les immobilise pas, il les continue. Soit qu'il les développe, soit qu'il les enveloppe, en les transformant, en en faisant découler les conséquences qu'ils renferment, il les sauve du néant. C'est avec raison que, au point de vue du devenir, on a dit que rien ne périt et que tout se transforme.

A celui du changement, il est vrai, tout ce qui est remplacé périt, mais, redisons-le encore, non dans ses conséquences. Ces conséquences des faits disparus qui s'ajoutent sans cesse aux faits nouveaux qui se produisent ont pour résultat une augmentation continue, une continuelle amplification de l'existence.

Cette amplification, remarquons-le bien, n'est pas en contradiction avec l'immuabilité ; elle garantit, au contraire, l'immuable, des atteintes du changement. Et, en en effet, tout changement qui serait seulement diminution, rendrait la permanence impossible. Si 5 devenait 4, 5 n'existerait plus, au lieu que, dans 6, 5 se retrouve encore.

Le *devenir* relie non-seulement la variabilité à l'immuabilité, mais comme, de sa nature, il est transition insensible, il s'oppose aux trop brusques écarts et à une trop grande prédominance du changement. Il s'oppose à ce que 5 se change tout à coup en 10, en 15, en 20 et l'oblige à devenir progressivement 6, 7, 8, 9, etc., c'est-à-dire tend à ramener tout changement à une *progression*. C'est pour avoir ainsi fait naître le nom de *progrès* qu'il a souvent été pris pour le progrès lui-même.

Ce serait aussi tomber dans une grave erreur que de voir dans le *développement* le progrès tout entier. Le développement n'est pas plus une augmentation que l'enveloppement n'est une diminution. L'étymologie le dit assez : dans ces deux manières de considérer le devenir, il s'agit d'un enroulement et d'un déroulement, de conséquences découlant d'un principe ou rentrant dans le principe d'où elles avaient découlé; il s'agit de la puissance se transformant en actes ou de ce qui était actes revenant à l'état de puissance, mais toutefois sous des conditions nouvelles dues à l'apparition de changements, de faits nouveaux qui se sont produits ; il s'agit en quelque sorte de dilatation et de condensation, d'émanation et de résorption, d'expansion et de contraction, toutes choses dans lesquelles rien de nouveau ne se produit. Le symbole oriental de la tortue rentrant ses membres dans sa carapace ou les en faisant sortir en est une fidèle image.

Pour qu'il y ait progrès, il faut qu'il y ait non-seulement développement, mais production de faits nouveaux qui viennent se joindre aux conséquences transformées par le devenir des faits antérieurs disparus. Le changement seul ne produisant que pour détruire, sans l'intervention continue du devenir, ne serait pas une source de progrès et, de même, sans changements, sans faits nouveaux, le devenir serait impuissant à rien engendrer.

L'enveloppement et le développement ne sont pas des formes essentielles du progrès mais les manières différentes dont il nous est révélé par l'expérience. Quand le progrès est visible nous l'appelons *développement* et, au contraire, *enveloppement* quand il tend à échapper à notre vue. Ainsi nous disons que la végétation se développe au printemps et, au contraire, qu'elle s'enveloppe en automne, mais nous savons bien que chaque automne, aussi bien que chaque printemps, contribue au progrès.

Il ne faut pas voir dans ces alternatives de progrès visible et de progrès latent un aller et un retour, une espèce de mouvement circulaire, car chaque enveloppement non-seulement est accompagné de changements et de faits nouveaux, mais résume tous ceux qui se sont produits dans les phases précédentes.

Il est d'usage de parler de la loi du progrès, de considérer le progrès comme une *loi*. Ceci nous oblige, au risque de nous écarter un instant de notre sujet, d'entrer dans quelque détails sur le sens que nous attribuons à ce dernier mot.

LOI. — On nous a quelquefois adressé cette objection : les lois sont des rapports ; or les lois sont immuables; l'immuabilité est une notion de l'ordre absolu, donc les rapports, au point de vue du temps, ne se résument pas dans le *devenir*, mais, perdant leur caractère indéterminé, rentrent dans la catégorie de l'*absolu*.

Tout d'abord nous nions que les *lois* soient des *rapports*. Le *rapport* joue un rôle très-important, le plus important peut-être dans la *loi* mais n'est pas à lui seul la *loi* tout entière. Pour bien comprendre ceci, analysons une des lois les plus connues, celle de l'attraction.

Les corps agissent *réciproquement* les uns sur les autres. Voici un rapport ; j'ai l'idée d'une action réciproque, mais je ne sais encore dans quel sens elle s'exerce ni quelle est sa nature. J'ai l'idée du *devenir* qui en est la conséquence, mais je ne sais encore ce que sera ce devenir; jusqu'ici tout est vague et indéterminé.

On ajoute que cette action est une action de rapprochement. Fort bien, voilà une détermination de l'ordre relatif, car ce rapprochement peut être plus ou moins grand, plus ou moins rapide.

Cette action s'exerce en raison directe des masses et inverse du carré des distances ; voilà une détermination absolue. Si vous faites consister la loi uniquement dans ce dernier terme, vous avez bien raison de dire qu'elle est immuable, mais ce qui est immuable dans la loi ce n'est pas le rapport, c'est le terme absolu que le rapport relie à un terme relatif dont vous ne tenez pas plus compte que vous ne tenez compte du rapport lui-même.

Si la loi, prise dans son ensemble, était immuable, elle serait invincible, car tout obstacle qui suspendrait son action lui imposerait un changement qu'elle aurait à subir. Or, la loi formulée par Newton n'est pas invincible, car, si elle l'était, le monde ne formerait plus qu'une masse compacte et immobile. La véritable formule newtonienne est celle-ci : Quand rien ne s'y oppose, les corps tendent à *devenir* de plus en plus rapprochés et cette tendance est toujours en raison directe des masses et inverse du carré des distances. Cette condition, *quand rien ne s'y oppose*, nécessairement sous-entendue dans la formule, suffit pour montrer qu'elle n'exprime rien d'*exclusivement* absolu ou immuable.

Nous ne pouvons en aucune manière accepter la célèbre définition de Montesquieu : « Les lois sont les rapports nécessaires qui dérivent de la nature des choses, » et cela d'abord parce que les rapports sont si peu des lois, qu'il n'existe pas de rapports que quelque loi ne régisse, en second lieu parce que nous connaissons une foule de lois dans lesquelles les rapports tiennent fort peu de place.

C'est une loi physiologique que le bol alimentaire passe de l'estomac dans tel intestin. Ne faudrait-il pas beaucoup de bonne volonté pour voir là l'expression d'un rapport ? C'est une loi de la géométrie que toute section plane d'une sphère soit un cercle. L'idée du rapport se trouve sans doute dans cette loi, car elle se trouve dans toutes les connaissances humaines, mais ce n'est pas elle certainement qui constitue cette loi. Faut-il un exemple encore ? Nous avons démontré qu'il ne peut exister de rapports négatifs; or, voici une loi évidemment négative : deux parallèles ne peuvent jamais se rencontrer.

Montesquieu, qui n'avait en vue que les lois civiles lesquelles, en effet, n'ont à régler que les rapports que les citoyens ont entre eux, pouvait réduire les lois à n'être que de simples rapports ; mais, en philosophie, on doit considérer les choses de plus haut.

Les *lois* des choses sont ce qu'il y a d'essentiel dans leur nature, c'est-à-dire dans l'ensemble de leurs manières d'être. Plus succinctement : les lois des choses sont les conditions de leur spécificité. Elles sont ce qui fait que les choses sont ce qu'elles sont, qu'elles appartiennent à telle série, à telle espèce, plutôt qu'à telle autre. C'est une loi du cercle que la tangente soit perpendiculaire à l'extrémité du rayon, parce que, si cela n'avait pas lieu, ce ne serait pas un cercle mais toute autre figure.

Il est presque oiseux de dire qu'il n'existe point de loi individuelle, mais que toutes les lois sont des lois de série. On peut bien parler des lois de la nature humaine, mais on ne parlera jamais des lois de la nature de Paul ou de Jean.

Et quelles sont les lois de la nature humaine ? n'est-ce pas ce qui est commun à tous les hommes ? Qu'est-ce qui constitue les lois régulatrices de notre volonté ? n'est-ce pas la volonté commune ? n'est-ce pas le suffrage, c'est-à-dire le consentement universel ? C'est une manière d'être, commune aux corps, de s'attirer réciproquement : donc l'attraction réciproque est la loi des corps.

Nous n'arrivons pas toujours à la connaissance des lois par l'observation de ce que les choses ont de commun entre elles ; mais, de quelque manière que nous arrivions à cette connaissance, toujours, car c'est là leur caractère essentiel, nous considérons les lois comme des manières d'être, c'est-à-dire d'être organisé, d'être vivant ou d'être progressif, communes à tous les éléments de la série qu'elles régissent ou plutôt qu'elles caractérisent.

Ces manières d'être, il est vrai, ne leur sont communes que parce qu'elles leur sont *essentielles,* que parce qu'elles sont le côté *nécessaire* de leur nature. Mais que ces derniers mots ne nous portent pas à attribuer à ces manières d'être, dans la production des phénomènes, une influence exclusive.

Dans tous nos actes, il y a, sans doute, quelque chose de fatal, quelque chose qui est une conséquence forcée de notre nature, quelque chose de régi par la loi, mais sans parler de ce qui est le résultat de notre puissance causatrice, de notre activité propre et spontanée, il y a quelque chose aussi qui dépend des circonstances les plus variables, et sur qui les lois de notre nature n'ont aucune prise. *Si* un oxyde et un acide sont mis en contact sous l'influence d'une température convenable, ils se combineront pour former un sel. Cette combinaison, qui résulte nécessairement des lois de leur nature, c'est-à-dire des qualités, des manières d'être qui leur sont communes à tous, résulte aussi de ces circonstances de contact et de température qui auraient fort bien pu ne pas se présenter.

C'est parce qu'elle fait mieux sentir que les lois sont immanentes aux choses et ne leur sont pas imposées ; c'est aussi pour éviter qu'on n'attribue à la loi plus que sa part dans la production des phénomènes, que, à cette définition : les lois des choses sont ce qu'il y a d'essentiel dans leur nature, nous préférons celle-ci : *les lois des choses sont les manières d'être qui leur sont communes.*

Mais, n'est-ce pas, sous une autre forme, reproduire la définition de Montesquieu ? Car, enfin, ce que les choses ont de commun, n'est-ce pas précisément ce qui constitue leurs rapports ?

Nous répondrons ce que nous avons déjà répété dix fois,

à savoir que les rapports consistent dans la ressemblance, et non dans les choses ressemblantes, et, ici, c'est des choses ressemblantes, des manières d'être ressemblantes seulement, que nous entendons parler. Nous répondrons que le rapport qui est, pour Montesquieu, la loi elle-même, n'est pour nous que le caractère auquel on la reconnaît.

Pour nous, la loi ne consiste pas dans les rapports, mais dans la nature des choses mises en rapport. Qu'on ne mette pas en rapport les acides et les oxydes, dont nous venons de parler, ils ne se combineront pas, mais il n'en sera pas moins dans leur nature de se combiner, quand ils se trouveront placés dans des circonstances favorables. Parce que, ces circonstances ne se présentant pas, la loi ne peut se manifester par ses conséquences, elle n'en existe pas moins.

Cela n'est pas inutile à dire, parce qu'il se rencontre encore bon nombre de gens qui, sans se l'avouer à eux-mêmes, voient dans les rapports des espèces de puissances mystérieuses qui viennent faire régner l'ordre dans la production des phénomènes. Il n'est pas inutile de leur répéter que les rapports sont les conditions de cet ordre, mais que cet ordre lui-même n'est que la conséquence des manières d'être communes aux choses mises en rapport.

Pour nous résumer : nous savons que certains corps se dilatent sous l'action de la chaleur, et nous disons que, pour ces corps, la dilatation est une loi. Tous les animaux que nous connaissons respirent; respirer est donc une loi de l'animalité. Mais, quoique tous les animaux respirent, tous ne respirent pas de la même manière. Ce qu'il y a de commun dans ces différentes manières de respirer, constitue la loi générale de la respiration. Ce qu'ont de commun les différentes manières de respirer des mammifères constitue la loi particulière de la respiration de cette série.

Comme toutes nos connaissances générales, d'après cela, correspondent à des lois, on est convenu de réserver ce dernier nom aux manières d'être les plus générales, c'est-à-dire communes à un grand nombre de choses. *Le progrès est certainement l'une des manières d'être les plus générales*, puisque, étant une condition même de l'existence, il est une manière d'être commune, sans exception, à tous les êtres. On a donc eu raison d'appeler le progrès une loi.

On ne doit pas s'attendre à trouver ici une théorie complète du progrès. Cette théorie, nous l'aborderons en traitant des caractères propres à la nature humaine, car le progrès humain est, de toutes les formes du progrès, celle qui nous est le plus facilement accessible. Pour le moment, il nous suffit d'avoir montré d'où nous vient la connaissance que nous en avons, de quels éléments elle se compose, et comment elle est une légitime transformation de la connaissance nécessaire que nous avons du *temps*.

*L'espace*. — L'espace est une manière d'être essentielle de tout être, manière d'être que nous comprendrons mieux lorsque nous aurons analysé la connaissance que nous en avons.

Cette connaissance, comme toutes les autres, est constituée par trois notions différentes, qui sont :

1º *Le lieu*, le *point mathémathique,* qui est à l'espace ce que le *moment* est au temps. La notion de *lieu* est une notion de l'ordre absolu, car le lieu d'une chose, qu'il ne faut pas confondre avec l'espace occupé par cette chose, le lieu, disons-nous, est indivisible ; il n'est susceptible ni de plus, ni de moins. Il est même immuable, vous pouvez changer de lieu, le lieu lui-même ne change point.

2º *La distance* ou l'étendue, qui n'est que l'espace considéré comme limité. Il est presque inutile de dire que la notion de l'étendue appartient à la catégorie du relatif ; mais ce qu'il n'est peut-être pas inutile d'ajouter, c'est que, prise isolément, l'étendue n'a aucune réalité.

L'étendue, la distance qui sépare Paris de Londres, qu'est-elle autre chose, si ce n'est l'être terrestre, la terre, partiellement considérée? Le bon sens ne suffit-il pas pour indiquer que cette distance est une partie de la grandeur du globe? Mais la difficulté n'est pas là ; elle consiste à savoir ce qu'il faut penser de la distance qui sépare la terre du soleil et des autres planètes. Nous répondrons hardiment que ces distances sont aussi des qualités de la terre.

Nos *qualités* sont tout ce par quoi nous sommes connus. Or, si on nous parle d'un homme, une de nos premières questions n'est-elle pas de savoir où il est, où il habite ; en un mot, quelles sont *ses* distances, relativement à nous et aux autres êtres? Tant qu'on n'y a pas répondu, nous ne croyons qu'imparfaitement connaître cet homme.

Nos qualités sont aussi ce qui nous constitue, et, à ce titre, ne peuvent changer sans que nous changions aussi. Croit-on que, si la distance qui sépare la terre du soleil venait à changer, la terre n'éprouverait aucun changement?

Les êtres n'ont point pour seules qualités étendues les distances qui règnent entre leurs diverses parties, c'est-à-dire leur taille, leur volume, mais aussi les distances qui les séparent de ce qu'il y a de tangible dans les autres êtres, distances que nous pouvons ne considérer que dans leur point de départ, ou bien que nous pouvons ne concevoir que comme formant une somme limitée, ou enfin qui peuvent nous apparaître comme innombrables.

On se persuade cependant que ces distances qui, à proprement parler, constituent *l'espace,* lui sont si peu essentielles, que si tous les êtres venaient à être anéantis, et par conséquent avec eux les distances qui les séparent, l'espace n'en subsisterait pas moins. On parle de l'espace comme d'une chose indépendante des êtres, comme d'une sorte de théâtre sur lequel ils viennent prendre leurs ébats, mais qui, pour rester vide, ne cesserait pas d'exister.

Nous concevons fort bien l'espace sans les êtres, nous dit-on, et cela nous suffit pour affirmer que l'espace et les êtres qu'il renferme sont choses différentes. D'abord, ce n'est pas l'espace qui renferme les êtres, ce sont plutôt les êtres qui renferment, ou, mieux, qui constituent l'espace. Le sophisme que nous avons à combattre mérite d'être examiné de près, car il a troublé de hautes intelligences, au point de leur faire supposer que l'espace et le temps, car ceci s'applique aussi bien au temps qu'à l'espace, étaient quelque chose de distinct, existant en dehors des êtres.

Vous concevez, dites-vous, l'espace et le temps sans les êtres. Quoique nous fassions plus qu'en douter, nous vous l'accordons; mais cela ne suffit point. Concevez-vous les êtres sans le temps et l'espace? Vous ne le pouvez pas, et cela seul vous prouve que ce ne sont point choses différentes. Si votre manière de raisonner était admise, de ce que vous concevez les formes, abstraction faite des corps, quoique cependant vous ne puissiez concevoir un corps qui ne soit limité par une forme, il s'ensuivrait que les formes existeraient, indépendamment et isolément du corps, ce qui est évidemment insoutenable.

Vous dites que, en supposant tous les êtres anéantis, le temps n'en continuerait pas moins de s'écouler, et l'espace de s'étendre. C'est encore là un sophisme, car ce prétendu argument repose tout entier sur la possibilité de l'impossible. Il suppose possible la conception du néant; il exige de mon esprit un tour de force que mon esprit est incapable d'accomplir, c'est-à-dire l'hypothèse de l'anéantissement de l'univers. Cette hypothèse, une fois faite, on nous annonce que nous verrons le temps et l'espace purs défiler majestueusement et silencieusement sous nos yeux. Ce serait là un beau spectacle. Pourquoi faut-il l'acheter à un prix impossible? Avec cette manière de raisonner, nous nous faisons fort de démontrer que la somme des angles d'un triangle vaut plus que deux droits. Pour cela, il nous suffirait d'exiger de nos auditeurs l'impossible hypothèse d'un triangle ayant plus de trois côtés.

Ce qui correspond au moment, c'est le point mathématique; de même ce qui correspond à la distance, à l'étendue, c'est la ligne droite.

Quelques philosophes se sont persuadés que la notion du point suffisait à elle seule pour arriver à construire subjectivement l'étendue, que la ligne n'était qu'une succession de points, la surface une succession de lignes et le volume une succession de surfaces. Ils ne voyaient pas que l'idée de succession implique celle de séparation, de lacune, d'intervalle, en un mot, celle de distance. Le point n'ayant aucune étendue, on en placerait des milliards les uns à côté des autres qu'on n'en obtiendrait pas une longueur d'un millième de millimètres. C'est même mal parler que de dire en les plaçant les uns à côté des autres, car n'ayant aucune étendue ils ne sont nulle part et ne peuvent occuper de place.

La ligne n'est pas une sucession de points, mais l'intervalle, la distance comprise entre deux points et limitée par eux. La surface n'est que la distance, que l'intervalle entre deux lignes et le volume que la distance entre deux surfaces. De sorte que c'est à la distance ou à la ligne que se réduit l'étendue, c'est-à-dire la détermination limitée de l'espace quand toutefois, par abstraction, on néglige ses limites pour ne voir que la chose limitée. En un mot, l'étendue est une somme de distances.

Cette discussion peut, ici, paraître déplacée. On nous la pardonnera, cependant, par l'importance que nous attachons, en haine des *idoles*, à bien mettre en relief cette vérité capitale, que rien n'existe que les êtres[1] à la fois, mais sous des aspects divers, *individuels*, *collectifs* et *reliés* entre eux. Les êtres, nous ne nous lasserons pas de

---

[1] Spinoza prétendait que, outre l'être qu'il appelait *substance*, il existait des *attributs* et des *modes*. Comme lui, nous pourrions dire qu'il existe des qualités, des manières d'être, association de qualités et des êtres, association des manières d'être, mais qui ne voit que les manières d'être et les qualités ne sont que les êtres eux-mêmes considérés de différents points de vue?

le redire, sont ce qui est; excepté eux, rien n'est. Cela ressemble à une tautologie, et, cependant, c'est de l'oubli de cet axiome, que procèdent en philosophie les plus graves erreurs. *Abstracta ut entia,* tel a toujours été l'écueil où est venue se briser la sagesse humaine. L'enfant fait d'une poupée un être, l'homme en fait un d'une abstraction.

En affirmant, comme nous le faisons, que l'étendue est une manière d'être essentielle des êtres, nous savons bien que nous soulevons contre nous l'école spiritualiste. Plus loin, nous répondrons à ses arguments. Nous nous bornerons, pour à présent, à demander aux spiritualistes, si, de bonne foi, ils pensent concevoir un être complètement privé d'étendue, un être qui ne soit nulle part. Nous les prions humblement de répondre à cette question : Si de pareils êtres pouvaient exister, il pourrait très-bien se faire qu'il n'en existât que de cette espèce, qu'il n'existât que des êtres purement spirituels, qui, étrangers à l'étendue, n'affecteraient entre eux aucune distance. Dans ce cas, nous demandons ce que deviendrait l'espace? On ne pourra nous répondre qu'en nous parlant encore du théâtre vide. Soit, il existera, d'une part, des êtres, et, de l'autre, quelque chose, l'espace, qui ne sera pas un être, qui n'aura pas d'être, qui n'aura pas d'existence !

3° *La forme, l'agencement.* — Hâtons-nous de dire que, par le mot *forme,* nous n'entendons pas la limite, la figure, la configuration, mais la *coordination,* tant externe qu'interne, des parties, leur systématisation, leur harmonie, leurs rapports réciproques au point de vue de l'espace. A l'agencement, à l'arrangement, on peut concevoir un centre, mais pas de limite extérieure, car là où il finirait, là commencerait le chaos, et le chaos c'est le néant. L'harmonie matérielle, puisqu'on est convenu d'appeler matériel tout ce qui se rapporte à l'espace, comme toute harmonie, est une notion de l'ordre indéterminé.

De même que le point et la ligne sont les expressions subjectives du lieu et de l'étendue, l'immensité, l'incommensurabilité sont donc aussi l'expression subjective de la forme.

De même que dans la continuité du devenir, vous pouvez arbitrairement faire une coupure, et circonscrire ainsi un devenir particulier, un fait, dans la continuité de l'arrangement, vous pouvez ne vous attacher qu'à un arrangement particulier, qu'à un *corps*. Au point de vue exclusif de l'indéfini, et à celui de l'infini, vous serez dans l'illusion ; au point de vue exclusif du fini, vous serez dans la réalité ; à celui de la connaissance intégrale, dans un cas comme dans l'autre, vous serez dans l'abstraction.

La forme, l'arrangement se réduisent à un rapport ; donc la forme est une notion de sentiment. Oui, répondent les artistes ; non répondent la plupart des philosophes, car nous la connaissons par le toucher et par la vue. Encore ici, une distinction que, vingt fois, nous avons faite, une fois de plus, est à faire. Ce que vous distinguez par le toucher et par la vue, ce n'est pas l'arrangement, ce sont les choses arrangées. En même temps que vous voyez ou touchez les choses, le *sentiment* vous donne la notion de leur arrangement.

Imaginer c'est combiner. Or, l'artiste qui dessine autre chose que des sphynx ou des syrènes, l'artiste qui, laissant, comme on le dit, errer sa main au hasard, trace des arabesques, n'imagine pas des formes, il les crée ; il ne combine pas des formes que ses yeux aient vues ou que ses doigts aient touchées ; il en trouve de nouvelles dans le sentiment qu'il a de l'harmonie, chose que certainement il ne pourrait faire si la forme lui était donnée par les sens. Il a nécessairement besoin de ses sens pour arriver à la notion de traits, de lignes, de parties arrangés, mais il va au-delà de ce que la sensation lui fournit et cet *au-delà* il l'exprime par des formes sensibles.

Vos doigts, vos yeux s'arrêtent à des surfaces, à des limites, mais la forme, mais l'arrangement vont plus loin. Pour puissants que soient vos yeux, pour habile que soit votre scalpel, vous ne pouvez les suivre, car vos appréciations par les sens sont nécessairement successives et, de sa nature, l'arrangement est continu ; or, la continuité, c'est par le sentiment seul que nous pouvons l'atteindre.

Que veulent dire ces mots : la forme d'un discours, un arrêt en bonne forme ? Ne s'agit-il pas de l'agencement des parties du discours, du rapport existant entre le contexte d'un arrêt et les lois qui règlent la procédure ? Sont-ce là, nous le demandons, des choses qui tombent sous les sens ?

Qu'a donc à faire, dira-t-on, le sentiment avec les formes géométriques ? Il y a à faire plus qu'on ne le pense. Ne voyez-vous pas que la forme géométrique suppose une symétrie, une proportion, un balancement et tout ce qui est mètre, mesure, rapport n'est-il pas affaire de sentiment ? Les mathématiciens sont plus artistes qu'on ne le pense et ce n'est pas sans quelque raison qu'ils se vantent de l'*élégance* de leurs formules.

Mais enfin, qu'y a-t-il au monde de plus déterminé que la forme ? Ne confondons pas la forme-connaissance avec la forme-notion. La forme-notion, nous l'avons dit, c'est l'arrangement ; la forme-connaissance, c'est l'arrangement, *plus* la collection des choses arrangées, *plus* encore l'unité résultant de leur arrangement. Comme ce sont les choses arrangées qui vous frappent, vous concluez naturellement que la forme est une détermination par elle-même. Ces perpétuelles redites, ces perpétuelles distinctions entre la *notion* et la *connaissance* sont fatigantes, nous en convenons, mais elles sont indispensables, cependant, car, toutes les fois qu'il s'agit de l'indéterminé, les nuages sont si épais, qu'on ne peut les inonder de trop de lumière.

Malgré les deux sens si différents que rappelle le mot *forme*, non-seulement nous avons cru devoir le conserver, mais nous continuerons d'en faire usage, car ce mot est indispensable dans le discours. Seulement, nous aurons soin que, sous notre plume, il ne prête à aucune équivoque.

*Organisation*. — Nous venons de voir que la connaissance nécessaire que nous avons de *l'espace* comprenait trois notions différentes : celle de *lieu*, celle *d'arrangement*, et celle *d'étendue*. Sans ces trois notions, cette connaissance serait impossible, et dans cette connaissance il n'y a rien de plus que ces trois notions. Seulement, elles y sont *associées*, celle d'arrangement servant de lien aux deux autres. Mais un arrangement tel qu'il fait concourir toutes les parties à un point unique, tel que, du sein de leur pluralité, il fait naître l'unité, qu'il les associe, en un mot, est précisément ce que désigne le mot *organisation*.

*Organisation* et *espace* sont donc, au fond, des mots synonymes. Seulement, le mot *espace* exprime une première vue, une connaissance non encore analysée et réfléchie, tandis que celui *organisation* correspond à la même connaissance, mais passée à l'état de conception scientifique.

L'espace est une manière d'être essentielle de tous les êtres; donc il n'y a point de corps bruts; donc, tous les êtres sont organisés, non-seulement en eux, mais entre eux. *L'organisation* est une des lois de l'existence.

*L'action*. — La manifestation, l'acte manifestateur. — Comme nous l'avons fait pour le *temps* et pour *l'espace*, nous allons analyser la connaissance que chacun de nous possède forcément de *l'action*. Cette connaissance consiste dans l'association des trois notions suivantes :

1º *Activité*, synonyme de *causalité*, action indépendante de toute autre action, se produisant par elle-même, et ne se rattachant à rien.

Nous ne chercherons pas à analyser l'activité, parce que c'est une notion, et que les notions se refusent à toute analyse. C'est une notion absolue, cela est évident. On ne peut pas être plus ou moins cause d'un fait; on en est cause, ou on ne l'est pas. On peut en être l'une des causes, mais on n'en est pas une demie cause, un quart de cause, etc.

L'activité ne paraît pas, au premier abord, devoir être confondue avec la causalité, car on peut être plus ou moins actif. Mais, à y bien réfléchir, qu'est-ce que cela signifie ? Cela signifie qu'on produit un plus ou moins grand nombre d'effets. Or, il ne s'agit pas, ici, des effets produits, mais de la *force* productive de ces mêmes effets et, bien évidemment, on n'est pas plus ou moins force. L'activité, la force, considérée indépendamment de tout obstacle, est infinie. Elle n'est jamais, en elle-même, susceptible de mesure. Seulement, quand à la notion de force on ajoute celle des obstacles vaincus, le sentiment du rapport existant entre les effets et leur cause, fait que nous rapportons à l'activité, à la force, la mesure qui, dans la réalité, n'est que celle des effets produits.

Une activité qui ne produit rien, une activité qui n'est pas cause, n'est pas active et n'est rien. Avec quelques subtilités grammaticales, on pourrait, sans doute, découvrir d'imperceptibles nuances entre ces deux expressions ; mais, philosophiquement, nous soutenons qu'on peut, sans inconvénient, les regarder comme synonymes. Que l'activité soit la cause en acte, que la cause soit l'activité en puissance, peu importe, puisque c'est toujours de la cause qu'il s'agit.

Il n'y a de causes véritables que les causes indépendantes ou absolues, que les *causes premières*. L'expression *cause seconde* est un non-sens, car une cause causée n'est pas une cause, mais un effet. Si cet effet est, à son tour, considéré comme produisant lui-même des effets, ce ne sera pas encore le nom de *cause* qui lui conviendra, mais celui de *moyen,* car il ne sera que le moyen par lequel la cause dont il émane produira les effets qu'il semble produire.

L'activité ou la causalité étant un des éléments essentiels de l'*action,* et l'action étant un mode nécessaire des êtres, il s'ensuit que tout être est actif, que tout être est cause, et, par conséquent, cause première. Il est donc absurde de croire à l'existence d'une cause première unique. Si cette cause unique existait, nous ne serions tout au plus que des moyens, que des instruments, et, dans ce cas, qu'on nous dise comment nous aurions pu jamais nous élever à l'idée de cause.

Ces considérations sont d'une haute importance. Nous aurons à y revenir, en traitant du libre arbitre.

2° *Passivité,* action dépendante d'une autre action. La passivité, c'est l'action abstraitement considérée au point de vue du relatif.

Comme l'activité a pour synonyme le mot *cause,* la passivité peut aussi se nommer *effet.* Quand on dit qu'il n'y a point d'effets sans cause, ni de cause sans effets, cela revient à dire que les deux termes de l'antinomie, activité et passivité, sont inséparables. Dans cet axiome, il ne faut pas voir autre chose ; il ne faut pas surtout y voir que la cause produise *immédiatement* l'effet, car il serait absurde d'imaginer que l'*absolu* engendre le *relatif,* c'est-à-dire engendre son contraire. L'effet ne dépend pas de la cause ; il dépend du *moyen* qui le rattache à la cause, et cela est si vrai que, le moyen changé, quoique la cause soit restée la même, l'effet est changé pareillement.

Il n'y a pas plus de cause que d'effets sans moyen ; le moyen est le lien, le rapport qui associe l'effet à la cause. La création *ex nihilo,* c'est-à-dire sans moyen de création, est le plus grossier des non-sens possibles. Nous avons dit, un peu plus haut, que l'hypothèse d'une cause première unique est absurde parce qu'elle enlèverait le caractère de cause aux autres êtres ; ajoutons que, si tout être est cause, il est aussi effet et moyen. L'hypothèse d'êtres qui seraient exclusivement moyens ou effets, est aussi insoutenable que celle d'un être qui serait cause et rien que cause.

3° *Solidarité,* réciprocité, action dont on ne peut dire si elle est dépendante ou indépendante, dans laquelle on ne peut distinguer l'*actif* du *passif;* action *réfléchie,* c'est-à-dire exercée sur lui-même par l'être considéré surtout au point de vue de son universalité.

J'agis parce qu'il me plaît d'agir, *activité;* j'agis parce que j'y suis contraint, *passivité* ; je souffre ou je jouis, sans qu'aucune action étrangère ait été directement exercée sur moi, uniquement parce qu'un autre homme se réjouit ou souffre, parce que, sous un certain aspect, me sentant et étant lui, son action sur moi est une action de moi-même sur moi-même, *solidarité*.

Dans une association commerciale, les associés sont solidaires ; les pertes de l'un sont les pertes de tous ; si l'un réalise des bénéfices, tous en profitent. Pourquoi ? parce que leur intérêt est identique, parce qu'ils ont tous le même intérêt. L'identité est donc la source de la solidarité qui, par suite, est tellement indéfinie de sa nature qu'elle ne peut être limitée que par des conventions spéciales. Remarquons aussi que toute action exercée par un associé sur ses co-associés retombe sur lui-même ; qu'il ne peut leur nuire sans se nuire, ni leur être utile sans en tirer profit. C'est ce caractère reflexe qui constitue la *solidarité*.

Quoique ayant un sens moins étendu, le mot *réciprocité* peut être pris pour synonyme de solidarité. Dans tout contrat impliquant réciprocité, et ce sont les seuls qui soient légitimes, je n'impose ma volonté que parce que, consentant à subir celle d'un autre, je m'impose des conditions à moi-même. Dans cette nature de contrats, je suis passif tout autant qu'actif ou, pour mieux dire, ces deux qualités se confondent.

Dans toutes les langues, les verbes autres que le verbe substantif *être*, sont destinés à exprimer l'action et toutes les langues comportent des verbes *actifs*, des verbes *passifs* et des verbes *réfléchis* ou *réciproques* [1].

---

[1] Les verbes intransitifs et les verbes impersonnels ne sont que des verbes actifs dont le sujet ou l'attribut sont sous-entendus ou ignorés, mais qu'on peut quelquefois exprimer ou suppléer. Ainsi Bossuet a pu dire : Dormez votre sommeil, grands de la terre ; et le traducteur latin des prophéties de Daniel : *Rorate, cœli, desuper et nubes pluant justum*.

Puisque nous en sommes à parler grammaire, remarquons, en

Nous venons d'indiquer sommairement ce qu'était la solidarité en elle-même, mais il est un autre point de vue auquel nous devons nous placer. Si les êtres n'étaient pas solidairement reliés entre eux, si, au lieu de ne faire, sous un certain aspect, que le *même*, ils étaient, à tous égards, isolés, séparés, n'ayant rien de commun entre eux, comment pourraient-ils agir les uns sur les autres? La solidarité est donc le *moyen* de l'action, le moyen par lequel l'*actif* peut atteindre jusqu'au *passif*, le moyen qui sert de transition entre la cause et l'effet.

Le moyen, de son côté, a tous les caractères de la réciprocité ou de la solidarité. Actif à l'égard de l'effet, il est passif à l'égard de la cause. Il est néanmoins tellement identifié avec la cause, que l'action qu'elle exerce sur lui est une action qu'elle exerce sur elle-même. Ma main est le moyen par lequel j'écris; si je frappe ma main, c'est bien moi-même que je frappe. De même, entre le moyen et l'effet, l'action ne peut être que réfléchie, car le moyen n'est cause, à l'égard de l'effet, que parce qu'il s'identifie avec l'effet autant qu'avec la cause.

Au point de vue de l'indéterminé, de l'enchaînement, il n'existe ni effets, ni causes. Ce sont là des notions déterminées auxquelles, de ce point de vue, l'entendement ne peut atteindre. Réduit au sentiment, tout lui paraît, à la fois, effet et cause; il lui semble que tous les faits ne soient qu'une série continue de moyens et qu'on puisse indéfiniment reculer dans le passé sans jamais en trouver la cause, et plonger indéfiniment dans l'avenir sans jamais arriver à un effet final qui soit effet sans, en même temps, être cause et qui, par conséquent, ne soit pas un moyen.

passant, que les *modes* des verbes peuvent tous être ramenés à trois modes principaux : l'*indicatif*, mode absolu, le *conditionnel*, mode relatif, et l'infinitif ou plutôt l'*indéfinitif*, mode indéterminé. Remarquons enfin que la proposition, même la plus simple : *je travaille*, exprime nettement nos trois catégories. *Je*, et non un autre, terme absolu; *suis*, terme indéterminé; *travaillant*, plus ou moins, terme relatif.

Ce point de vue n'est vrai que d'une vérité abstraite ou incomplète. La vérité complète est que toute action, tout fait quelconque est une cause qui n'a pas de cause et qui, par conséquent, est une cause véritable et, en même temps, sous un autre aspect, est l'effet d'une cause et la cause d'un effet, c'est-à-dire un moyen et enfin est un effet qui n'a pas d'effet, c'est-à-dire un véritable effet. Tout ceci, pour être parfaitement intelligible, demanderait des explications, des comparaisons, des applications, mais, encore une fois, notre but est de définir des mots et non d'édifier des théories.

Il est cependant une erreur contre laquelle il est bon que le lecteur soit prévenu. On établit souvent une parité entre la *cause* et l'*effet*, d'une part, et le *principe* et la *conséquence*, de l'autre. Cette assimilation est vicieuse de tous points. L'effet et la cause, nous ne disons pas l'effet et *sa* cause, parce que le pronom possessif indique un moyen terme sous-entendu qui a servi de passage de l'un à l'autre, l'effet et la cause, le passif et l'actif sont les deux pôles d'une antinomie. Rien de semblable entre le *principe* et la *conséquence*. Il n'y a là qu'un même terme dans un état d'enveloppement, le principe, ou dans un état de développement, la conséquence. La conséquence n'est que le principe développé, et par conséquent ne peut lui être contradictoire. Il n'y a là qu'un aspect du *devenir* et rien qui, de près ou de loin, ressemble à une action ou suppose une antinomie.

LA VIE. — L'entendement, après avoir, pour mieux s'en rendre compte, décomposé l'*action* en trois notions correspondantes à ses propres attributs et aux trois catégories, se hâte, pour échapper à l'abstraction, de ramener, en les complétant les unes par les autres, c'est-à-dire en les associant, ces trois notions à une connaissance unique qui est encore la connaissance de l'action, mais de l'action mieux étudiée, mieux comprise et qui, alors, a pour expression le mot *vie*.

La VIE c'est l'association de l'*activité* et de la *passivité* au moyen de la *solidarité*.

A quel signe, en effet, reconnaissons-nous la vie? N'est-ce pas à l'action [1] ? Ce qui serait sans action ne nous paraîtrait-il pas sans vie? L'*action*, et par conséquent la vie, est aussi essentielle à tout être que le *temps* et l'*espace*, que le *progrès* et que l'*organisation*. Cela est si vrai que nous ne pouvons pas plus concevoir la mort que nous ne pouvons concevoir le néant.

Tout ce que nous connaissons, tout ce que nous pouvons connaître, tout ce qui existe, êtres ou manières d'être, est vivant; avec cette différence, toutefois, que les êtres seuls existent et vivent d'une existence et d'une vie qui leur est propre, et les manières d'être seulement d'une existence et d'une vie empruntée. Mon bras est vivant, mais sa vie c'est de moi qu'il la tire; séparé de moi, il sera vivant encore, mais de la vie de la terre dont il deviendra un des organes; mais, ni dans un cas ni dans l'autre, il ne vivra de sa propre vie.

Nous savons les objections que soulève la doctrine de la vie universelle. Aucune ne repose sur des principes ; toutes s'appuient sur des faits bien ou mal observés, bien ou mal compris. Nous n'avons pas, pour le moment, à nous en occuper ; ici, nous devons nous borner à l'exposition des principes. Plus tard, nous aurons à examiner si, en effet, l'expérience est en désaccord avec les conséquences qui découlent de ceux que nous avons exposés.

---

[1] On confond quelquefois l'action et le *mouvement*. C'est à tort. Le mouvement correspond à une connaissance plus complexe, car sa direction suppose l'espace, et sa vitesse le temps. Penser, aimer sont des actions accompagnées de mouvement, mais ne sont pas des mouvements. Le mouvement n'est pas l'action, mais une espèce particulière d'action. Les lois mécaniques du mouvement ne sont certainement pas les lois de la pensée. Ce ne sont même pas les lois de l'inervation, de la circulation, etc., etc.

## L'ÊTRE

Nos connaissances, avons-nous dit, sont *abstraites* ou *concrètes*; elles ont pour objet l'*être* ou seulement quelques-unes de ses *manières d'être*.

La condition de la connaissance abstraite se réduit à l'existence de son objet et par conséquent implique les conditions mêmes de l'existence que nous avons exprimées subjectivement par le mot *catégorie* et objectivement par le mot *catégorème*.

Les manières d'être, dans leur expression la plus générale, sont le *temps*, l'*action* et l'*espace*. Toutes les manières d'être possibles rentrent dans l'une ou dans l'autre de ces trois grandes divisions, ou, si elles rentrent dans plusieurs d'entre elles à la fois, c'est toujours en se rattachant à l'une d'elles d'une manière plus marquée, de telle sorte que, une manière d'être quelconque étant donnée, il est toujours facile de la classer soit par son caractère exclusif, soit par sa prédominance.

La connaissance concrète, puisque aussi bien que toutes les connaissances possibles, elle est une affirmation, a également pour condition l'existence de son objet, et, par conséquent, les notions correspondantes aux qualités sans lesquelles l'existence ne peut se concevoir. Mais, comme elle a pour objet non-seulement des manières d'être isolées mais les êtres eux-mêmes, elle suppose toujours les connaissances abstraites du temps, de l'espace et de l'action ou, en langage philosophique, du progrès, de l'organisation et de la vie ; et, de plus, comme elles lui sont *également* essentielles, elle les embrasse sous la condition d'égalité, sans accorder à l'une d'elles de prédominance d'aucune sorte [1].

[1] En effet, plus un être est organisé, plus il est vivant et capable de progrès ; de même, plus il est vivant, plus il est organisé et progressif, etc. Ces trois manières d'être étant associées dans l'être, sont solidaires, et l'une ne peut jamais l'emporter sur les autres.

Ajoutons enfin que la connaissance concrète n'est pas la somme de ces connaissances abstraites, mais leur association.

Puisqu'il n'y a rien dans la connaissance qui ne soit dans son objet, puisque la connaissance concrète est une association, son objet, c'est-à-dire l'être, est aussi une association ;

Puisque la connaissance concrète est l'association des trois connaissances abstraites les plus générales, l'être sera l'association des objets de ces connaissances.

L'être est donc une association dont la vie, l'organisation et le progrès sont les aspects essentiels ou, en d'autres termes, à la fois *noumène, substance* et *phénomènes,* en tant qu'il se *manifeste,* à la fois, par le *temps* et par l'*espace,* l'être est une

ASSOCIATION *vivante, organisée* et *progressive.*

Ce qui n'est pas cela n'est pas un être vrai, mais une qualité ou une manière d'être.

Jusqu'ici, trois grands systèmes se sont partagé le domaine des idées. Tous ils ont adoré des *idoles,* c'est-à-dire ont pris des abstractions pour des êtres.

Les idoles philosophiques sont de trois espèces :

1° On a pris pour des êtres réels des *êtres de raison,* des noumènes ; c'est l'erreur du spiritualisme, qui a cru à la possibilité d'êtres dont les attributs seraient exclusivement la *simplicité absolue,* l'*activité absolue,* etc. Ces prétendus êtres, on les appelait des *esprits,* des substances spirituelles.

Nous nions, sans hésitation aucune, qu'un pur esprit soit un être, un individu. L'*esprit,* pour nous, suivant qu'on se place au point de vue psychologique ou au point de vue ontologique, est ou l'ensemble des facultés intellectuelles d'un être, ou l'ensemble de ses qualités nouménales ou absolues.

2° On a pris pour des êtres réels des *êtres de sensation*, des phénomènes ; c'est l'erreur du matérialisme, qui a cru à l'existence d'êtres exclusivement matériels ou composés. Ces êtres, on les a appelé des *corps*.

Nous nions, avec non moins d'énergie, que des corps soient des êtres. Un *corps,* pour nous, n'est autre chose que l'ensemble des qualités sensibles ou phénoménales d'un être.

Pour nous, les mots *corps* et *esprit* n'ont qu'une valeur purement adjective. Ces mots n'expriment pour nous que des manières d'être.

Il en est de même du sens que nous attribuons au mot *matière*. La *matière* n'est que l'ensemble des corps, que l'ensemble des qualités sensibles des différents êtres.

Si, quand on dit qu'il n'existe que de la matière, on entend par là que tous les êtres, quels qu'ils soient, sont matériels ou corporels, c'est-à-dire possèdent des qualités sensibles, nous sommes pleinement de cet avis. Mais, si on veut dire que leurs qualités non sensibles, telles que leur individualité, leur volonté, etc., ne sont que des propriétés de la matière, ne sont que des dépendances, que des conséquences de leurs qualités matérielles, nous protestons, car nous ne pouvons admettre que le contraire engendre son contraire, que l'effet soit opposé à sa cause ou que la conséquence soit contradictoire à son principe.

Tous les êtres, sans exception, sont, à la fois, esprit et corps, c'est-à-dire sont constitués par des qualités dont les unes tombent et dont les autres ne tombent pas sous les sens. De plus, ils sont *substance* ou *substantiels,* c'est-à-dire se confondent les uns avec les autres, c'est-à-dire sont constitués par des qualités identiques pour tous.

Il n'est pas étonnant que les modifications éprouvées par le corps réagissent sur l'esprit et, réciproquement, que les modifications éprouvées par les qualités sensibles réagissent sur les qualités non sensibles puisque ce sont des qualités d'un même être. Il n'est pas étonnant que les différents êtres soient solidaires entre eux, puisqu'ils ont même substance, puisque, sous cet aspect, ils ne sont qu'un même être.

3° On a pris enfin, pour des êtres réels, des *êtres de sentiment*, les universaux, la *substance* ; c'est l'erreur du panthéisme, qui a cru à la possibilité d'un être exclusivement universel.

L'erreur de ces grandes doctrines n'a pas été seulement de prendre pour des êtres les objets de simples notions, elles ont, et c'est là le cas le plus général, pris pour des êtres les objets des connaissances les plus abstraites, c'est-à-dire de simples manières d'être.

La plus vénérée des idoles philosophiques est l'idole matérialiste à laquelle seule, nous l'avons dit, on s'est plu à attribuer une valeur concrète. Dans le monde, on se rit des *êtres de raison*, on s'inquiète peu des *êtres de sentiment*, mais on professe la foi la plus vive à l'égard des *êtres de sensation*. On va même jusqu'à applaudir aux doctrines qui prétendent que, dans l'univers, il n'existe que des *phénomènes*.

Quoi qu'on en dise, une table, un vase ne sont pas des êtres. Ce vase, que nous considérons, a bien une certaine individualité ; il est lui et non un autre ; il n'est pas plus ou moins le vase placé à côté de lui ; il est autre, il est d'un autre métal ; il occupe une autre place, etc. En même temps qu'il s'en distingue qualitativement, il s'en distingue aussi quantitativement ; il est plus grand, plus lourd, etc. Enfin il se confond avec lui sous d'autres aspects, car, sans cela, nous ne les comprendrions pas tous deux sous le nom générique de *vase*.

Il remplit toutes les conditions de l'existence ; aussi est-il l'objet d'une connaissance ; aussi affirmons-nous qu'il existe. Mais ces qualités essentielles à l'existence qu'il possède, il ne les possède que par emprunt. En tant que vase, il n'a rien qui lui soit propre : sa forme, il la doit à l'ouvrier qui l'a façonné ; son poids, au métal dont il est fait ; sa couleur, à l'émail dont on l'a revêtu, etc. Il n'a rien qui lui soit propre ; il ne possède aucune propriété.

Quoique d'une existence empruntée, il existe néanmoins, mais s'il remplit toutes les conditions de l'existence des manières d'être, il ne remplit pas toutes les conditions sans lesquelles un être ne saurait exister.

En tant que vase, il est un *arrangement* de *parties*, dans *un* certain ordre déterminé ; il a une certaine *organisation* mais la connaissance que nous en pouvons avoir, restant étrangère à celle de la *vie* et du *progrès*, ne peut être qu'une connaissance abstraite. Bien qu'il participe aux progrès et à la vie de la terre dont il est une manière d'être, par lui-même ce vase n'est ni vivant, ni progressif, et par conséquent n'est pas un être. Si, sur la foi de nos sensations, car, dans la connaissance que nous avons de ce vase, c'est la sensation qui, certainement, prédomine, nous nous persuadons qu'il est un être, une entité, nous nous serons créé une idole, nous aurons pris un être de sensation, une abstraction pour un être véritable.

Dans la réalité, qu'est donc ce vase ? c'est du métal façonné de certaine manière ; mais qu'est le métal lui-même ? Le métal c'est de la terre, c'est la terre en tant qu'elle possède telle et telle propriété, de sorte que, en définitive, ce vase ne consiste qu'en certaines propriétés de la terre auxquelles s'est joint un arrangement qui certes n'a pu leur donner ce qui leur manquait, à savoir une existence indépendante.

En la considérant comme l'objet d'une abstraction, nous ne nions pas l'existence de ce vase. Il existe, mais comme manière d'être et non pas comme être. C'est pour cela que, dans le langage ordinaire, il ne reçoit pas le nom d'*être*, mais est désigné par un mot beaucoup moins explicite, par le mot *chose* qui s'applique indifféremment aux êtres, aux manières d'être et à leurs qualités mêmes.

*Entité.* — Nous avons cru pouvoir, sans inconvénient, dans ce qui précède, nous servir de cette vieille expression pour désigner l'objet de la connaissance concrète, c'est-à-dire l'être, et le distinguer par là des simples *modalités*. Nous eussions de beaucoup préféré le mot *personne* s'il n'avait réveillé l'idée de personnalité et de conscience personnelle. Le même scrupule n'a pas arrêté les écoles exclusives, et ce que nous leur reprochons surtout, c'est précisément, sans néanmoins leur donner le nom de *personne*, d'avoir *personnifié* des abstractions. Pour nous, quoique nous n'hésitions pas à personnifier sans exception tous les êtres, à les regarder tous comme autant de personnes, parmi lesquelles cependant il en est peut-être un grand nombre qui s'ignorent; nous nous contenterons néanmoins, pour les désigner, des mots d'*entités* et d'*êtres,* mais, bien que cela semble attacher plus d'importance à un des aspects essentiels de l'existence qu'aux autres, nous ne reconnaîtrons point d'êtres véritables là où manqueraient les caractères essentiels de l'*individualité*.

### RÉSUMÉ

Avant d'aborder de nouveaux sujets d'étude, il nous paraît indispensable de résumer en quelques lignes ce qui forme la matière des deux premières sections de notre travail, dont l'étroite connexité n'aura certainement pas échappé au lecteur. Cela nous semble d'autant plus nécessaire que ce qui doit suivre ne sera que l'application des principes qu'elles renferment.

L'ENTENDEMENT humain est constitué par l'association de trois qualités, de trois attributs essentiels : la *raison,* le *sentiment* et la *sensibilité.*

Les *notions* qui se distribuent en trois grandes classes correspondant chacune à l'un des attributs de l'entendement, ont pour objet les attributs ou les qualités des êtres.

La CONNAISSANCE en général est l'association des notions appartenant à ces trois classes, lesquelles portent le nom de *catégories* quand on les considère comme éléments de la connaissance, et celui de *catégorèmes* quand on les rapporte à leur objet.

La *connaissance* en général, quand on ne la considère que dans les notions dont elle est l'association, est simplement une affirmation de l'*existence*.

Ce qui est dans la connaissance doit se retrouver dans son objet; donc, puisque la connaissance est une association, son objet, l'*existence*, ne peut être qu'une *association* lui-même. Et aussi, par la raison que la connaissance est l'association des catégories, l'existence ne peut être que l'ASSOCIATION des catégorèmes, à savoir des *noumènes* et des *phénomènes* reliés par la *substance*.

La connaissance est *abstraite* ou *concrète*. L'objet de la connaissance abstraite ce sont les modes, les manières d'être des êtres. Ces manières d'être se résument en *temps*, *action* et *espace*.

La connaissance *concrète* est l'association des connaissances abstraites appartenant à ces trois classes. L'objet de la connaissance concrète, c'est l'*être manifesté par ses manière d'être*.

Comme la connaissance que nous en avons, l'être est donc une *association* et, ainsi qu'il résulte des connaissances abstraites dont l'association forme la connaissance concrète, l'être manifeste donc son existence par le temps, l'action et l'espace ou, ce qui est la même chose mieux comprise, par la *vie*, l'*organisation* et le *progrès*.

Tout être est une ASSOCIATION *vivante*, *organisée* et *progressive*.

Tout être est une association, mais de quoi? Nous l'avons déjà dit : de *noumènes* et de *phénomènes* reliés par la *substance* et se manifestant par la *vie*, par l'*organisation* et par le *progrès*.

Toute générale qu'elle est, cette formule peut paraître

incomplète, car on peut croire qu'elle ne se rapporte qu'à l'être considéré isolément et comme s'il était seul au monde. Cela serait vrai si nous disions seulement de lui qu'il est une association, mais en ajoutant que cette association est organisée, vivante et progressive, comme l'organisation, la vie et le progrès, la vie surtout qui est à la fois, activité, passivité et solidarité, supposent le monde extérieur, implicitement nous affirmons que l'être n'est pas seulement une association, mais qu'il est une *association associée*.

Par son côté interne, s'il est permis de s'exprimer ainsi, il est une association de qualités ; par son côté externe ou manifestateur, il est membre de l'universelle association des êtres.

Nous employons le même mot, le mot *association*, pour exprimer deux choses identiques à certains égards, puisque l'être en soi ou l'être hors soi, c'est toujours l'être, mais différentes cependant puisque l'association de qualités qui est l'être lui-même, se distingue de l'association des êtres, qui n'est pas un être, mais la condition de co-existence des êtres. C'est que, de part et d'autre, quoique sous des formes diverses, se retrouve le même fait, à savoir : la conciliation des contrastes, l'harmonie des discords, l'identification des différences.

Il est impossible, en effet, que ce qui est en moi ne se projette pas autour de moi ; il est impossible que, étant une association, toutes les relations que je peux établir avec les autres êtres ne revêtent pas, à quelque degré, les formes de l'association. Au reste, cette double signification donnée à un même mot ne peut prêter à aucune équivoque car, après tout ce que nous avons dit, il ne nous paraît pas possible que le lecteur prenne une association d'êtres, une compagnie industrielle, une église, une nation pour un individu, pour une personne.

De tout ce qui précède, arrivons-nous à cette conclusion que nous possédons enfin une définition de l'existence ?

Croire possible une semblable définition serait oublier que définir n'est autre chose qu'assimiler et que distinguer. Or, à quoi assimiler de quoi distinguer l'existence, puisque, en dehors de l'existence, il n'y a rien, puisque, à côté d'elle, il n'y a que ce qui n'existe point ?

Ce n'est donc pas à une définition, mais, en quelque sorte, à une *description* de l'existence que doit aboutir l'ontologie. Tout ce que peut faire cette science, c'est d'en énumérer, c'est d'en condenser, dans une formule, les conditions essentielles.

C'est à cela seulement que nous nous sommes appliqués ; nous n'avons voulu qu'une chose : dire à quels signes l'être pouvait être reconnu, dire les caractères que nous sommes certains de retrouver en tout être, aussi bien en Dieu que dans le plus infime des insectes.

TROISIÈME SECTION

# EXPRESSIONS COSMOLOGIQUES

I

Avant d'exposer notre manière de concevoir l'*univers*, ou plutôt avant de revenir, pour l'élucider, sur la définition que nous avons incidemment donnée de ce mot, il importe de passer rapidement en revue les expressions se rattachant aux principales hypothèses cosmologiques, dont les traces se retrouvent encore dans le langage de la philosophie.

*Atômes.* — La matière, répète-t-on depuis Démocrite, est composée, donc elle a des composants, et les composants de la matière sont les *atômes.* En d'autres termes, les atômes sont la matière elle-même à son dernier état de divisibilité.

L'hypothèse de l'existence distincte de la matière étant admise, celle des atômes en est une conséquence forcée, car il n'y a pas plus de composés sans composants, qu'il n'y a d'effets sans cause, et c'est précisément parce que cette très-légitime conséquence est contradictoire dans ses termes, que nous sommes conduits à rejeter la réalité distincte de la matière. Que répondre, en effet, à ce dilemme ?

Ou les prétendus composants sont matériels, ou ils ne le sont pas. S'ils sont matériels, ils sont divisibles, ils sont composés eux-mêmes, et ne sont donc pas des composants dans le sens rigoureux qu'on veut donner à ce mot ; s'ils sont immatériels et indivisibles, il y a contradiction manifeste à prétendre que leur juxtaposition ait pu former la matière, car, dire que le divisible est composé d'indivisibles, c'est absolument comme si on disait qu'un nombre est composé de zéros, que l'étendue est composée de la négation même de l'étendue.

Les derniers défenseurs de l'atomisme tranchent la difficulté en disant que les atomes ne sont pas inétendus, mais insécables, que l'esprit peut bien les considérer comme composés et divisibles, mais qu'aucune puissance au monde ne peut les diviser en parties plus petites. Ce n'est là qu'un insuffisant correctif. C'est d'abord greffer une hypothèse sur une autre hypothèse ; c'est, après avoir supposé que la matière était divisible, supposer gratuitement qu'elle ne l'est que dans certaines limites. Mais, même par là, on n'échappe pas aux serres du dilemme que nous venons de poser, car ces atomes insécables, puisqu'ils sont matériels, sont composés. De quoi ? de choses composées elles-mêmes ? C'est ne pas répondre ; de matière indivisible et non composée ? C'est répondre par un non-sens.

Mais admettons les atomes insécables ; qu'en ferons-nous ? Sont-ils homogènes ou hétérogènes, différents ou identiques ? S'ils sont identiques, puisqu'ils sont les éléments du monde, d'où vient la diversité qui brille dans le monde ? S'ils sont d'espèces différentes, ils ne sont pas matériels, car, par définition, la matière n'a et ne peut avoir qu'une seule qualité qui lui soit propre, l'étendue ; et s'ils ne sont pas matériels, comment pourront-ils composer la matière ?

Ici, nouveau replâtrage de la doctrine, replâtrage qui consiste à modifier la définition d'abord donnée de la matière. La matière, affirme-t-on, n'a pas seulement pour attribut essentiel, l'étendue, mais aussi le mouvement. Les atômes sont tous doués d'un mouvement propre et c'est de la diversité de ces mouvements que procède toute la diversité qui s'observe dans le monde. Certains atômes, en se rencontrant, en s'arrêtant les uns les autres dans leur course, en se groupant d'une certaine manière, ont créé les corps que nous connaissons. D'autres atômes, en continuant le mouvement qui leur est propre, constituent les fluides, l'électricité, la lumière, etc.

Malgré les vices inhérents à son point de départ, cette doctrine, qui réduit tous les phénomènes à un seul phénomène, le mouvement, ne manque pas de grandeur, et on comprend que sa simplicité apparente ait pu séduire d'excellents esprits.

Mais, d'abord, comment les atômes s'y sont-ils pris pour former les combinaisons merveilleuses que présentent les corps organisés ? Est-ce l'effet du hasard ? Est-ce l'effet d'un miracle ? Deux mots aussi anti-scientifiques l'un que l'autre. Comment le mouvement suffit-il seul à maintenir, et, chose plus étonnante encore, à développer ces organismes ? Questions évidemment insolubles. Si, comme le prétendait Descartes, le mouvement et l'étendue suffisaient pour expliquer le monde, le monde ne serait qu'une machine, dont tout ce que nous appelons les êtres ne seraient que d'aveugles rouages. La liberté ne serait qu'un mot ; l'intelligence elle-même ne serait qu'un mot, car le moyen d'expliquer l'intelligence par le seul mouvement des ressorts cérébraux ou des courants nerveux ? Un système qui fatalement aboutit aux impossibilités du plus grossier matérialisme, porte sa réfutation en soi-même.

L'erreur fondamentale de l'atomisme, consiste dans la fausse idée que les partisans de cette doctrine se font de la matière. La matière, pour nous, est l'ensemble des qualités sensibles par lesquelles les êtres manifestent leur existence ; la matière c'est les êtres eux-mêmes, en tant qu'ils sont perçus par la sensation. Pour cette école, c'est la chose dont les êtres sont formés. Or ces mots : les êtres sont formés de quelque chose, à eux seuls, impliquent contradiction, car ils supposent qu'il existe quelque chose outre les êtres, quelque chose d'antérieur aux êtres, absurdité rendue évidente par la définition même de l'être, définition étymologique, définition forcée, et que nous défions qui que ce soit de contredire : l'être est ce qui est, d'où résulte que ce qui n'est pas l'être, est ce qui n'est pas et n'est rien.

C'est se payer de mots que de prétendre qu'il existe des êtres et des *choses*. Qu'entend-on par *choses* ? Des modes, des qualités, des manières d'être ? Mais les modes ne sont rien que les êtres eux-mêmes, abstraitement, c'est-à-dire partiellement considérés. Le mot *chose*, philosophiquement interprété, exprime tout objet de la connaissance non encore analysé, et dont on ne sait encore s'il est abstrait ou concret, s'il est un être pris dans son ensemble ou dans un ou quelques-uns de ses modes.

Il faut pourtant que les partisans de la doctrine que nous combattons se décident pour un parti ou pour un autre : les atômes sont-ils ou ne sont-ils pas des êtres ? S'ils sont des êtres, nous ne sommes que de purs accidents produits par leurs rencontres, notre existence est purement phénoménale ; nous sommes des essaims, des fourmillières, mais nous ne sommes pas des êtres. Nous ne sommes que des manières d'être des atômes. Si on accorde que le nom d'*être* ne convient pas aux atômes, d'après ce que nous venons de dire, ils ne peuvent être que des modes, des qualités, des phénomènes. Mais, alors, il est absurde de les regarder comme antérieurs aux êtres et comme les ayant formés.

L'être, il ne faut pas perdre de vue nos conclusions ontologiques, l'être est une *association* de qualités. Parmi ces qualités, il en est, les phénomènes, qui se présentent toujours comme formant une collection ou un groupe. Cette somme ou ce groupe de phénomènes sensibles, est ce qui constitue le corps de l'être. Quand on parle de l'être lui-même, de l'être pris dans son intégralité, on ne peut pas dire qu'il soit composé, car ses qualités ne sont pas additionnés ou juxtaposées, elles sont *associées*. L'être, faut-il le répéter, n'est pas une agrégation, mais une combinaison. Quand, au contraire, on ne parle que de l'aspect matériel de cette combinaison ; quand on parle, non de l'être, mais seulement de son corps, conformément à la définition que nous venons de donner de la matière, on est en droit de dire que ce corps est composé ; mais de quoi ? Nous venons de le dire : de qualités, de phénomènes. Chacun de ces phénomènes peut, à bon droit, être considéré comme une *partie*, comme un élément de ce composé, et même être étudié isolément, mais à la condition que jamais on ne perde de vue sa nature purement phénoménale.

Or, c'est précisément ce que ne fait pas l'atomisme : à ces phénomènes, à ces éléments il attribue une existence indépendante, et tellement indépendante, que c'est d'eux que dépend toute autre existence ; tandis que, pour nous, les phénomènes, loin d'être les principes de la réalité des êtres, ne font qu'exprimer leur réalité.

Ce sujet est si important, qu'on nous permettra de le traiter encore d'un autre point de vue.

Pour mieux nous placer sur le terrain de nos adversaires, nous avons laissé passer, sans la combattre, cette affirmation qui sert de base et de point de départ à l'atomisme, que la matière est essentiellement composée et divisible. Enoncée sous cette forme absolue, cette affirmation nous la repoussons absolument et cela par une raison qui nous semble péremptoire.

Etant admis, et nous l'admettons sans réserves, que, sous un certain rapport, tout est matériel [1], et, par conséquent, que là où il n'y a pas de matière, il n'y a rien,

---

[1] Qu'on le remarque bien : nous ne disons pas que tout est matière, mais qu'en tout, il y a un aspect matériel, qu'en tout, il y a de la matière, ce qui est fort différent.

comment a-t-on pu supposer la matière divisible ? Diviser, c'est séparer ; qu'est-ce qui séparera cette partie de matière de cette autre ? Si c'est de la matière, il n'y aura pas séparation ; si ce n'est pas de la matière, ce ne sera rien, et, si rien ne sépare ces parties, elles ne seront pas séparées.

Comment se fait-il, cependant, que nous ayons les idées de séparation et de parties ? Cela vaut la peine d'être examiné.

Tant que la matière n'est considérée par nous que, abstraction faite des formes et des qualités qui la déterminent, tant que nous la considérons comme indéterminée, elle se confond avec l'étendue et est *continue* comme elle. Mais la matière se présente à nous sous d'autres aspects encore, sous l'aspect des déterminations dont elle est susceptible. Alors elle peut nous apparaître comme composée et divisible. Nous pouvons, en effet, de la matière ronde, séparer la matière carrée ; de la verte, séparer la rouge, etc. La carrée et la ronde seront séparées par de la matière qui ne sera ni ronde ni carrée ; la rouge et la verte par de la matière ni verte ni rouge. La séparation sera possible, parce que nous aurons quelque chose à mettre entre les parties séparées.

Mais sur quoi portera cette séparation ? Sur la matière prise dans son intégralité ? Non, mais seulement sur ses déterminations. Que seront les parties séparées ? De la matière ? Oui, mais de la matière considérée seulement dans ce qu'elle a de déterminé, ou, pour parler en toute rigueur, dans ce qu'elle a de *relativement* déterminé, car ses déterminations absolues, le lieu, le point sans étendue, ne peuvent, en aucun sens, être considérés comme des parties composantes ou composées.

Grandes ou petites, les parties ne peuvent se rapporter qu'à un côté abstrait de la matière, laquelle ne peut être dite, être divisible et composée, qu'abstraction faite, à la fois, et de ses déterminations absolues et de son aspect indéterminé.

Si les partisans de l'atômisme consentaient à reconnaître cela, nous serions d'accord avec eux. Mais, s'ils le reconnaissent, leur système s'écroule et se trouve remplacé par le *phénoménalisme,* système non moins insoutenable, puisque, avec des déterminations purement relatives, il annonce la prétention de reconstruire l'indéterminé, et l'absolu, ou, ce qui est moins philosophique encore, il arrive à nier ces deux aspects essentiels de la réalité.

Les atômes, nous ne craignons pas de le dire bien haut, les atômes ne sont pas des parties composantes des êtres, car les êtres ne sont pas divisibles. Il n'y a de divisible en eux, que leur aspect relatif, que celui de leurs aspects accessible à la sensation. Le monde n'est pas composé d'atômes. Les atômes ne sont que des déterminations exclusivement relatives, et, par conséquent, de pures abstractions. Ce ne sont même, si on y prend bien garde, que les abstractions d'une abstraction, car ils ne correspondent qu'à un aspect de la matière qui, elle-même, n'est qu'un aspect de l'existence.

*Molécules.* — Les savants spéciaux qui ont, on le sait, les hypothèses en grand mépris, ont adopté celle de l'atômisme, mais non, toutefois, sans lui faire subir une transformation qui en atténue un peu les inconséquences. Ils ne veulent plus d'atômes, doués seulement d'étendue et de mouvement, parce qu'ils savent bien que, avec ces deux attributs seulement, il leur serait impossible d'expliquer même l'aspect sensible des choses. Ils supposent des atômes homogènes distribués en séries caractérisées par des propriétés différentes. Ces atômes ils les appellent *molécules.* Ainsi, les molécules plombeuses sont toutes identiques entre elles, mais possèdent des propriétés autres que les molécules ferreuses, etc., etc. Le plomb est un agrégat de molécules plombeuses, l'eau un agrégat de molécules oxygénées et de molécules hydrogénées, etc., etc.

Puisque cette hypothèse est utile aux chimistes pour mieux se rendre compte des transformations qui s'opèrent dans leurs laboratoires, on ne saurait leur adresser un reproche d'en faire usage. Ils ne tomberaient dans l'erreur que s'ils voyaient dans les molécules des choses concrètes, c'est-à-dire des êtres, car ce serait supposer l'existence d'êtres indiscernables, identiques et manquant par conséquent d'individualité, c'est-à-dire d'une des plus essentielles conditions de l'existence. Mais cette erreur les chimistes ne la commettent point, car, à leurs yeux comme aux nôtres, les molécules n'ont jamais été que d'arbitraires moyens d'explication.

*Monades.* — L'impossibilité de rendre compte de la vie et de la diversité qui, partout, éclatent dans l'univers avec l'homogénéité des atomes, conduisit Leibnitz à l'hypothèse de vivantes monades. Chaque monade est un être, un individu distinct, ayant ses qualités propres, sa fonction et sa destination. Les unes sont douées de mouvement, les autres de mouvement, de passions, d'intelligence, etc., etc. Il ne leur manque qu'une seule chose pour constituer de véritables êtres, l'étendue ou la forme. Pour échapper aux contradictions du dualisme cartésien, Leibnitz en supprime un des deux termes, la matière. Ses monades sont des atomes indivisibles et immatériels. C'est là ce qui fait de cette hypothèse célèbre une pure chimère, car, encore une fois, comment ces monades inétendues peuvent-elles, par leur simple rapprochement, constituer des corps ayant de l'étendue? Comment, n'occupant aucun lieu, peuvent-elles se mouvoir, c'est-à-dire changer de lieu?

Le monadisme, cependant, est scientifiquement de beaucoup supérieur à l'atomisme, parce que, à de simples considérations mécaniques, il tend à substituer un vivant dynamisme. Le monde n'est plus une machine construite par le hasard. Si les monades s'unissent et se rapprochent, ce n'est plus par l'effet d'un aveugle tourbillonnement; c'est en vertu de leurs affinités, de leurs tendances et, pour quelques-unes, de leur intelligente liberté. Si Leibnitz avait ajouté que, partiellement considérées sous un de leurs aspects, les monades sont divisibles et par conséquent étendues, sa doctrine eût été irréprochable ; mais, alors, n'ayant plus mission de constituer l'étendue par leur groupement, à quoi lui auraient servi ses monades? autant valait prendre les êtres comme ils sont que de les donsidérer, comme il l'a fait, à l'état ultra-microscopique.

C'est la fureur de vouloir expliquer l'origine du monde, comme si le monde avait une origine, qui a fait recourir aux hypothèses de l'atômisme et du monadisme. Au lieu d'inventer quelque chose d'antérieur au monde, d'antérieur à l'être, n'est-il pas plus simple de ramener les cosmogonies à n'être que l'explication et le récit des états successifs par lesquels a passé le monde? Les êtres n'ont pas toujours été ce qu'ils sont. Que la science ou que, à son défaut, la poésie nous dise ce qu'ils étaient antérieurement à leur état actuel, rien de mieux, mais qu'elles renoncent à raconter les phases du commencement de ce qui n'a jamais commencé.

*Le plein* et *le vide*. — Les disputes sur le plein et le vide procèdent directement de la doctrine des atômes. Quand on imaginait les atômes se touchant tous sans laisser entre eux aucun intervalle, on avait ce qu'on appelait le *plein*. Mais, comme il était impossible de comprendre que deux corps pussent occuper à la fois le même lieu, comme l'impénétrabilité était aussi une propriété attribuée à la matière, et, par conséquent, aux atômes qui en étaient les éléments, dans l'hypothèse du plein absolu, le mouvement était impossible à concevoir. Si, entre les atômes, on supposait des intervalles vides, l'embarras n'était pas moins grand, car, là où il n'y avait pas d'atômes, il n'y avait rien et l'hypothèse du vide n'était que l'impossible hypothèse du néant.

On a, dans ces derniers temps, pour échapper à cette difficulté, imaginé un moyen-terme entre le plein et le vide, moyen terme qu'on a décoré du nom de vide-relatif ou de plein-relatif, voulant dire par là que le vide n'est que le moins plein et que le plein n'est que le moins vide.

Quand on presse les partisans de cette nouvelle manière de voir de s'expliquer un peu plus clairement, ils répondent que la matière est susceptible de passer par tous les états, depuis l'état solide jusqu'à l'état fluidiforme ; que les intervalles qui nous paraissent exister entre les corps et même entre les parties des corps sont remplis par le fluide éthéré que, par conséquent, il n'y a pas de vide, mais que, d'un autre côté, ce fluide, qui est matériel, à la vérité, mais si peu, si peu qu'il ne vaut pas la peine d'en parler, est si raréfié, si léger, si subtil qu'on peut bien dire aussi qu'il n'y a pas de plein.

Ce sont là des mots et rien que des mots. Ce prétendu fluide est-il, oui ou non, composé de parties résistantes, de molécules que pourraient voir et toucher des êtres mieux et plus puissamment organisés que nous ne le sommes ? Si non, ce fluide n'a rien de matériel ; il ne peut rien remplir et le vide existe ; si oui, qu'y a-t-il entre les parties résistantes dont ce fluide se compose ? si vous y logez un fluide plus subtil encore, la même question se représentera, et, de toutes manières, vous retombez dans l'hypothèse du vide.

Pourquoi cette hypothèse, conforme d'ailleurs à l'expérience, est-elle si effrayante qu'on veuille l'éviter à tout prix, fût-ce même par un simple artifice de langage, en se résignant à dire que le même intervalle, considéré sous le même aspect, peut, à la fois, être et ne pas être rempli ? Nous venons de le voir, c'est qu'on se persuade que *vide* est synonyme de *néant*.

Est-il bien vrai que, là où il n'y a rien de tangible, il n'y ait rien, ce qui nous conduirait tout droit à considérer l'univers comme une masse compacte, comme une juxtaposition de corps aussi petits qu'on le voudra, mais ne laissant entre eux aucun intervalle ? Est-il bien vrai que l'idée de *succession*, qui nous est si naturelle, soit une chimère et qu'il n'y ait de vraie que celle de *continuité* ?

Certainement nous ne pouvons concevoir l'existence d'un

être qui soit purement immatériel, mais la matérialité ne consiste pas tout entière dans la tangibilité. Ce qui tombe sous un de nos sens, quel qu'il soit, est matériel. Or, l'intervalle qui existe entre les corps, nous le voyons, nous le mesurons, et on ne prétendra pas, sans doute, que nous puissions voir et mesurer le néant.

L'espace, nous l'avons déjà dit, n'enveloppe pas les êtres; il est les êtres eux-mêmes considérés à un certain point de vue; il est une des manifestations de leur existence. Mais l'espace qui manifeste mon existence, ce n'est pas seulement l'espace limité de mon propre organisme; ce n'est pas seulement ma taille, ma longueur, c'est aussi l'intervalle qui me sépare des autres êtres, car c'est cet intervalle qui fait que je suis ici et non là, et on ne niera point que d'être ici plutôt que là, c'est-à-dire que d'être quelque part ne soit aussi une de mes manières d'être. La distance qu'il y a entre moi et cet homme ou cet arbre est aussi inséparable de l'idée actuelle que vous vous faites de moi que la distance qu'il y a entre mes pieds et ma tête; car, sans la première de ces distances, vous ne pourriez m'attribuer aucun lieu et, par conséquent vous seriez forcé de me considérer comme n'étant nulle part, ce qui est impossible. La première de ces séries de distances est donc tout aussi bien une de mes manifestations que la seconde et je puis tout tout aussi bien dire *mes distances* que je dis *mes dimensions*; *mon* milieu est aussi bien moi que *mon* bras ou que ma tête. La conception de l'espace pur, de l'espace qui ne séparerait pas un être d'un autre, est une conception impossible, parce qu'elle n'aurait rien de déterminé. C'est donc des êtres que l'espace tire son existence et c'est pour cela que nous avons cru devoir dire que les êtres se manifestaient, non *dans* l'espace, mais *par* l'espace [1].

[1] Cette manière de parler : *dans* l'espace, vient de ce qu'on considérait l'espace comme quelque chose de distinct et d'indépendant, comme une sorte de réceptacle *dans* lequel tous les êtres étaient emprisonnés ou comme un théâtre sur lequel ils devaient se mou-

Cela posé, si on appelle *vide* l'absence de toute chose solide et tangible, l'absence de tout point résistant, le vide existe et il faut le confesser ou renoncer à expliquer le mouvement. Mais ce vide n'est pas le néant, ce vide c'est un intervalle, c'est un ensemble de distances et les distances ne sont pas rien ; les distances sont ce qu'il y a de fondamental dans les manifestations matérielles des êtres ; les distances, s'il est permis de parler ainsi, sont leur étendue extérieure.

Réduit à son expression la plus simple, le problème doit donc se poser ainsi : là où il n'y a point de matière, il n'y a rien, cela est accordé, mais la matière, outre l'étendue, a-t-elle pour condition essentielle la solidité ? Voilà toute la question.

*A priori,* la négative est-elle impossible ? nous est-il impossible de concevoir une forme sans solidité ? Evidemment non, car c'est ce que font constamment les géomètres ; leurs solides ne sont ni durs, ni mous, ni légers, ni pesants ; c'est ce qu'a toujours fait l'imagination populaire en supposant des mânes, des ombres, des fantômes. *A posteriori,* l'expérience ne nous montre-t-elle pas, à chaque instant, des espaces qui n'ont d'autres propriétés que leur étendue ? Cette étendue, l'hypothèse la peuple de corpuscules, mais l'œil la voit vide de points résistants. Au-dessus du mercure d'un baromètre, il n'y a ni air, ni gaz d'aucun espèce ; qu'y a-t-il donc de tangible ? Il y a l'éther, disent les physiciens, l'éther dont les molécules ont passé à travers le cristal le plus épais et qui, bien plus subtil que les farfadets des légendes qui ne savaient passer que par les trous des serrures, traverse sans effort les plus épaisses murailles. C'est à des imaginations de cette espèce qu'on est réduit quand on s'obstine à nier la possibilité de l'absence de matière résistante.

voir. Elle peut être conservée, cependant, mais dans le même sens que lorsque je dis que je suis *dans* ma peau, quoique je sache fort bien que ma peau ne soit pas quelque chose d'étranger à moi.

Les physiciens, cependant, il faut le reconnaître, par leur hypothèse des impondérables, sont sur la voie de la vérité. En substituant le mot *fluide* au mot *gaz*, ils ont fait un second pas. Malheureusement ils se sont arrêtés en route et leurs fluides ne sont guère que des gaz plus subtils que les autres. Or, les gaz, comme les liquides, ne sont à leurs yeux que des amas de poussière excessivement déliée dont les grains invisibles, impalpables roulent ou ou glissent les uns sur les autres, avec la plus extrême facilité. Ils enseignent aussi, à la vérité, que ces grains de poussière se repoussent mutuellement et se tiennent écartés les uns des autres ; mais, pour combler les vides qu'ils laissent entre eux, on est forcé d'avoir recours à une poussière plus fine encore, dont finalement, il faut bien que les grains se touchent, de sorte que, disons-le en passant, à moins de reconnaître l'existence du vide, tout ce qu'on enseigne touchant la raréfaction des gaz n'a aucun sens.

Le mot *fluide*, s'il n'est pas une superfluité, doit signifier autre chose. Il doit exprimer précisément ce qui est entre les grains de poussière gazeuse. Il doit indiquer un état de la matière autre que l'état de solide réduit en fragments. Que la matière dans cet autre état, puisqu'elle est dépourvue de *masse*, soit impondérable, cela se conçoit, et, au lieu de contredire les lois de la gravitation, ne fait que les confirmer. D'autre part, de ce qu'elle peut être privée de solidité, il n'en résulte pas que la matière ne puisse, dans ce cas même, avoir d'autres propriétés, et peut-être est-ce là qu'il faut chercher l'explication d'une foule de phénomènes complètement inexplicables aux moyens des données actuelles de la science et que Fourier rapportait à ce qu'il appelait le *fluide arômal*.

Nous ne nions pas la *contiguïté*, qu'on ne nous nie pas la *continuité* ; nous ne nions pas les corpuscules, qu'on ne nous nie pas le fluide dans lequel ils nagent. Nous voulons bien qu'entre les corps planétaires circule un gaz dont les molécules sont très-petites et très-écartées ; mais, qu'on nous accorde l'existence d'un fluide d'une seule pièce, d'un fluide impondérable, incoercible, remplissant les intervalles que les molécules laissent entre elles, d'un fluide qui est comme l'intangible irradiation des choses tangibles ; qu'on nous accorde cela et la question du plein et du vide cessera d'exister.

Dans tout ce que nous venons de dire, est-il besoin de le faire remarquer? nous avons parlé le langage ancien. Ce fluide dont nous venons de définir la nature, comme les molécules elles-mêmes, n'est qu'un moyen d'explication, mais nous soutenons que ces deux moyens se valent et que mutuellement ils se complètent.

Ce qu'il y a, dans tout cela, de philosophiquement démontré, nous le croyons du moins, c'est que matériellement les êtres manifestent leur existence aussi bien par leurs dimensions propres que par celles des intervalles qui les séparent ; c'est que ces deux formes de manifestations ont cela de différent que les premières sont particulières à l'être auquel elles se rapportent, tandis que les secondes, communes à tous les êtres, sont un des aspects sous lesquels ils se pénètrent et se confondent. La distance de moi à la lune est une de mes manifestations extérieures, mais elle est la même que la distance de la lune à moi, qui est une manifestation de l'existence de la lune. Les distances sont une des formes matérielles des rapports qui unissent les êtres entre eux, et c'est précisément parce que les êtres sont sans nombre que les distances prises dans leur ensemble sont sans limites. Tout cela est fort important à établir, mais ce qui l'est bien davantage encore et ce que nous ne devons jamais perdre de vue, c'est que nos distances, comme nos dimensions, ne sont que des manières d'être, que des modes qu'un absurde réalisme pourrait seul prendre pour d'indépendantes réalités.

*Le mouvement.* — Le mouvement est l'action par laquelle l'intervalle, entre deux ou plusieurs corps, se trouve modifié en plus ou en moins ; ou plus exactement, c'est l'action par laquelle les êtres se trouvent modifiés suivant leurs distances respectives.

Le mouvement étant une forme de l'*action* est, par conséquent, une des manifestations de la *vie.* Puisque tout vit, tout est en mouvement, et le mot *repos,* lorsqu'il est pris autrement que dans un sens relatif, comme les mots *mort* et *néant,* ne peut avoir qu'une signification purement négative. Comme il y a de la vie en tout, en tout il y a du mouvement; mais parce qu'il y a du mouvement en tout, ce n'est pas une raison de croire que le mouvement soit tout, et, comme quelques savants inclinent à l'admettre, que le mouvement puisse tout expliquer. Le mouvement, modification en plus ou en moins des intervalles, accompagne tous les phénomènes, mais ne les constitue pas. Il n'en est que l'aspect surtout relatif, surtout physique.

De ce que le mouvement est souvent accompagné de chaleur, et que la chaleur peut donnner naissance au mouvement, les physiciens ont cru pouvoir conclure que la chaleur et le mouvement étaient choses identiques. D'un autre côté, comme, à un certain degré d'intensité, la chaleur est lumineuse, la lumière n'a plus été qu'un mouvement plus rapide que celui qui se manifeste seulement par la chaleur. Enfin, l'électricité, qui est, à la fois, chaleur et lumière, n'a été aussi qu'un mouvement plus rapide encore. Tout cela, assurément, en fournissant, pour des phénomènes fort divers, une seule et même explication, simplifie beaucoup la science. Reste à savoir si cette simplification n'est pas achetée aux dépens de la vérité.

A qui persuadera-t-on que, entre la vue des objets et la sensation du chaud, il n'y ait qu'une simple différence de degrés? Comment se fait-il que le verre se laisse traverser par le fluide universel, quand un certain degré de vitesse le rend lumineux et qu'il l'arrête au passage, lorsque, animé d'une vitesse plus grande, il s'appelle électricité? Comment, dans tous les cas, le vent le plus impétueux ne dérange-t-il pas les ondes de ce fluide et n'en ralentit-il pas le mouvement ?

Nous ne disons pas que cette manière de voir les choses soit fausse ; nous la regardons seulement comme insuffisante. Le mouvement, par sa vitesse plus ou moins grande, peut expliquer l'intensité, mais nullement la nature des phénomènes.

Quand il ne s'agit que du transport d'un corps d'un lieu à un autre, peu importe la source du mouvement. Qu'un bloc de marbre soit transporté de Paris à Versailles par des hommes ou par des chevaux, le résultat est le même. Mais que ce bloc soit sculpté par un artiste ou par un manœuvre, en pourra-t-on dire autant ? Dans le phénomène de la gravitation, l'organisation des corps attirants ou attirés est sans influence, car il s'agit d'un résultat toujours le même, d'un fait de simple translation. Mais, lorsque les résultats sont variés, la nature propre de l'auteur ou des auteurs du mouvement et celle de la chose mue ne doivent-elles compter pour rien ? Voilà ce que nous ne pouvons admettre.

Le violon, la flûte, la trompette produisent des vibrations sonores dont l'amplitude et la vitesse déterminent le ton et le degré. Mais, dans les phénomènes acoustiques, il y a autre chose que le degré et que le ton ; il y a aussi le *timbre,* élément dont le mouvement ne peut en aucune manière donner l'explication ; il y a aussi le sentiment et l'expression que personne, certainement, ne cherchera à ramener aux lois de la mécanique. La mécanique peut bien expliquer l'intensité et la direction de la lumière, mais sa *teinte,* mais ses tendances diverses à la polarisation, mais ses propriétés chimiques si variées, le mouvement tout seul ne peut en rendre compte.

Mais ce n'est pas tout encore : le son n'existerait pas s'il n'y avait aucun corps pour le répercuter, ni aucune oreille pour le percevoir. Des vibrations, des ondes pourraient se produire, mais ce serait des vibrations et des ondes, et non pas des sons. Or, la nature des corps répercutants, l'organisation particulière des auditeurs, influent certainement sur le phénomène, et l'explication qui en néglige cet aspect ne peut qu'être une explication incomplète.

Nous ne croyons pas trop nous avancer en soutenant que la physique ne sortira de l'impasse où se débattent sans grands résultats, au point de vue théorique du moins, tant de nobles intelligences, que lorsque, renonçant à son caractère exclusivement mécanique, elle associera à l'étude des forces l'étude des propriétés ; que lorsque, pour parler notre langage, elle ne s'occupera du *plus* et du *moins* qu'en ne perdant jamais de vue l'*autrement*. Ces deux aspects des choses sont tellement liés, tellement solidaires entre eux que ne tenir compte que d'un seul, c'est s'exposer non-seulement à des lacunes mais à de graves erreurs.

Ce sujet nous entraînerait trop loin. Profitons cependant de l'occasion naturelle qui se présente de montrer, en en faisant l'application à l'idée de mouvement, combien sont légitimes nos catégories.

Cette idée, bien plus spécialement considérée d'ordinaire sous son aspect relatif, implique cependant trois notions différentes : celle de *direction* d'abord, qui n'est pas susceptible de degrés et qui, par conséquent, est absolue ; celle de *vitesse* plus ou moins grande et, par conséquent, relative ; enfin celle de *continuité* indéfinie, dont les mathématiciens ne se rendent pas toujours bien compte et qui cependant les a amenés à faire entrer l'indéfini, ou, comme ils le disent par suite d'un mauvais langage, l'*infini* dans leurs calculs.

Qu'on nous permette d'insister sur cette dernière notion, d'autant que ce que nous avons à en dire, tout en jetant un nouveau jour sur les caractères si obscurs encore de l'indéfini, rappellera les résultats auxquels nous sommes rrivés en parlant du plein et du vide.

Pour faciliter l'intelligence de certains problèmes, de

ceux relatifs au mouvement accéléré, par exemple, on est dans l'usage de regarder le mouvement comme se composant de très-courtes périodes de mouvement et de repos. Qu'il y ait des mouvements paraissant soumis à cette intermittence, cela n'est pas douteux, et l'échappement d'une montre en est un des cas qui nous sont le plus familiers. Ces repos, qui séparent ce que nous appellerions volontiers les molécules du mouvement, ne sont, au fond, cependant, que des *mouvements d'une autre espèce*. Le balancier de la montre, lorsqu'il nous semble arrêté, marche cependant encore, ne fût-ce qu'en participant au mouvement général de la terre. Mais, pour un instant, considérons ce repos comme absolu, ou, pour mieux dire, ne nous en occupons pas, et considérons uniquement ce qui se passe dans le temps, aussi petit qu'on voudra, qui s'écoule entre deux moments de repos. Le mouvement s'y produit sans que rien ne l'interrompe. Il n'y a de mouvement véritable qu'à la condition de cette continuité.

Combien de temps un bateau, qui, par un mouvement continu, suit le courant d'une rivière, demeure-t-il en face d'un point quelconque du rivage? Un temps infiniment petit, répondent les géomètres, car, s'il y demeurait pendant un moment appréciable, pendant ce moment, il serait en repos et son mouvement ne serait pas continu. S'il marchait deux fois plus vite, évidemment il y demeurerait deux fois moins longtemps, c'est-à-dire un temps moitié plus court qu'un infiniment petit. Avons-nous besoin de dire que ces infinis de plusieurs ordres qui résultent de la continuité inhérente au mouvement sont précisément ce que nous avons appelé l'indéfini!

Les *forces*, suivant la définition commune, sont des causes d'action. Quoique nous lui préférions de beaucoup celle-ci : les forces sont les êtres en tant qu'ils sont actifs; cette définition est bonne et peut être conservée. Seulement il ne faut pas perdre de vue que l'idée de cause est une idée abstraite à laquelle on doit se garder d'attribuer une autre valeur. Or, c'est malheureusement ce qu'on ne fait pas toujours. Aussi, pour le plus grand nombre, les forces sont-elles devenues de mystérieuses entités, d'invisibles puissances qui président aux grands phénomènes cosmiques.

Les mathématiciens en parlent de cette manière lorsqu'ils disent qu'une force agit dans tel sens, que deux forces se combattent, se neutralisent, etc., etc. Cela leur est très-permis, car ils ont soin de prévenir que leur science est une science abstraite. Mais il est bon nombre de savants qui se piquent de ne s'occuper que du concret et qui cependant cherchent à expliquer la production des phénomènes par la corrélation, le concours ou l'apparition des forces. Nous voulons bien croire qu'ils ne sont point dupes de ce langage, mais, sans le savoir, ils portent le trouble dans les intelligences et les ramènent au temps où Descartes ne demandait, comme si c'était des matériaux, que des forces et de la matière pour reconstruire le monde. On sait que Newton lui-même n'était pas éloigné de regarder l'attraction comme une force résidant dans les corps; on n'a pas oublié qu'une école philosophique en était venue à prétendre que dans l'univers il n'existait absolument que des forces, et, dans tous nos collèges, encore aujourd'hui, on enseigne que l'âme est une force intelligente placée dans le corps comme une épée dans son fourreau.

Cette fausse idée de l'indépendance des forces a porté même d'excellents esprits à se demander s'il n'existerait pas une force unique dont toutes les autres ne seraient que des transformations, et à prétendre que la science ne sera définitivement constituée que lorsqu'elle aura enfin découvert cette force universelle.

Si notre définition est exacte, si les forces ne sont que l'activité des êtres, si les forces ne sont que les êtres eux-mêmes en tant qu'ils sont actifs, demander s'il existe une force dont toutes les autres ne soient que des transformations, c'est demander s'il n'existe pas un être dont tous les êtres ne soient que des émanations et des formes ; c'est retomber en plein dans les impossibilités du vieux panthéisme.

Cette force universelle ne peut plus, aujourd'hui, être conçue que comme la résultante variable et progressive de toutes les forces, que comme le concours de tous les êtres. Hors de là il n'y a que des forces particulières.

L'hypothèse des forces exclusivement fatales et calculables est encore un des résultats de cette funeste habitude de prendre des abstractions pour des réalités. Pourquoi les mathématiciens, lorsqu'ils veulent pénétrer dans la pratique, sont-ils contraints d'imposer d'empiriques coefficients à leurs formules qui, dès lors, n'expriment plus que des *à peu près* ? C'est, disent-ils, parce que le jeu des forces est troublé par des circonstances dont le calcul n'avait pu tenir compte.

Cela est une partie de la vérité, mais n'est pas la vérité tout entière. Il ne s'agit pas seulement d'obstacles imprévus que pourront avoir à surmonter les forces. Aussi constantes qu'elles soient, elles portent en elles un principe de variabilité qui échappe à toute appréciation mathématique. Indépendamment des circonstances extérieures, l'action des forces est liée à l'état actuel des êtres dont elles sont l'expression active. Or, par une conséquence de la vie qui les anime, les êtres changent, à chaque instant, d'état. Mes forces d'aujourd'hui ne sont pas identiques à mes forces d'hier. Mon être s'est modifié, et il est impossible que les manifestations de mon être ne se soient pas modifiées en même temps, et toutes ces modifications ne peuvent être prévues, car, en elles, il y a toujours une part à faire au spontané, au contingent, au nouveau.

La pesanteur, à la surface de la terre, n'a pas toujours été ce qu'elle est aujourd'hui. Pendant les époques géologiques, le volume de la planète était plus grand, sa masse était moindre ; l'attraction qu'elle exerçait ne pouvait être aussi considérable. Même actuellement, comme l'état de sa surface change à chaque instant, comme, ici, le sol s'élève pendant que, ailleurs, il s'abaisse, cette force, qui nous paraît si constante, change à chaque instant, et elle ne change pas seulement en intensité, elle change aussi en directions, car les modifications extérieures qu'éprouve le globe ne permettent pas de regarder comme immobile son centre de gravité. Ces changements sont si lents et si peu considérables que nous pouvons ne pas en tenir compte, mais ils deviennent prédominants quand de la considération de la partie solide de la planète on passe à celle de sa partie gazeuse. C'est pour cela, c'est parce que l'aspect contingent de la vie de l'être terrestre y joue un si grand rôle que la météorologie, comme, avec tant de raison, l'affirmait Arago, ne peut jamais devenir une science ayant des règles fixes et déterminées.

Toutes les forces sont des forces vitales : toutes sont des causes de mouvement, toutes modifient les propriétés des êtres, et, en même temps, modifient leur organisation. Chacune d'elles cependant n'agit pas dans ces trois sens avec une égale énergie. Celles qui produisent surtout le mouvements, qui modifient surtout la position relative des corps portent le nom de *forces physiques* ou *mécaniques* ; celles qui modifient surtout leurs propriétés, celui de *forces chimiques* ; celles enfin qui modifient surtout leur organisation, celui de *forces physiologiques*. C'est à ces dernières que, par un abus de langage, a été exclusivement réservé le nom de *forces vitales*. Toutes ces forces, on le voit, puisqu'elles ne se distinguent entre elles que par des prédominances, ne sont que des formes variées de la même force; que des modes différents de l'activité des êtres.

La nature du présent travail ne nous permet pas d'entrer dans les développements que comporte ce sujet, sujet d'un intérêt bien grand, car il touche aux principes généraux qui doivent servir de point de départ à la rénovation des sciences. Nous ne chercherons donc pas à justifier les assertions qui précèdent ; nous nous bornerons à une simple observation qui suffira pour bien faire comprendre notre pensée.

Est-il vrai que la force qui met un corps en mouvement modifie en même temps ses propriétés et son organisation ? Prenons le cas le plus simple. Est-ce que le choc n'est pas accompagné de déformation ? est-ce que le mouvement n'est pas accompagné de chaleur ? La même force qui produit, dans les essieux de wagons, par exemple, une suite de vibrations n'engendre-t-elle pas l'état électrique et ce qu'on appelle la désagrégation moléculaire du métal ? La mécanique peut, souvent, ne tenir aucun compte de ces deux derniers effets, mais ils n'existent pas moins. Ils sont concomitants et ce serait à tort, nous l'avons déjà dit, qu'on les considèrerait comme des effets ou comme des transformations du mouvement. Ce sont, comme le mouvement lui-même, des manifestations de l'activité vitale.

Les savants, autrefois, s'étonnaient beaucoup de voir, dans l'organisme, les liquides monter au lieu de descendre et donner ainsi un démenti aux lois de la gravitation. Ils ne comprenaient pas non plus pourquoi les réactions s'y produisaient quelquefois tout autrement que dans les laboratoires. Ils avaient péniblement édifié une physiologie mécanique et, après elle, une physiologie chimique. L'expérience ayant fait justice de ces travaux, on arriva à supposer que notre corps était le théâtre d'une lutte incessante entre les forces chimiques et mécaniques, d'une part, et la force vitale, de l'autre. On professa sérieusement que, tant que la force vitale, notre bon génie, notre ange gardien, notre *archée* protecteur, était la plus forte, nous continuions de vivre, mais que nous mourions aussitôt qu'elle se laissait vaincre par ses rivales.

Au lieu d'avoir recours à ces idées de lutte entre des entités imaginaires, n'était-il pas plus simple de dire que notre vie se manifeste par l'harmonie de ces trois formes inhérentes à toutes forces, harmonie qui suppose la prédominance alternative de chacune d'elles, et que, lorsque notre vie tend à se transformer, il y a changement dans les conditions de l'harmonie? Ici encore, nous sommes forcés de nous en tenir à de simples indications. Nous confions du grain à la terre ; si cette semence est bonne, elle fructifiera.

*Fonctions* et *organes*. — Lorsque la science sera arrivée à avoir une conception plus nette de la vie, lorsque cette conception dominera tous ses travaux, aux idées de forces, de fluides et de molécules, elle substituera celles de fonctions et d'organes.

Une fonction est tout acte par lequel se manifeste la vie, et, comme la vie est essentiellement progressive, une fonction est aussi tout acte par lequel s'accomplit le progrès. Du point de vue le plus général, *fonction* et *action* sont des mots synonymes. Néanmoins on peut dire qu'une fonction est une action considérée comme reliée à d'autres dans un but commun. Vous voyez un homme marcher. Vous n'avez que l'idée d'un acte, d'une action. Vous apprenez que cet homme est un facteur de la poste qui concourt, avec les autres agents de cette administration, au progrès social. A vos yeux, en marchant, il n'accomplit pas seulement une action ; il remplit une fonction.

L'idée de fonction exclut celles de hasard et de forces aveugles, car, la fonction étant l'acte par lequel s'accomplit le progrès, toute fonction a un but et possède un caractère de finalité dont les sciences peuvent bien ne pas tenir compte quand elles se circonscrivent dans le domaine de la spéculation pure, mais qu'elles ne doivent pas perdre de vue quand elles passent à des applications.

Nous appelons *organe* tout moyen par lequel s'accomplit la fonction. Il n'y a pas plus de fonction sans organes qu'il n'y a de causes et d'effets sans *moyens*.

Dans le langage ordinaire, on réserve le nom d'*organes*

aux moyens matériels par lesquels s'exécutent les fonctions. Mais dans celui de la philosophie, ce mot doit avoir un sens plus étendu. Ainsi, ce n'est point par simple métaphore que l'on parle de lois organiques, que l'on appelle *organes économiques* les institutions de crédit, etc., etc. Les hommes eux-mêmes peuvent être considérés comme des organes ; ainsi les magistrats sont les organes de la loi, etc., etc.

A proprement parler, tout est organe, car aucune fonction ne s'accomplit sans le concours solidarisé de tout ce qui existe. Mais ce n'est pas ainsi qu'il faut l'entendre. Le mot *organe* désigne seulement les moyens les plus proches, les plus immédiats. Le mot *organisation*, beaucoup plus large, exprime l'ensemble des moyens ou des organes en passant, de proche en proche, de ceux qui sont les plus immédiats à ceux qui le sont moins, et en les considérant par conséquent, comme formant des séries. Prise dans sa plus grande généralité, l'idée d'organisation ne se rapporte pas seulement à une organisation particulière, mais à l'universalité même des choses.

Un organe, quel qu'il soit, peut être certainement considéré dans sa forme, dans son étendue, dans ses propriétés spéciales, abstraction faite de la fonction à laquelle il concourt. Nous pouvons raisonner sur l'ivoire sans penser au rôle que les défenses jouent dans la vie de l'éléphant ; mais, si nous disons que l'ivoire, comme par une erreur semblable, nous le disons quelquefois des schistes et des porphyres, c'est-à-dire des organes du corps terrestre, qu'il est sans raison d'être, nous nous en ferions une idée, non-seulement incomplète, mais fausse. Les causes finales chassées de la science par suite de l'abus qu'en faisait la superstition, lorsque les grandes idées de vie et de progrès domineront ses spéculations même les plus abstraites, y reprendront leur place légitime. Cela résulte forcément de l'affirmation du progrès, car le progrès n'est autre chose que la finalité en acte.

Comme nous venons de le dire, tout pouvant être considéré, non-seulement comme cause et comme effet, mais aussi comme *moyen*, tout est organe. Mes organes ne sont pas exclusivement miens, car vous pouvez vous en servir pour accomplir quelques-unes des fonctions de votre vie. Vous pouvez, en me dictant, écrire par ma main ou, en m'inspirant, parler par ma bouche. Par la direction que je donne à cet ouvrier qui exécute mes ordres, non-seulement ses membres qui agissent, mais sa pensée qui se conforme à la mienne, mais ses désirs qui s'associent aux miens, tout en lui concourt à la réalisation de mes projets et de mes idées. Il est donc vrai de dire de moi, comme de tous les êtres, que mes organes appartiennent à tous, mais plus spécialement à moi. Ils sont ce que je suis *plus particulièrement*, comme mon individualité est ce que je suis *absolument*, comme ma substance est ce que je suis *universellement*. Ceci est d'une importance capitale, et qui ne le comprendra pas n'arrivera jamais à comprendre l'ensemble d'idées dont nous avons entrepris la rapide et sommaire exposition.

Entre les autres êtres et moi, entre la Terre surtout et moi, il y a un perpétuel échange d'organes. Encore le mot *échange* est-il mauvais, car il suppose une possession exclusive. Mes organes, quoique plus particulièrement miens, sont, en même temps, les organes de la Terre, et, à chaque instant, quelques-uns d'eux cessent d'être plus particulièrement miens pour devenir plus particulièrement organes du corps terrestre. Et, de même, tout ce que je m'assimile, organes rendus à la Terre par les animaux et les végétaux, ou organes immédiats de la Terre elle-même, deviendra plus spécialement mes organes.

C'est ainsi que s'explique cette circulation, cette transmutation continuelle qui est une des conditions de la vie et qui, pour les doctrines dualistes, est un inexplicable mystère. Dès qu'on limite mes organes à la périphérie de mon corps, dès qu'on appelle *non-moi* tout ce qui se trouve en dehors de cette limite, comment expliquer la manducation, par exemple, cet acte par lequel le non-moi devient moi, la négation devient affirmation, le contraire prend la nature de son contraire ? Que, au lieu de cela, on comprenne que ce pain que je mange est moins-moi et ne fait que devenir davantage et autrement moi, et la contradiction disparaît, et l'inexplicable s'explique [1].

On sent qu'il n'est pas dans notre sujet d'entrer dans plus de détails sur les transformations profondes qu'une nouvelle conception générale doit faire subir aux sciences physiques. Notre but est seulement de montrer comment les notions de cause et d'effets, de forces et de matière, qui ont joué un rôle si important dans la science, doivent prendre un caractère nouveau en s'associant à la notion de solidarité. Avant d'aborder les questions vraiment cosmologiques, un mot encore cependant sur un de ces sujets mal définis qui obstruent les voies que nous avons à parcourir.

*Corps simples, corps composés.* — Si la physique, dans l'étude des phénomènes, ou plutôt des modifications éprouvées par les corps, s'occupe plus spécialement des modifications de positions ou des mouvements, en n'attachant qu'une importance secondaire aux modifications qu'éprouvent les propriétés des corps modifiés, et en négligeant d'une manière presque absolue celles qu'éprouve leur organisation, la chimie, au contraire, s'attache, d'une manière presque exclusive, aux modifications que subissent les propriétés des corps, en ne tenant que peu de compte de leurs mouvements et en les considérant comme réduits à l'état de simples molécules, afin de

---

[1] Inutile d'indiquer le lien étroit qui rattache ces idées à celles que nous aurons à exposer relativement au phénomène appelé *naissance* ou *mort*. Nous laissons à la sagacité du lecteur le soin d'un rapprochement fécond en aperçus nouveaux.

n'avoir pas à entrer dans les détails de leur organisation [1].

Pourquoi appelle-t-on la géométrie une *science abstraite* ? C'est que, pour étudier les corps, elle commence par les dépouiller de toutes leurs manières d'être, pour n'en conserver que l'étendue. Quel autre nom faut-il donc donner à la chimie, science qui, négligeant l'étendue, le mouvement, etc., ne veut absolument voir dans les corps que certaines de leurs propriétés ? Loin de comprendre cela, les chimistes, quoiqu'ils n'opèrent que sur des qualités, se persuadent qu'ils ont opéré sur des corps, ou, comme ils le disent, sur des *substances*.

Ils est vrai que, lorsqu'ils soumettent le violet, par exemple, à leur analyse, après avoir trouvé que le violet était une combinaison du bleu et du rouge, couleurs qui, elles mêmes, se refusent à toute décomposition, ils ne disent pas que le rouge et le blanc sont des *corps* simples, et que le violet est un corps composé. Ils comprennent qu'il s'agit là de qualités, de manières d'êtres et pas d'autres choses. Pourquoi, lorsqu'ils se trouvent en présence

---

[1] Disons cependant que, depuis les beaux travaux de Raspail, on commence à entrevoir que la forme des molécules et que ce qu'on nomme l'*arrangement moléculaire* compte pour quelque chose dans les phénomènes. C'est là un pas immense, mais que bien peu encore ont su faire. C'est par là seulement que la *chimie organique* pourra enfin se constituer.

Abandonnées à elles-mêmes, les propriétés des corps, en se combinant, ne donnent naissance qu'à des propriétés qu'on pourrait nommer minérales ou terrestres. Pour que leur combinaison engendre des qualités végétales ou animales, il est indispensable qu'elle soit accompagnée de modifications de structure et de formes. La synthèse a bien pu reconstituer quelques-uns des produits organiques, en quelque sorte, les plus élémentaires, mais elle n'ira pas beaucoup plus loin. Elle pourra faire de l'alcool, mais elle ne fera pas de viande ; elle ne fera ni sang, ni chyle, parce qu'il ne s'agit pas là seulement de certaines proportions d'hydrogène et de carbone, mais d'un arrangement particulier, d'une organisation dont le creuset et les réactifs ne peuvent dévoiler le mystère. On a pris les végétaux et les animaux pour des forces chimiques, c'est pour des forces plastiques qu'il faut les prendre.

d'un groupe de qualités irréductibles, des **qualités de l'eau,** par exemple, tiennent-ils un autre langage ? On conçoit qu'ils ne disent pas : les qualités dont l'ensemble s'appelle *oxygène,* en se combinant avec les qualités dont l'ensemble s'appelle *hydrogène,* donnent naissance à des qualités mixtes dont l'ensemble s'appelle *eau.* Que, pour plus de concision, à ce langage lent et embarrassé, ils substituent les mots *oxigène, eau* et *hydrogène,* rien de mieux, mais qu'ils prennent ces mots, ces signes abréviatifs pour l'expression de corps réels, voilà où est l'erreur.

Un corps est un être physiquement considéré. Quel est l'être dont l'oxygène est le corps ? Cette question est trop ridicule pour en chercher la réponse. L'oxygène, nous dit-on, est une partie du corps terrestre. Tout en faisant nos réserves à propos de la signification que doit avoir le mot *partie,* nous l'accordons pour telle ou telle quantité déterminée d'oxygène. Mais ce n'est pas de telle ou telle quantité d'oyxgène, ce n'est pas de telle ou telle pépite d'or que vous parlez, c'est de l'oxygène en général, c'est de l'or en général, c'est aussi bien de l'or et de l'oxygène qui peuvent se trouver dans la lune, que de l'or et de l'oxygène qui existent sur notre planète. Or, à moins que vous ne vouliez que l'or en général et que l'oxygène en général soient des parties de la terre, vous ne pouvez pas prétendre que ce soient là des corps, parce que ce sont là des parties d'un corps.

La question peut encore être posée en d'autres termes : Vous convenez que le violet n'est pas un corps et vous voulez que l'oxygène en soit un. Pourquoi cela ? Je ne vois de part et d'autre que des groupes de qualités. Le mot *oxygène* ne désigne pas seulement la qualité oxydante, mais aussi les qualités gazeuses, élastiques, etc. Est-ce parce que, de plus que le violet, l'oxygène est pesant et tangible ? Il faut que ce soit cela, car entre ces deux groupes, je ne vois pas d'autres différences. Ainsi, nous n'appellerons *corps* que ce qui est tangible, ce qui nous conduira à douter que les étoiles soient des corps, car nous ne pouvons savoir si elles ont cette qualité, ni même si elles sont soumises aux lois de la gravitation. Vous avez abandonné la vieille idée de *substance,* de ce qui est *dessous,* mais vous la remplacez par celle de tangibilité et de résistance.

Voilà cependant où conduit une langue mal faite, une langue composée des débris de tous les systèmes écroulés. Pourquoi ne pas dire : Nos sensations ne nous font connaître que des ensembles limités de phénomènes ou de qualités sensibles, qui tous sont les corps, les organismes de quelques êtres particuliers, et ces ensembles nous paraissent composés chacun de groupes plus ou moins nombreux de qualités du même ordre et qui sont des *organes* ou des parties d'organes. Puisque néanmoins l'usage ne veut pas que l'on parle ainsi, continuons, au moins provisoirement, à nous servir du mot *corps,* même lorsqu'il ne s'agit que d'un organe particulier ou même d'une partie d'organe, mais sans oublier qu'il ne s'agit pas là d'entités distinctes ni de choses indépendantes.

Il faut que les chimistes en prennent leur parti : comme toutes les autres sciences particulières, leur science est une science abstraite. Ils n'opèrent point sur des êtres, mais sur des manières d'être ; il n'analysent même pas des corps, mais simplement des groupes de qualités. Ils n'opèrent que sur quelques-unes des qualités du corps terrestre, modifiées ou non par les espèces végétales ou animales, car, et c'est là encore une erreur qu'il importe de combattre, jamais ils ne pourront directement analyser ni les végétaux ni les animaux. Pour les étudier, il faut qu'ils les tuent ; mais alors ce ne sont plus des animaux et des végétaux qu'ils ont entre les mains, mais des cadavres. Or, qu'est-ce qu'un cadavre, si ce n'est de l'azote, du carbone, etc., c'est-à-dire de la terre ? Les qualités dont le cadavre d'un bœuf est l'ensemble ne manifestent plus la vie du bœuf. Ce cadavre n'est plus son corps, ce n'est même plus, à rigoureusement parler, un corps, un organisme, car l'aspect de spontanéité lui manque. Ce n'est plus qu'un groupe de phénomènes manifestant la vie du globe terrestre.

Que devient, à présent, la question des corps simples et des corps composés que posent tous les ouvrages élémentaires ? Les chimistes appellent *corps simples,* les groupes de qualités qu'ils n'ont pas pu encore décomposer. C'est là une appellation provisoire, mais ils se demandent si elle ne deviendra pas, un jour, définitive, c'est-à-dire s'il n'existe pas de groupes réellement indécomposables, qui puissent, dès lors, être considérés comme les éléments de tous les autres, et, dans ce cas, ils s'inquiètent de savoir si ces groupes réfractaires sont nombreux ou en très-petit nombre.

Les qualités, comme les individus, sont innombrables. Elles ne peuvent exister séparément et ne se montrent jamais que par groupes. Parmi ces groupes, il en est certainement d'irréductibles. Ainsi, nous ne pouvons concevoir que les qualités morales et que les qualités intellectuelles puissent jamais s'isoler des qualités matérielles. De même, que, parmi les qualités qui tombent seulement sous la sensation, il en soit qui ne puissent jamais être séparées, cela n'a rien qui choque la raison. Que ces groupes indécomposables puissent être considérés comme composant tous les autres, nous l'accordons; comme les ayant composés, nous ne pouvons l'admettre. Croire que, de tous temps, ils se soient combinés entre eux, cela est conforme à ce que nous voyons ; mais supposer qu'il y ait eu une époque où ils existaient chacun de leur côté, sans rapports et sans lien, pour, un certain jour, commencer une série indéfinie de combinaisons, ce serait, dans un autre sens, recommencer l'hypothèse des atômes, ce serait imaginer que quelque chose ait pu exister avant les êtres, avant l'existence.

La question du nombre de ce qu'on appelle les *corps simples,* n'a d'intérêt que lorsqu'on les considère comme ayant, à une époque donnée, tout à coup ou successivement, formé les groupes actuellement décomposables. Cette supposition étant mise de côté, la question de leur nombre, à laquelle il ne pourra jamais être expérimentalement répondu, n'est plus qu'un pur enfantillage.

## L'UNIVERS

Tout être est une association de qualités (noumènes, phénomènes et substance), association toujours associée à toutes les autres, et se manifestant par la vie, l'organisation et le progrès. L'association des êtres, c'est l'*univers*.

L'univers, quoique étant une association, n'est pas un être : d'abord parce qu'il ne peut être associé à rien ; en second lieu, parce que, à un certain point de vue, chaque être est *par soi,* et qu'il est évident que l'univers n'est que par les êtres dont il est l'association, et que, sans ces êtres, il ne peut pas se concevoir.

A un certain point de vue aussi, tout être est une totalité, une somme. Or, l'univers n'est pas une totalité, car toute totalité est limitée, et par quoi pourrait être limité l'univers ? Le caractère propre de l'univers, ce n'est ni celui d'unité, ni celui de pluralité, c'est celui d'enchaînement et de série ; or, la notion de série exclut celle de limite extérieure. Une autre des conditions essentielles de l'être, c'est, nous l'avons vu, d'avoir un lieu, d'être en en tous sens à des distances déterminées des autres êtres. Ses distances, quoique incessamment variables, lui sont aussi essentielles que ses dimensions. L'univers, d'abord, ne peut avoir ni lieu, ni distances. De plus, s'il était limité, les êtres placés vers ses limites manqueraient de distances en un sens. Dans ce sens là, l'espace lui-même ferait défaut, car l'espace ne contient pas les êtres, mais les manifeste ; il n'est que l'ensemble de leurs dimensions et de leurs distances. Là où il n'y aurait plus d'êtres, comment concevoir l'espace, et d'un autre part, comment concevoir que l'espace ait des bornes ?

L'univers cependant n'est pas infini, car il suppose la pluralité des êtres, et, dès les premières pages de ce livre nous l'avons montré, une pluralité ne peut-être infinie. L'univers a une fin ; il a des limites, mais ces limites sont en lui-même. Si on pouvait concevoir un centre là où il n'y a pas de circonférence, pour rappeler une phrase célèbre de Pascal, nous dirions que la limite de l'univers c'est son centre, qui est partout, pendant que sa circonférence n'est nulle part. Ce mot *centre* toutefois ne nous déplaît pas, *centre de rayonnement,* cela va sans dire, et non centre de cercle ou de sphère. En tous sens, pour chacun de nous, l'univers commence par nous-mêmes. Comme le moment actuel est le point d'intersection du passé et du futur, notre lieu est le point où viennent, pour nous, se réunir ce qui est à notre droite et à notre gauche, ce qui est par devant et ce qui est par derrière nous, ce qui est dessous et ce qui est dessus. C'est là une condition sans laquelle nous ne pouvons concevoir l'univers. Il en est de même de toutes les séries : nous ne pouvons les comprendre qu'en partant de l'un quelconque de leurs termes, qui nous apparaît comme l'anneau qui rattache ce qui précède à ce qui suit.

L'univers est donc indéfini. En d'autres termes, les êtres dont l'association constitue l'univers sont donc sans nombre.

On a dit quelquefois que l'*indéfini actuel* ne pouvait se comprendre. Nous prions les géomètres de nous dire combien il y a de points mathématiques dans une ligne donnée. Ils ne diront pas qu'il y en a un nombre fini, car tout nombre fini peut s'exprimer par un chiffre, et, ici, cette expression est impossible. Ils ne diront pas qu'il y en a un nombre infini, car ces deux mots s'excluent, et, d'ailleurs, l'infini n'est pas susceptible d'augmentation, et, si on double la longueur de cette ligne, il est évident que le nombre des points qui la composent augmentera. Ils seront donc forcés de convenir que ce nombre est indéfini, ou, pour mieux dire, qu'il ne s'agit pas de nombre, mais de ce qui est sans nombre, de ce qui ne se nombre pas et que c'est par conséquent sur la conception de l'indéfini actuel ou de l'innombrable que repose toute leur science.

Nous objectera-t-on que nous prenons un exemple dans l'abstrait, pour expliquer le concret ? D'abord, par cet exemple, nous ne cherchons à expliquer rien ; nous avons voulu seulement montrer que l'idée de l'infini actuel n'avait en soi rien d'absurde. Mais, de plus, faut-il que nous le disions ? l'idée de l'univers est, à nos yeux, une idée tout aussi abstraite que l'idée de ligne mathématique. Qu'est-ce qu'une ligne, en effet ? C'est un corps dépouillé de tous ses attributs, excepté de sa longueur. Qu'est-ce que l'univers ? Ce sont les êtres dépouillés de tous leurs attributs, excepté du lien qui les enchaîne et les identifie. Le degré d'abstraction de part et d'autre, n'est-il pas le même ? Il n'y a pas de milieu, d'ailleurs : si l'univers n'est pas un être, il n'est qu'une manière d'être des êtres, et par conséquent qu'une abstraction ; s'il est un être, le panthésine est une vérité ; nous ne sommes que de pures illusions et toute notre science n'est que mensonge.

Que l'univers soit une association, la solidarité universelle en est une preuve après laquelle il serait inutile d'en chercher d'autres. Et qu'on ne nous objecte pas le nombre indéfini de ses membres, car, lorsqu'il s'agit d'association, le nombre n'a rien à voir : qu'une société, qu'une commune compte un million d'habitants, ou qu'elle n'en compte que mille, elle n'en est pas moins une société ou une commune.

Ce qui constitue essentiellement une association, c'est

un but commun à poursuivre et une coordination d'efforts en vue de ce but.

Peut-on dire que l'univers ait un but, un idéal ? Certainement, si par là on entend l'*idée* d'un certain degré de perfection à atteindre, ce serait abuser des mots que de dire qu'une société, qu'une association puisse posséder un idéal. Une société n'est pas un être et ne peut par conséquent ni penser ni imaginer. Chaque membre d'une société cependant, outre une fonction qui lui est propre, outre un but spécial qu'il cherche à atteindre, a aussi une tendance qui lui est commune avec tous les autres, et qui, à ce titre, peut être considérée comme étant la tendance de la communauté. Mon but est de tarauder des boulons, celui de mon voisin de tourner des essieux, celui d'un autre d'ajuster des dents d'engrenage. Outre ces buts immédiats, outre ces buts individuels, nous en avons un autre, qui est le même pour tous, et que tous cependant nous ne connaissons pas bien, qui est celui de construire une machine, et nous disons, avec vérité, que ce but est celui de notre association. Ainsi en est-il dans l'association universelle : chaque être y a son but propre, mais tous ont, de plus, une instinctive tendance vers un but commun, qui, dès lors, peut être regardé comme le but, comme l'idéal de l'univers.

Cet idéal, que peut-il être ? Rien, si ce n'est le perfectionnement de ce qui est. Or, quand on se borne à considérer l'association universelle, rien n'est que cette association. Donc cet idéal ne peut être que le perfectionnement, que le progrès de cette association elle-même, c'est-à-dire que l'identification de plus en plus intime de ses éléments, et, tout ensemble, que le développement de leurs oppositions et de leurs contrastes.

Même à leur insu, tous les êtres, quels qu'ils soient, travaillent à ce perfectionnement de leur association, car tous individuellement progressent et ils sont ainsi faits qu'ils ne peuvent progresser sans, par cela même, s'associer de plus en plus entre eux. Si leur association est la condition de leurs progrès, leurs progrès sont aussi la condition du perfectionnement de leur association.

Mais il ne suffit pas que les êtres, pour être associés, travaillent en vue d'un but commun, il faut encore que, en vue de ce but, leurs efforts soient coordonnés. Le *progrès universel* suppose la *vie* et l'*organisation universelle*.

L'étude des *lois* ou des *manières d'être* de cette *organisation*, de cette *coordination* en vue d'un but commun est l'objet propre de la science *cosmologique*.

Quand nous contemplons l'univers, ce qui surtout nous frappe, c'est la ressemblance, c'est l'*égalité*, c'est l'*équivalence* des êtres dont il est l'enchaînement ; c'est aussi leurs différences, leur *inégalité,* leur *inéquivalence*. Avant d'aller plus loin, cherchons à nous rendre bien compte de la signification des mots que nous venons d'employer.

Conformément aux habitudes communes, nous appelons *égalité* et *équivalence* l'identité elle-même, mais considérée, non dans tout ce que les choses ont d'identique entre elles, mais dans ce que quelques-uns de leurs aspects peuvent avoir d'identique. Ainsi deux cercles sont égaux quand ils ont *même* surface ; deux objets sont équivalents quand ils ont *même* valeur. L'égalité et l'équivalence ne sont que des identités partielles, et, comme nous allons bientôt le voir, en quelque sorte, arithmétiques.

Entre l'*égalité* et l'*équivalence,* toutefois, il y a cette distinction à faire que l'*égalité* est l'*identité* des choses considérées en elles-mêmes et l'équivalence est leur identité relativement à un certain but.

L'égalité ne peut se dire que du plus ou moins grand degré de développement, acquis par des qualités communes aux choses dont on parle [1]. Ces qualités, sous peine

---

[1] Dans un cas seulement et par exception, le mot *égalité* ne signifie pas identité de grandeur, mais identité de qualités. C'est ainsi qu'il faut entendre cette maxime, que les hommes sont égaux

de ne pas être compris, il faut les nommer. Ainsi cette phrase : Tel homme est égal à tel animal ou à telle plante, n'aurait aucun sens si on n'ajoutait : en force ou en grandeur. Complétée de cette manière, elle signifie que le degré de force de cet homme est le *même* que le degré de force de cet animal, que la taille de cette plante et celle de cet homme ont la même grandeur, la même mesure.

De même, quand on parle d'équivalence, à moins que le but déterminatif de la valeur des choses dont il est question, ne soit connu, il est indispensable de l'exprimer. Si on dit que vingt pièces de cinq centimes valent un franc, il n'y a rien à ajouter ; mais si, sans explications, on dit qu'un homme en vaut un autre, cela n'a aucun sens, car, s'il s'agit de bâtir une maison, un musicien ne vaut pas un charpentier, s'il s'agit de sauver un navire battu par la tempête, un pilote vaut plus qu'un géomètre. Le mot *valeur*, synonyme d'*utilité*, est une expression purement relative, qui n'a de signification qu'à la condition de connaître la chose à faire, le but à atteindre.

Ces explications peuvent paraître puérilement grammaticales. Elles ne sont pas inutiles toutefois, car c'est précisément parce qu'on ne s'est jamais bien entendu sur la valeur des mots que nous venons de définir, qu'ils n'ont cessé de servir d'aliment aux plus ardentes controverses.

Nous n'avons pas à nous arrêter aux mots *inégalité* et *inéquivalence*. Ils se trouvent définis par ce que nous venons de dire. Remarquons toutefois que les expressions purement négatives ne laissent rien dans l'esprit que d'incertain et de vague. C'est ne rien dire que de m'apprendre qu'une chose n'en vaut pas une autre, si on ne me

---

entre eux, maxime qui est presque une tautologie, puisque, s'ils n'avaient pas les mêmes qualités, ils ne porteraient pas le même nom, le nom d'homme, et qu'il est cependant très-utile de répéter en raison de la très-importante conséquence qui en découle, à savoir que, parce qu'ils sont égaux, que, parce qu'ils ont les mêmes qualités, ils ont les mêmes droits et les mêmes devoirs.

fait pas savoir quelle est celle des deux qui vaut le plus, ou que de m'enseigner que deux choses n'ont pas la même grandeur, si on ne me dit pas quelle est la plus grande ou la plus petite. Les idées de *supériorité* et d'*infériorité* sont donc étroitement liées à celles d'inégalité et d'inéquivalence, et c'est pour cela qu'on a pu définir l'égalité et l'équivalence, en disant que ce sont les manières d'être des choses qui ne sont ni supérieures ni inférieures les unes aux autres, étant bien entendu d'ailleurs, que *supériorité* et *infériorité* ne signifient que qualités d'une valeur ou d'une étendue plus grande ou plus petite.

Ceci étant posé, nous reprenons l'étude des lois de l'universelle coordination.

Que sont les êtres ? que sont les membres de l'universelle association ? Sont-ils égaux ou inégaux, équivalents ou inéquivalents ? Telle est la première question qui se présente sur notre route.

Toutes les choses de même appellation, quand on ne les considère que par le côté qui leur a valu cette appellation commune, sont égales, car on ne leur a donné le même nom que parce qu'on leur reconnaissait les mêmes qualités. Ainsi, les êtres, en tant qu'êtres, c'est-à-dire en tant seulement qu'ils existent et qu'ils remplissent les plus essentielles conditions de l'existence, sont égaux. Comme il n'y a pas de degrés, pas de différences dans l'égalité, dans l'identité, l'insecte peut se dire l'égal de Dieu. De même les hommes, en tant qu'hommes, les citoyens, en tant que citoyens, sont égaux ; cela ressort d'un sens particulier que le mot *égalité* doit à l'usage.

Mais, d'autre part, si on s'en réfère à son acception générale, les êtres, même pris en tant qu'êtres, les hommes en tant qu'hommes, etc., sont, en même temps, inégaux, car ils ne remplissent pas au même degré les conditions de l'existence, car ils ne possèdent pas les qualités humaines au même degré. Tous les hommes n'ont pas le même degré de force, d'intelligence, etc. Égaux qualitativement, ils sont quantitativement inégaux. Il n'est donc pas contradictoire de dire qu'ils sont, tout à la fois, égaux et inégaux ; comme toujours, c'est affaire de point de vue.

Si, au lieu de ne considérer les êtres que par leurs qualités communes, on les considère par leurs qualités différentes, on ne peut pas dire que les uns soient supérieurs ou inférieurs aux autres. Ils ne sont pas comparables ; il ne sont ni égaux, ni inégaux ; ils sont différents. Et cela est vrai encore des êtres de la même espèce. Si on ne nous considère que dans notre individualité, que dans ce qui fait que vous êtes vous et que je suis moi, la distinction absolue qui éclate entre nous ne laisse place à aucune commune mesure.

Ce n'est donc ni du point de vue de l'égalité ni de celui de l'inégalité que nous pouvons juger de l'ordonnance du monde. De celui de l'égalité, cela est évident, car il n'y a pas de raison que des choses identiques soient ordonnées d'une manière plutôt que d'une autre ; de celui de l'inégalité, cela n'est pas moins vrai, car les différences absolues excluent toute idée de rapport et toute idée d'ordre par conséquent et les différences purement relatives, puisqu'elles n'embrassent qu'un seul aspect des choses, ne pourraient nous conduire qu'à la connaissance d'un ordre purement abstrait.

C'est donc dans l'équivalence et dans l'inéquivalence des êtres que nous devons chercher l'explication de l'ordre universel, car ce point de vue n'exclut ni l'absolu ni le relatif. Des choses de nature et de degré différents peuvent tout aussi bien être équivalentes que des choses de même degré et de même nature.

Mais les idées d'équivalence et d'inéquivalence supposent celle du but. Or, le but peut être envisagé sous deux aspects : la conservation et le progrès de ce qui est.

Du point de vue de la conservation, du point de vue de l'existence du monde, tous les êtres sont équivalents. Comme tout se tient, comme tout est lié, pour nous servir d'une image qui est fausse parce qu'elle n'exprime pas la vie mais qui est bonne en cela qu'elle rend palpable, pour ainsi dire, l'idée d'enchaînement et de lien, dans une horloge, on ne peut briser le plus petit rouage sans arrêter la marche de tout le mécanisme. Chaque être, quel qu'il soit, est indispensable à l'existence de tous les autres et à celle du monde par conséquent et comme il n'y a pas de degré dans l'indispensable, dans le nécessaire, tous ont même utilité, tous ont même valeur, tous sont équivalents.

Mais l'univers n'existe pas seulement; il progresse. Tous les êtres concourent-ils mêmement au progrès universel? Nous ne pouvons le supposer et c'est là, c'est dans cette inéquivalence, qui d'ailleurs n'exclut pas toute équivalence, que nous pouvons seulement espérer de trouver les lois de l'universelle organisation.

Nous connaissons les objections que soulève cette manière de voir. Elles se résument toutes en celle-ci : toutes les ressemblances et toutes les différences spécifiques correspondent à autant de fonctions ; or, dans la seule société que nous connaissons bien, dans la société humaine, toutes les fonctions concourent également au progrès social, elles y concourent au même degré. Il n'y a entre elles ni supériorité ni infériorité ; les unes ne sont pas plus utiles ou plus nobles que les autres. L'induction nous oblige à en dire autant de la grande société des êtres et nous devons regarder les fonctions qu'y remplissent chaque espèce, chaque classe, chaque genre comme équivalentes et reconnaître, par conséquent, l'équivalence de tous les êtres, même au point de vue du progrès cosmique.

Qu'il y ait, dans la société civile, des fonctions équivalentes, qu'il y ait, dans l'univers, des espèces de même utilité, nous le reconnaissons sans peine. Nous tenons même à ce que cet aveu de notre part soit bien constaté. Mais que toutes les fonctions soient équivalentes, c'est ce que nous nions absolument.

Nous ne voulons pas nous engager, ici, dans une discussion de politique générale qui nous mènerait trop loin et qui, ailleurs, sera mieux placée ; nous ne voulons pas examiner si, parmi nous, il n'y a pas de fonctions, non-seulement moins utiles que les autres, mais encore nuisibles et par conséquent très-inférieures, celles du bourreau, par exemple, ou celles que remplissent les interprètes de croyances devenues un obstacle au progrès ; nous ne voulons pas creuser la question de savoir si la doctrine de l'équivalence des fonctions n'aurait pas une étroite affinité avec celle de l'équivalence morale des actions humaines. Nous nous bornerons à répondre que, en admettant même que, dans l'organisation des sociétés politiques, toutes les fonctions aient une valeur égale, une même valeur, un seul fait observé ne suffit point pour rendre une induction légitime.

Le corps humain aussi est une organisation. Dira-t-on que les fonctions que remplissent ma barbe et mes cheveux soient aussi importantes que celles dont mon cœur et mon cerveau sont les organes ? A qui persuadera-t-on que le concours que prête une mouche au progrès universel soit équivalent à celui qu'y apporte une planète ; ou que la disparition de l'espèce humaine ne causerait pas, dans le monde, une perturbation plus profonde que celle que causerait la destruction de l'espèce loup ou de l'espèce renard ?

Il est manifeste que la grandeur du concours qu'apporte chaque être est proportionnelle à sa puissance, c'est-à-dire au nombre et à l'étendue de ses qualités. Pour que toutes les espèces fussent équivalentes, relativement au concours prêté par elles au progrès de l'ensemble, il faudrait qu'elles aient toutes même puissance, que leurs qualités soient en même nombre et de même étendue ; il faudrait, en un mot, qu'il n'y ait pas de diversité dans le monde.

La diversité suppose l'inéquivalence et l'inéquivalence une classification par ordre de supériorité et d'infériorité, c'est-à-dire une coordination hiérarchique. Que ce mot *hiérarchie* n'effraie pas le lecteur [1]. Dans notre bouche, il n'implique aucune idée de commandement et d'obéissance. Quoique, à nos yeux, l'homme soit supérieur à l'hirondelle, quoique l'hirondelle soit subordonnée à l'homme, nous n'en concluons pas que les hirondelles soient nos esclaves.

Qu'on y fasse bien attention d'ailleurs, nous ne reconnaissons de hiérarchie que celle qui repose sur l'*utilité*, sur des services rendus, sur un concours plus actif. Y a-t-il là quelque chose d'effrayant ? Quand, pour employer des mots qui, aujourd'hui, sont peu en faveur, nous dirions que les premiers, que les plus nobles, que les plus saints des êtres sont ceux qui travaillent le plus et le mieux pour tous les autres, y aurait-il là rien qui puisse paraître avoir une tendance rétrograde ?

Il est bien difficile, nous le savons, de bannir entièrement les préoccupations politiques du domaine des spéculations de la science. Et cela se conçoit, car il est manifeste pour tous, aujourd'hui, qu'une science générale mal faite entraîne forcément à sa suite une politique vicieuse, et aussi que, comme on comprendra l'association des êtres, on sera porté à comprendre l'association des hommes, c'est-à-dire la société civile. Tâchons cependant de ne pas nous laisser influencer par des idées préconçues et faisons que des sentiments inspirés par un autre ordre de faits ne nous portent pas à prononcer trop à la hâte sur des doctrines qui, pour être bien comprises, exigent le calme de l'impartialité.

Si nous avons à nous défendre contre les partisans exagérés de l'équivalence, nous avons aussi à combattre l'exclusivisme des savants qui, se plaçant à un point de vue opposé, n'admettent pas que deux espèces puissent se

---

[1] L'adoption de l'idée de *série* a été un des plus grands progrès de la science moderne. Entre les idées de série et de hiérarchie il n'y a que cette seule différence que la série apparaît le plus souvent comme simple et en quelque sorte, comme rectiligne, tandis que la hiérarchie ne peut être comprise que comme un ensemble sérié de séries convergentes.

trouver sur le même niveau et les rangent toutes sur une seule ligne ascendante ou descendante, comme si l'univers n'était qu'une progression arithmétique aussi simple et aussi inflexible que celle des nombres entiers.

La hiérarchie rectiligne qu'ils construisent n'est pas fondée, on le comprend, sur le plus ou moins de concours que les différentes espèces peuvent prêter au progrès universel. Ce n'est pas là une idée qui puisse entrer dans la tête des savants spéciaux. Ils prennent pour base l'idée de perfection plus ou moins grande et si on leur demandait ce que le mot *perfection* signifie, ils seraient probablement fort embarrassés d'en donner une définition bien nette et bien précise.

Même dans le premier quart de ce siècle, ils se persuadaient que les végétaux et les animaux, distincts seulement entre eux par du plus ou du moins, appartenaient à la même série. Avec Linnée, ils répétaient : les végétaux vivent, les animaux vivent et marche, l'homme vit, marche et pense. Une simple addition de qualités faisait toute la différence de l'homme à la plante.

En preuve, on invoquait ces transitions insensibles d'un genre à un autre que l'on croyait partout rencontrer dans la nature et on insistait particulièrement sur l'existence de ces *conferves* qui semblent animées d'un mouvement propre et présenter des traces de circulation intérieure et qu'on regardait comme le passage de la vie végétale à la vie animale. Malheureusement cette dernière observation suffirait à elle seule pour renverser tout le système. En effet, puisqu'on veut que les animaux soient supérieurs aux végétaux, ces conferves, presque animales, doivent être les plus parfaits des végétaux, et, de l'aveu de tout le monde, c'est le contraire qui est la vérité.

Ce fait et mille autres ont forcé les naturalistes à abandonner, au moins pour le début, l'idée de série simple et de revenir à l'ancienne division par règnes, c'est-à-dire par séries distinctes et nullement superposées.

Les *règnes,* en effet, sont des séries composées d'individus plus ressemblants que différents, échelonnés, hiérarchisés, sériés par groupes, individus dont chacun possède toutes les qualités, non pas du groupe auquel il appartient, mais des groupes placés au-dessous de lui, plus une ou plusieurs qualités nouvelles qui le caractérisent.

Au règne animal et au règne végétal la routine des écoles continue de joindre le règne *minéral* et cependant, comme il serait par trop bouffon d'appeler l'oxygène, le marbre et l'eau des individus, les minéralogistes eux-mêmes sont contraints d'avouer que l'individu minéral n'existe pas, ce qui ne les empêche point de soutenir que, bien qu'un règne se compose essentiellement d'individus, les minéraux qui ne sont pas des individus, composent un règne.

Les minéraux sont les organes de la terre. La minéralogie n'est que l'anatomie du corps terrestre et il serait aussi ridicule de vouloir composer un règne de ces organes qu'il le serait d'en vouloir composer un de muscles, d'os, de sang, de plumes, d'écailles et des autres débris d'amphithéâtre.

Le véritable troisième règne c'est le règne *sidéral* et, comme simple rapprochement philosophique, remarquons, en passant, combien la loi des antinomies qui objectivement se traduit surtout par la loi de *polarité,* trouve, ici, une remarquable confirmation. L'organisation végétale est tellement l'antipode de l'organisation animale qu'on a pu dire d'une plante qu'elle était un animal retourné et, entre ces deux contraires, le règne sidéral, la terre, ne joue-t-il point le rôle de point neutre et de lien ?

En admettant trois règnes, trois grandes séries, on renonçait implicitement, mais sans vouloir le confesser, à l'idée d'une série rectiligne qu'on se réservait de reprendre quand on aurait à examiner et à classifier chacun de ces règnes. A plus forte raison, était-on bien loin de se poser la question de savoir si ces trois règnes, pris chacun dans son entier, étaient équivalents. Cette question, nous la posons sans pouvoir néanmoins scientifiquement la résoudre, parce que nous connaissons trop peu les végétaux et sommes dans une trop grande ignorance des lois physiologiques du règne sidéral pour pouvoir établir entre les trois grandes séries la moindre relation ; mais là où l'observation fait défaut, le sentiment, avec sa faculté divinatoire, ne se condamne pas au silence et, pour notre part, nous avouons ne pas comprendre qu'un insecte microscopique, uniquement parce qu'il appartient au règne animal, ait plus d'importance qu'un chêne, et nous ne sommes nullement convaincu que l'homme soit nécessairement inférieur au plus insignifiant des astéroïdes.

Une fois la division en trois règnes admise, les savants s'en partagèrent l'étude. Là, ils ne manquèrent pas de revenir à leur idée favorite de série rectiligne excluant toute idée d'équivalence entre les espèces. La classification phytologique de Linnée nous en est un remarquable exemple. Fleurs à une étamine et à un pistil, à une étamine et à deux pistils, à une étamine et à trois pistils, etc., etc., puis fleurs à deux étamines et à un pistil, à deux étamines et à deux pistils, etc., etc., la progresion arithmétique en mode simple se continuait ainsi de la manière la plus régulière. Malheureusement d'embarrassantes exceptions se présentaient et obligeaient à tenir compte, non-seulement du nombre des organes sexuels, mais de leur position et de leur grandeur relative, ce qui dérangeait un peu l'économie du plan primitif ; malheureusement aussi, comme on ne s'était attaché qu'à des considérations tirées seulement d'une espèce d'organes en négligeant tous les autres, la nature venait donner, à chaque instant, un démenti à cette classification arbitraire où se trouvaient rangées sous la même étiquette des plantes ayant fort peu de ressemblance entre elles.

Ces motifs portèrent Jussieu à suivre une marche toute différente et à étudier chaque espèce végétale dans son ensemble, au lieu de ne s'attacher qu'à un seul de ses organes. Dès ses premiers pas, cet illustre botaniste fut frappé de l'équivalence des trois grandes séries : celles des *acotylédones,* celles des *monocotylédones* et celles des *dicotylédones*, qui servirent de base à ses divisions. Mais en réagissant comme il le faisait contre la systématisation simpliste de Linnée, il ne s'apercevait pas que, privé de tout autre moyen que celui offert par des considérations plus ou moins vagues de ressemblance pour établir une relation hiérarchique entre les diverses espèces, au lieu d'un tableau représentant d'une manière fidèle l'ordonnance du règne végétal, il ne pouvait obtenir qu'une stérile nomenclature de genres si peu liés entre eux qu'on ne saurait dire quels sont les plus parfaits et quels sont ceux qui le sont moins.

Il se vantait de rejeter toute idée de système pour s'en tenir à ce qu'il lui plaisait d'appeler la *méthode naturelle.* Avec un peu plus de philosophie, il aurait compris bientôt que, l'univers étant un immense système, un système seulement, mais fondé sur une méthode d'observation largement synthétique, pouvait en être l'expression sincère.

C'est ce que, de nos jours, a si brillamment démontré Geoffroy St.-Hilaire. Cet éminent penseur, au lieu de se borner, comme l'avaient fait la plupart de ses prédécesseurs, et Buffon entre tous, à décrire, en les prenant presque au hasard, les espèces animales, ou, comme l'avaient fait d'autres savants, à les faire entrer de gré ou de force dans les cadres réguliers d'une classification arbitraire, se plaçant du premier coup, mais sans exclusivisme, au point de vue de l'inéquivalence, se demanda, pour le considérer comme un type auquel toutes les autres espèces devaient se rapporter, quel était le plus parfait des animaux. Au nombre et à l'étendue de ses qualités, témoignage de l'importance de son concours dans l'œuvre universelle, il reconnut que c'était l'homme.

Cela posé, il put, avec raison, enseigner que les animaux

ne sont que des hommes imparfaits, que des êtres en voie de devenir hommes, mais arrêtés aux diverses étapes de la route, sans toutefois insister peut-être suffisamment sur ce point que pour tous cette route n'était pas la même. Ce qu'il appelait l'*unité de composition* n'était que la clef d'un vaste et magnifique système. L'établissement des séries devenait facile, car on connaissait ce qu'on nous permettra, en nous servant du langage mathématique, d'appeler la *raison* de leur progression.

L'homme résume en lui, mais transformés par l'adjonction de qualités qui lui sont propres et auxquelles nulle autre espèce ne participe, toutes les qualités des espèces inférieures. C'est là qu'est le véritable secret, non-seulement de sa supériorité, mais de toute supériorité. De la même manière, l'espèce placée immédiatement au-dessous de l'espèce humaine doit résumer les espèces situées plus bas dans la série et ainsi de suite sans fin et sans limite, parce que le nombre des individus compris dans chaque espèce étant nombrable et limité, de l'indéfinité du monde il résulte que le nombre des espèces doit être sans limite.

Cette sorte de synthétisation se produit-elle, même dans le règne animal, suivant une seule et unique série? L'observation prouve le contraire. Elle prouve que l'univers, dans sa coordination, ne doit pas être assimilé à une simple chaîne, à une étroite échelle, mais à une immense construction aux larges et puissantes assises dans laquelle la ligne horizontale ou d'équivalence joue un rôle égal à celui de la ligne verticale, symbole de supériorité et d'infériorité.

Au-dessous de l'homme, à chaque étage, se trouvent des espèces appartenant à des séries différentes qui, situées à la même distance de lui, sont, par conséquent, équivalentes. Les naturalistes, par exemple, seraient fort embarrassés, s'ils ne se laissaient pas guider par des préjugés d'école, de décider quel est le plus parfait du lion ou de l'éléphant. Et cela est tout simple : l'homme étant herbivore et carnivore à la fois, les herbivores et les carnivores sont comme les deux moitiés de l'organisation dont il est le type.

Est-ce à dire, pour cela, que les qualités humaines ne soient que le résultat de la combinaison de celles des deux séries, dont l'homme est le vivant résumé? Nous disons deux séries et ne parlons que des carnivores et des herbivores, parce que notre but n'est pas d'esquisser ici une nouvelle classification zoologique, mais seulement de réveiller des idées qui puissent mieux faire comprendre la portée des nôtres. Non, l'homme n'est pas seulement éléphant et lion, il est lui, il est l'homme. Il a des qualités propres, des qualités nouvelles que ni le lion ni l'éléphant ne possèdent, et c'est précisément pour cela, c'est précisément parce qu'il possède des qualités qu'ils n'ont pas, qu'il peut résumer en lui celles qu'ils ont.

Les carnivores et les herbivores forment-ils eux-mêmes deux séries simples? On ne peut l'admettre, car il n'y a pas de raisons plausibles de regarder les ruminants comme inférieurs ou supérieurs aux pachydermes, de regarder le tigre comme supérieur ou inférieur au loup ou au chien.

La série simple ou rectiligne ne se produit même pas toujours dans le sein de la même espèce. Le Lapon n'est pas inférieur au Nègre ni le Nègre au Peau-rouge. Seulement, il est permis de penser que la race japhétique, indépendamment des caractères qui lui sont propres, résume en elle les aptitudes des autres races.

Chaque espèce, tout en tenant compte de ses caractères propres et distinctifs, doit donc être considérée comme la synthèse de deux, de quatre, de dix, de cent espèces qui lui sont immédiatement inférieures et qui, équivalentes entre elles, sont elles-mêmes chacune la synthèse de deux, de quatre, de trente espèces différentes, etc., etc. Chaque espèce aussi doit être considérée comme équivalente à d'autres espèces collatérales convergeant toutes ensemble vers une espèce supérieure qui, possédant leurs qualités différentes, y ajoute des qualités nouvelles et qui, à son tour, se rapprochant de celles placées au même niveau, vient, avec elles, se résumer en une espèce plus élevée encore. Cette continuelle convergence des équivalents suppose-t-elle l'existence d'un foyer central, d'une espèce qui résume en elle les qualités de toutes les autres? C'est là une question dont on comprend toute l'importance, mais que nous ne pouvons pas traiter d'une manière incidente.

Au milieu de toutes ces complications, de toutes ces rencontres, que devient l'idée de série? Cette idée, ne l'oublions pas, est une idée abstraite. Elle ne peut donc, à elle seule, exprimer la réalité, mais il faut que, dans la réalité, sa trace se retrouve. Or, dans ce réseau à mailles si complexes, si on ne s'attache à suivre qu'un même courant quel qu'il soit, on le verra aller en grossissant sans cesse, on le verra recevoir les tributs que, sans cesse, lui apportent les courants voisins. Ajoutons que, dans ce *plexus* aux mille branches, quoiqu'il n'en soit pas le centre réel, tout point quelconque peut être pris pour centre, parce que, de tout point, par une sorte de rayonnement, on peut, de proche en proche, arriver à tous les autres.

Si nous avions à exprimer par des images qui ne peuvent cependant être qu'inexactes, parce qu'elles sont nécessairement impuissantes à représenter le côté indéfini des choses et parce que, bien qu'il s'agisse de vivants rapports, elles ne réveillent que l'idée abstraite d'arrangement dans l'espace ; si nous avions, disons-nous, pour mieux la faire comprendre, à exprimer par des images l'idée que nous nous faisons de l'organisation universelle, nous la comparerions à celle de notre système artériel ou de notre système nerveux avec leurs ramifications et leurs anastomoses sans nombre ; nous la comparerions à la structure des végétaux dont les ramilles les plus ténues se réunissent pour former des rameaux, et dont les rameaux, en se soudant entre eux, deviennent des branches qui elles-mêmes aboutissent à un tronc d'où jaillissent des racines divisées en faisceaux de plus en plus divergents; nous la comparerions enfin au mode d'arrangement des organes du corps terrestre, aux minéraux présentant un cristal central sur les arêtes duquel se groupent d'autres cristaux, points de départ eux-mêmes de nouvelles séries cristallines ; et, quoique très-imparfaites, toutes ces comparaisons seraient également bonnes, car toute organisation est une image, en même temps qu'un élément de l'organisation universelle.

L'idée de hiérarchie est surtout, nous le savons, d'origine panthéistique. En faisant, comme nous l'avons fait, consister le principal caractère de la supériorité dans une compréhensibilité, dans une généralité plus grande, nous aurions encouru le reproche d'accorder, dans notre synthèse, une trop grande part à l'une des trois grandes croyances dont nous nous sommes donné pour mission d'associer, sous la condition de l'impartialité la plus complète, les affirmations fondamentales, si, en disant que les espèces supérieures résument en elles les qualités des espèces qui, dans leur série particulière, leur sont inférieures, nous avions entendu parler d'autre chose que de qualités purement phénoménales et si nous n'avions fait d'expresses réserves pour les noumènes, pour les qualités constitutives de l'individualité en insistant même sur ce point que les différences absolues échappent à toute hiérarchisation et à tout classement.

Nous serions tombé encore dans les erreurs du panthéisme si, dans chaque espèce d'êtres, nous n'avions vu *rien autre chose* que le résumé des qualités phénoménales de certaines autres séries ; si, par exemple, en disant que l'homme, point d'intersection des séries herbivores et carnivores, possède, quoique à un moindre ou plus grand degré, les qualités de l'éléphant et du lion, nous n'avions pas ajouté qu'il les combine avec les qualités qui lui sont propres et qui, en s'ajoutant à elles, les modifient et, par là encore, le distinguent absolument des séries dont il est la vivante synthèse; car, dès lors, nous n'aurions vu dans les espèces inférieures privées ainsi de leurs caractères spécifiques qui consistent précisément dans la manière dont elles possèdent ces qualités que possède aussi l'homme mais d'une autre manière, nous n'aurions vu, disons-nous, dans ces espèces, que de pures émanations, que de simples démembrements du type humain. Sous l'un de ses aspects, l'homme n'aurait pu se distinguer de l'éléphant et, sous l'autre, du lion. Dans cette confusion, l'humanité aussi bien que l'animalité auraient fait naufrage.

Nous nous sommes bien gardés de représenter les individualités et même les espèces comme rentrant, d'une manière complète, les unes dans les autres. Elles y rentrent, sans doute, mais seulement sous un de leurs aspects. Tout se tient, tout se lie, tout s'emboîte, mais en tout néanmoins reste quelque chose d'indépendant, quelque chose d'irréductible et d'incommunicable qui ne se laisse ni résumer ni atteindre. Nous reconnaissons bien qu'il existe des supériorités et des infériorités, mais seulement relatives, et énergiquement nous protesterions contre toute doctrine qui aboutirait à ce résultat qu'un être, fût-il un dieu, puisse, *sous tous les rapports,* être supérieur à un autre être, fût-il un atome.

Rien de tout ce que nous venons d'exposer ne s'écarte beaucoup des affirmations actuelles de la science, mais ce qui sépare radicalement notre conception de l'univers de celle qu'adoptent la majorité des penseurs, c'est que l'organisation dont nous venons d'indiquer les principaux caractères est, à leurs yeux, celle d'un immense mécanisme construit de toutes pièces par un tout-puissant mécanicien ou résultant des combinaisons de la nécessité ou du hasard, tandis que, pour nous, cette organisation est celle d'une association, d'une société, d'une république dont chaque être est un citoyen.

Cette manière de voir est la conséquence forcée de notre croyance en la vie et en la solidarité universelle. Elle sera certainement partagée par quiconque aura accepté les principes généraux qui nous ont servi de points de départ.

Cette association, cette société n'est point parfaite, sans doute, mais elle est perfectible et éternellement se perfectionnera. En son sein éclatent des luttes, des déchirements, des tempêtes. C'est ainsi que se manifestent encore les oppositions, les contrastes qui sont aussi de son essence, car, cent fois nous le répèterons s'il le faut, l'association n'est pas seulement identité, elle est, en même temps, différence et même différence absolue ; elle n'est pas seulement lien, elle est aussi indépendance. Association suppose liberté. Plus tard, et c'est en cela surtout que consiste le progrès, ces antipathies, ces réactions, ces dissonnances, quoique devenus plus énergiques, en se manifestant sous des formes moins violentes, concourront mieux à l'harmonie.

C'est bien à tort, en vérité, que quelques-uns ont pu croire qu'un jour viendrait où s'effaceraient toutes les différences et où les caractères distinctifs des classes, des genres, des espèces se confondraient dans une même perfection, ou, comme on le disait dans un jargon mystique, se consommeraient dans l'unité. Non-seulement l'observation, par la persistance et l'irréductibilité des espèces, nous prouve qu'il n'en sera pas ainsi, mais le sentiment, seul principe et seul juge de l'idéal, répugne au plus haut point à cette manière de voir.

Ces différences, ces oppositions de natures, auxquelles on voudrait voir se substituer une stérile monotonie, sont la perfection même et la beauté de l'univers. Ce sont les étapes du progrès, et, sans elles, le progrès ne pourrait plus se concevoir. Que chaque être, sans quitter sa série, sans en perdre les qualités distinctives, acquierre, par une transformation profonde et en les modifiant, les qualités des séries collatérales à la sienne ; qu'il devienne successivement le point d'intersection de deux ou de plusieurs séries et le point de départ d'une série nouvelle, cela ne conduit pas à une morte identité, car, à mesure que des différences se confondent, éclatent de nouvelles et plus vives différences. Que des races, dont la fonction, devenue de moins en moins utile, avait fini par être nuisible, disparaissent comme ont disparu les mégathériums, et les mastodontes, qu'elles disparaissent mais que ce soit pour faire place à des races supérieures, voilà ce qu'exige l'inépuisable fécondité de la vie. Loin de consister dans l'effacement des différences, le progrès universel, au contraire, ne se réalise que par l'éclosion successive et sans fin de celles qui sommeillent encore dans les champs indéfinis du possible.

*Cosmogonies.* — Une erreur commune à toutes les religions et à presque toutes les philosophies a été de vouloir raconter le mode de formation et le commencement de l'univers, comme si l'univers pouvait avoir eu un commencement. L'univers étant l'association des êtres et les êtres ne pouvant se concevoir autrement qu'associés, pour remonter à l'origine de l'univers, il a fallu supposer une époque où l'association n'existait pas encore, soit parce qu'il n'existait pas d'êtres, soit parce qu'il n'en existait qu'un seul.

Il est impossible que cette recherche des origines, toute folle qu'elle puisse aujourd'hui nous paraître, n'ait pas quelque côté raisonnable, car, sans cela, il faudrait considérer tous les développements de l'esprit humain comme ayant eu lieu sous l'influence d'une coyance de tous points absurde.

Les êtres, en tant qu'êtres, n'ont pu commencer ; l'univers, qui est leur association, n'a pas eu de commencement. Mais il n'a pas, non plus, toujours été ce qu'il est. Quoique ce soit toujours, au fond, le même univers, il est permis de dire que, avant l'univers actuel, existait un autre univers, et, avant celui-ci, un autre, et cela indéfiniment. Or, de même qu'un impérieux instinct nous porte à étudier l'histoire des individus d'autrefois et des nations éteintes, notre curiosité nous pousse à rechercher ce qu'a pu être l'univers qui a précédé l'univers actuel.

Pour se satisfaire, cette très-légitime curiosité n'a d'abord pu avoir recours qu'aux fantaisies de l'imagination. Aujourd'hui, c'est à la science qu'elle doit demander une réponse. Déjà la géologie, en se basant sur d'irrécusables témoignages, nous montre que la terre que nous habitons fut précédée par une terre incandescente et gazeuse. Il est évident que, à cette époque, les planètes et le soleil ne pouvaient être ce qu'ils sont ; il est évident, que les modifications qu'éprouva le système solaire durent, de proche en proche, retentir jusque dans les plus extrêmes profondeurs de l'univers ; il est évident que lorsqu'il y avait une autre terre, il y avait aussi d'autres cieux ; il est évident, enfin, car sans cela, notre curiosité innée n'aurait pas d'objet, que, au moyen d'inductions fondées sur une plus exacte et plus étendue observation des faits et contrôlée, à la fois, par le sentiment et par la raison, la science pourra, un jour, avoir quelques données sur l'état antérieur de l'univers. Le pourra-t-elle sans affirmer Dieu ? l'affirmation de Dieu n'est-elle pas implicitement au fond de toutes les affirmations scientifiques ? C'est ce que nous aurons à examiner.

QUATRIÈME SECTION

# EXPRESSIONS ANTHROPOLOGIQUES

### L'HOMME. — SA DÉFINITION

L'homme fait-il partie de la série des animaux ou, comme on l'a proposé, y a-t-il lieu de créer en son honneur un règne nouveau, le règne *homminal*?

Tout dépend du sens qu'on attache au mot *règne*. De l'avis de tous les naturalistes, un règne est un ensemble d'individus plus ressemblants que dissemblables entre eux. Le lion se distingue des autres animaux par quelques qualités qu'aucun d'eux ne possède, mais les points de ressemblance qu'il a avec eux sont en si grand nombre que personne n'hésite à le regarder comme un animal. Les analogies qui existent entre le chêne et les animaux sont nombreuses : les animaux respirent ; il respire aussi ; les animaux se reproduisent, il se reproduit aussi ; les animaux ont un appareil circulatoire, il possède aussi des appareils de cette espèce. Néanmoins il diffère des animaux encore plus qu'il ne leur ressemble ; voilà pourquoi il est classé dans un règne différent.

La question se réduit donc à comparer entre elles les

ressemblances et les différences qui existent entre l'homme et les divers membres des séries animales. C'est ce que nous allons faire ; mais sans attendre le résultat de cet examen et pour n'avoir pas à revenir sur ce sujet, nous dirons tout de suite que, à notre avis, comme à celui de l'immense majorité des naturalistes et des philosophes, l'homme fait partie du règne animal.

Par où diffère-t-il des animaux ? Par son organisation ? mais son organisation est la leur. Par son intelligence ? mais il faut vouloir fermer les yeux à la lumière pour refuser l'intelligence aux animaux. Par ses sentiments de sociabilité ? mais beaucoup d'espèces animales vivent en société. Le sentiment religieux lui-même ne constitue pas une différence caractéristique, car nous verrons bientôt que ce sentiment prend sa source dans le sentiment de sociabilité dont il n'est que l'expression la plus complète.

On a quelquefois prétendu que les animaux étaient dépourvus des sentiments de moralité. Sans doute, de même que leur intelligence n'est pas notre intelligence, leur conscience n'est pas notre conscience. Mais faut-il en conclure qu'ils soient absolument étrangers au sentiment du devoir ? Que fait le corbeau qui reste en sentinelle quand les autres corbeaux, qui s'en remettent à sa vigilance, prennent tranquillement leur nourriture ? Que fait l'oie sauvage qui, en acceptant un surcroît de fatigue, vient relever, à la tête du triangle aérien, le guide épuisé par les efforts qu'il est contraint de faire pour fendre l'air et pour surmonter la résistance qu'il oppose à la colonie voyageuse ? Si les animaux sont étrangers au sentiment du droit, pourquoi le chien défend-il, par ses aboiements, la maison de son maître, qui est aussi la sienne, et reste-t-il muet s'il voit un étranger s'introduire dans une autre maison ?

Les animaux sont-ils incapables du sentiment esthétique ? Si cela était, dans quel but la nature se plairait-elle, pour les en dépouiller ensuite, à parer plusieurs d'entre eux des plus riches couleurs aux époques où, les deux sexes devant se rapprocher, il importe que l'attrait qu'ils ont l'un pour l'autre augmente ? Le paon, qui étale son brillant plumage, n'en est-il pas orgueilleux ; et quand on a entendu le rossignol moduler et varier à l'infini ses merveilleuses roulades, peut-on sérieusement soutenir qu'il est indifférent aux charmes de la musique ?

C'est seulement par sa *faculté créatrice* que l'homme diffère absolument des autres animaux. De tous les animaux l'homme est le seul qui sache faire un outil. Comme on l'a si souvent observé, il est le seul qui allume du feu et qui sache l'employer à son usage. Bien des animaux construisent des nids, creusent des terriers ou s'enveloppent d'une coquille, mais se nourrir, se loger, s'habiller ce n'est pas créer des instruments de travail, c'est satisfaire à des besoins.

Les animaux consomment les choses, mais ne savent pas en rendre la consommation reproductive. Ils travaillent, car la chasse et la pêche sont des travaux tout comme le jardinage et le labourage, mais ils ne peuvent se livrer qu'à des travaux qui n'exigent pas le secours d'instruments. Ils travaillent pour vivre, mais ils ne travaillent pas pour se donner de nouveaux moyens de travailler. Partout, au contraire, où on a trouvé des hommes, même à l'état le plus arriéré, on leur a vu des arcs, des flèches, des massues, des pirogues et des outils destinés à construire ces grossiers engins. L'homme ne peut exister sans se donner des instruments, c'est-à-dire sans augmenter continuellement, en quelque sorte, le nombre de ses organes. C'est là ce qui fait sa supériorité sur les animaux que, malgré sa faiblesse, il a pu combattre et qu'il a pu transformer eux-mêmes en instruments de ses volontés.

*L'homme est un animal créateur.* Pour bien comprendre cette définition étrange en apparence, il ne faut par donner au mot *création* un sens purement industriel.

Le langage est un de nos plus précieux instruments. Les animaux peuvent communiquer entre eux au moyen de signes qu'ils improvisent quand le besoin s'en fait sentir ; mais ces signes, ils en possèdent l'usage comme ils possèdent l'usage de leurs membres, sans pouvoir les façonner, les modifier ni en augmenter le nombre. L'homme possède un langage fixe et déterminé, s'enrichissant sans cesse d'expressions nouvelles et qui lui vient de ce qu'il a la puissance d'abstraire et de généraliser, c'est-à-dire de retravailler les connaisances qu'il a acquises. Comme nous, les animaux semblent posséder des connaissances qu'ils peuvent comparer, combiner dans des limites d'ailleurs fort étroites, mais ce qui leur est impossible, c'est de remanier, de façonner, pour ainsi dire, ces connaissances pour les ramener à des formes générales qui puissent leur servir à communiquer entre eux et qui deviennent pour eux comme autant d'instruments d'acquisition de nouvelles connaissances.

La réserve avec laquelle nous sommes tenus de nous expliquer sur le nombre, la nature et le jeu des facultés intellectuelles et morales des animaux, tient précisément à l'imperfection du langage purement animal. Il n'y a point de peuplade humaine qui ne puisse entrer en communication par le langage avec les nations civilisées, langage de gestes d'abord ; puis langage réduit à un petit nombre de mots, mais suffisant pour l'échange de quelques idées. Rien de pareil entre les hommes et les animaux. Les dompteurs, les charmeurs, les bergers, c'est-à-dire les hommes qui font compendre le plus facilement et avec le plus d'autorité leurs volontés aux animaux et qui en comprennent aussi le mieux les goûts, les passions et les besoins, n'usent point avec eux du langage, ou du moins le seul langage auquel ils aient recours est un langage, s'il est permis de lui donner ce nom, composé d'un très-petit nombre de gestes, d'inflexions de la voix et d'expressions variées du regard.

La question de l'origine des langues n'en est pas une. L'homme crée naturellement des signes comme il crée naturellement des outils, car, à proprement parler, les signes sont les outils de son intelligence. Pour cela, il n'a besoin ni de révélateurs, ni de professeurs. Il n'est pas besoin non plus de conventions pour rendre ces signes intelligibles. Les hommes se ressemblent tous ; toutes leurs œuvres se ressemblent. Le signe trouvé par l'un ayant la plus grande analogie avec le signe trouvé par l'autre, ils durent tout d'abord se comprendre, imparfaitement au début, plus complètement à mesure que les besoins de communication se firent sentir davantage. Pendant la guerre de Crimée, nos zouaves, les Anglais et les Turcs eurent bientôt créé une langue qui leur était commune. Pour cela, aucun miracle ne fut nécessaire. Il n'y a d'ailleurs qu'à voir avec quelle facilité la mère et l'enfant qui vient de naître se comprennent, pour être convaincu que le célèbre argument de M. de Bonald sur la nécessité d'une révélation primitive du langage manque absolument de base. Inutile de faire descendre un *Deus ex machinâ* pour expliquer un fait qui est une conséquence naturelle de notre faculté créatrice.

Nos sentiments affectifs eux-mêmes, en se généralisant, deviennent la source de sentiments nouveaux, auxquels les races animales ne s'élèvent point. L'animal aime sa compagne et aime ses petits ; n'étant pas étranger à la reconnaissance, il aime celui qui lui donne la nourriture, celui qui partage ses jeux ou ses travaux ; mais son amour ne va pas au-delà. Nous, au contraire, au moyen de ces sentiments primitifs, nous avons créé des sentiments nouveaux. Nous ne sommes pas reconnaissants seulement pour celui-ci ou pour celui-là ; nous avons le sentiment général de la reconnaissance. Notre affection ne se circonscrit pas dans le cercle étroit de nos relations journalières ; elle va bien au-delà : connus ou inconnus, nous aimons nos semblables ; bien plus encore, nous aimons la nature entière.

C'est à notre faculté créatrice qu'est due surtout l'expansion de ces sentiments de sociabilité qui nous sont communs avec les animaux, mais que nous seuls, en façonnant, pour ainsi dire, avec l'amour de la famille l'amour de la tribu, avec l'amour de la tribu l'amour de la patrie, avec l'amour de la patrie l'amour de l'humanité, l'amour de tout ce qui est, l'amour de tous ceux qui sont, avons pu élever jusqu'à leur plus haute puissance, jusqu'à la puissance religieuse. Qu'est l'art lui-même, si ce n'est la production d'instruments de moralisation? Que fait l'artiste, si ce n'est de se servir des sentiments qui l'animent pour nous inspirer des sentiments qui, jusque-là, nous étaient inconnus?

Comme nous, les animaux pris individuellement progressent, mais les races animales, sans notre secours, sont incapables de progrès. Sauf peut-être quelques modifications, dues aux influences du climat, les éléphants actuels de l'Asie centrale sont en tout semblables à ceux que Xercès et que Darius montraient aux Grecs épouvantés. L'espèce humaine seule progresse, et elle le doit à la faculté créatrice dont est doué chacun de ses membres. Les instruments matériels, intellectuels et moraux que nous avons créés passent aux générations qui nous suivent, et c'est ainsi que va toujours en s'augmentant le capital de l'humanité.

A l'exception de ce pouvoir créateur, nous confessons ne rien voir dans l'homme qui ne lui soit commun avec les animaux. Mais ce pouvoir, qui lui est propre, établit-il, entre lui et les animaux, une démarcation assez profonde pour motiver la création d'un quatrième règne? Oui, s'il en résulte une différence assez grande pour l'emporter sur tous les points de ressemblance que nous avons signalés. L'homme, les animaux et les arbres, appartenant dès lors à des règnes différents, il nous sera permis de dire qu'il y a aussi loin d'un Hottentot à un chimpanzé, que d'un aigle à un chêne.

Les esprits avancés qui opinent pour la création d'un règne homminal ne se doutent pas qu'en ne tenant aucun compte de la similitude, si évidente, des formes extérieures, ils ne font qu'obéir aux traditions du plus aveugle spiritualisme. Ce serait, nous en convenons, tomber dans l'erreur contraire, que de supposer que, parce que son organisation diffère fort peu de celle des autres animaux, l'homme n'est que le terme le plus élevé de la série animale. Il est quelque chose de plus ; il est le point d'intersection où les différentes séries animales se rencontrent. Il fait plus que de continuer ces séries ; il les résume, en ajoutant à leurs qualités des qualités qui lui sont propres, et qui, en se combinant avec elles, les transforment, et leur imposent un caractère plus élevé.

Pour ceux qui ne croient pas, et nous sommes de ce nombre, que les séries ascendantes, entre lesquelles se distribuent les êtres, se trouvent tout à coup interrompues à la hauteur du genre humain, l'homme est le trait-d'union entre l'animalité et les espèces supérieures que nous ne connaissons pas, mais dont l'existence ne peut faire l'objet d'un doute. L'homme, pour nous servir d'une locution en quelque sorte proverbiale, est à moitié animal et à moitié ange. C'est un être de transition, et, comme nous ne savons rien de la série supérieure dont il est le point de départ, il est logique de le classer dans la série bien connue dont il est le couronnement.

Il n'est pas de notre sujet de passer en revue les nombreuses qualités qui nous sont communes avec les races animales. Dix volumes n'y suffiraient pas. Nous nous bornerons à quelques vues d'ensemble, nous nous contenterons d'indiquer, en précisant la signification des mots qui s'y rapportent, les principaux sujets d'étude que présente l'homme, successivement considéré comme être *organisé*, comme être *vivant*, comme être *progressif*. Avant d'entrer en matière, néanmoins, nous ne croyons pas inutile de déblayer notre route en faisant, une fois encore, justice d'une vieille erreur fort discréditée, mais qui, cependant, conserve encore, aux yeux de plusieurs, la force d'un axiome scientifique.

*L'âme et le corps*. — L'homme est, répète-t-on, par habitude, dans les écoles, une intelligence servie par des organes; l'homme est un composé d'âme et de corps, tandis que les animaux n'ont pas d'âme.

Qu'est-ce que l'âme? C'est, répond-on, une substance immatérielle. Qu'est-ce que le corps? Une substance matérielle. Ceci nous éclaire fort peu, et l'idée de deux espèces de substances ne fait que rendre ces réponses plus obscures. Allons plus loin : qu'est-ce que la matière? C'est ce qui est étendu. Et l'immatériel ou l'esprit? Ce qui est inétendu, ce qui est complètement étranger à l'étendue.

Ces derniers mots exigent quelques explications.

En disant qu'il est étranger à l'étendue, entend-on que l'esprit soit étranger à l'espace? en d'autres mots, qu'il ne soit nulle part? Cela n'aurait aucun sens. Ce n'est pas d'ailleurs ce qu'on veut dire, car, à chaque instant, on répète que l'âme habite le corps, et que, plus tard, elle habitera le ciel ou l'enfer. En disant qu'elle n'a pas d'étendue, on veut dire seulement qu'elle n'a ni longueur, ni largeur, ni épaisseur, et, par conséquent, qu'elle est un véritable point géométrique.

Les spiritualistes croient tout sauver en ajoutant que c'est une *force;* mais qu'est-ce qu'une force? C'est ce qui est actif. Qui dit force, dit activité; mais l'activité est une *qualité,* et n'est pas un *être.* Il ne s'agit pas d'ailleurs de chercher quelles sont les qualités de l'âme, mais de savoir ce qu'elle est, relativement à l'espace. Qu'on s'y prenne comme on voudra, dès lors qu'elle est inétendue, elle est un point, un centre géométrique, et pas autre chose. A ce titre, nous l'acceptons; mais la question est de savoir si un point géométrique est un être, une entité, ou si c'est tout simplement une *abstraction*.

Descartes, le véritable inventeur de l'âme, car, avant lui, on supposait à l'âme des organes déliés, subtils, diaphanes, que ce père du spiritualisme moderne veut bien reconnaître à ce qu'il appelle des *esprits animaux,* mais qu'il refuse absolument à l'âme ; Descartes, pour démontrer l'existence distincte, ou, pour nous servir de son expression, la réalité substantielle de l'âme et du corps, n'avait qu'un argument, qu'il reproduisait de cent manières différentes : tout ce que je conçois clairement est vrai ; or, je conçois clairement que l'intelligence et l'étendue n'ont absolument aucuns rapports entre elles ; donc, ces propriétés ne peuvent appartenir à la même substance ; donc, elles supposent l'existence de deux sortes de substances, de natures entièrement différentes.

C'est dans la seconde de ces prémisses, qu'il faut chercher le vice radical de la doctrine cartésienne, et du dualisme en général.

Il n'est pas vrai que deux qualités contradictoires ne puissent appartenir à un même être. Le principe de contradiction sur lequel est échafaudée toute la vieille dialectique, n'est vrai qu'à la condition d'être interprété. Certainement, on ne peut dire de la même chose, considérée sous le même aspect, qu'elle est cela, et, en même temps, qu'elle n'est pas cela ; mais elle peut fort bien être cela, sous un de ses aspects, et être le contraire de cela sous un autre. Quand j'ai dit d'un oiseau que sa tête est blanche, je ne puis dire qu'elle est noire ; mais rien n'empêche que ses ailes ne soient noires, pendant que sa tête est blanche. Je puis dire du cercle, quand je le considère dans la rigueur absolue de ses propriétés, que c'est une pure et invisible création de l'esprit, et, en même temps, en me plaçant à un autre point de vue, dire que je vois ce cercle tracé sur un tableau. Quand je parle, je suis actif ; quand j'entends, je suis passif. Il est donc vrai que je suis deux choses contradictoires ; et, en cela, il n'y a rien qui blesse la raison, parce que la contradiction ne porte pas sur le même aspect, mais sur deux aspects différents de mon être.

L'expérience de chaque instant nous prouve que nous sommes à la fois, et qui plus est, au même moment, actifs et passifs, que nous entendons en parlant et que nous parlons en entendant, ne fût-ce que nos propres paroles. Invinciblement nous sentons que chacun de nous est le même qu'il était hier, et cependant qu'il a changé. L'antinomie qui, partout, en nous et hors de nous, se montre avec tant d'évidence, réduit donc à néant cette proposition fondamentale du dualisme que des qualités contradictoires ne peuvent appartenir au même être.

En posant ce principe et en en déduisant l'existence de deux séries d'êtres, ayant pour caractère exclusif l'une la pluralité, l'autre l'indivisibilité, Descartes ne s'est pas aperçu que les difficultés que présente la coaffirmation de deux qualités contraires dans le même être n'étaient rien en comparaison de celles qui s'opposent à la coexistence de deux êtres de natures contradictoires.

Ces êtres, en effet, n'ayant, par hypothèse, rien de commun entre eux, ne peuvent avoir cela de commun d'exister. Ils se nient mutuellement; l'existence de l'un rend impossible l'existence de l'autre. C'est ce qu'ont très-bien compris les penseurs que n'a pas aveuglés l'argumentation cartésienne. Au nom de la logique et du sens commun, ils s'accordaient tous à rejeter le dualisme; les uns, les idéalistes, les seuls spiritualistes qui soient conséquents, affirmèrent l'esprit et nièrent la matière; les autres, les matérialistes, ne consentirent à affirmer que la matière et nièrent l'esprit, de sorte que l'exclusivisme fut le résultat de cette maladroite tentative de conciliation.

Parmi les disciples de Descartes, Spinoza seul sut éviter ces excès, mais ce fut en faisant de l'intelligence et de l'étendue des attributs de Dieu et par conséquent en reconnaissant, contre l'opinion de son maître, que l'existence pouvait fort bien se manifester par des attributs de signes contraires.

L'antinomie, il est vrai, si elle n'était pas conciliée par le rapport, ferait de l'existence une contradiction, c'est-à-dire un néant, mais toujours le rapport vient relier entre eux les termes contradictoires. C'est là ce que le dualisme ne veut pas comprendre, et c'est ce qui a fait tomber cette école dans cette aberration d'écrire cent volumes sur les rapports du *physique* et du *moral,* après avoir posé en principe qu'entre le moral et le physique, qu'entre l'esprit et la matière, il n'existait aucun rapport. C'est cette absence présumée de rapports qui a dicté à Leibnitz sa célèbre hypothèse de l'*harmonie préétablie,* laquelle cependant suppose ce rapport entre le corps et l'âme, non-seulement que tous deux ont cela de commun qu'ils existent, mais, de plus, que tous deux obéissent également au souverain législateur qui a voulu que, sans exercer d'action l'un sur l'autre, ils marchassent d'accord comme deux pendules bien réglées. Tant il est vrai que, une fois engagés dans cette impasse, les plus beaux génies ne peuvent échapper au cercle vicieux dont ils ont eux-mêmes fermé toutes les issues!

En soutenant que le dualisme, que le spiritualisme et que le matérialisme ont pris des qualités, des abstractions pour des êtres ; que l'âme n'existe pas plus sans organes que le corps n'existe sans âme ; que l'âme n'est rien que l'ensemble de nos qualités intellectuelles avec lesquelles, par un inexplicable défaut d'analyse, on a confondu nos qualités morales ; que le corps n'est rien que l'ensemble de nos qualités sensibles, nous savons bien que nous soulèverons les clameurs des vieilles écoles, mais nous en avons pris notre parti et vraiment à cela nous n'avons pas grand mérite.

Les libres penseurs, les seuls auxquels nous nous adressons, feront assez bon marché de l'âme ; mais, parmi eux, plusieurs se trouveront qui auront quelque peine à ne pas regarder les corps comme des êtres et à n'y voir que de purs phénomènes : les uns parce qu'ils n'auront pas oublié la très-vieille hypothèse des atômes, à ceux-là nous avons répondu d'avance ; les autres parce que, exagérant leur foi dans le témoignage des sens, ils prétendent qu'on ne peut s'empêcher de croire à la réalité de ce qu'on voit et de ce qu'on touche. Nous ne prétendons pas du tout que ce qu'ils voient et que ce qu'ils touchent n'existe pas. Nous reconnaissons que cela existe, mais d'une existence purement abstraite et phénoménale; nous confessons que cela est réel, mais en faisant cette réserve, que ce n'est qu'un aspect de la réalité. Vous ne connaissez les corps que par la sensation. Si les corps sont des êtres, la sensation seule suffit pour vous faire acquérir la connaissance et, dans ce cas, à quoi bon la raison, à quoi bon le sentiment?

Aux vifs applaudissements de Voltaire, Locke, par une habile stratégie de polémique, objectait aux Cartésiens qu'il n'était pas absolument impossible à Dieu d'accorder, par un miracle, de l'intelligence à la matière. Contre Locke nous soutenons que la matière, que l'étendue ne peut pas plus être intelligente que l'intelligence ne peut être ronde ou carrée. Autre chose est l'*action*, autre chose le *temps*, autre chose l'*espace*. Ce qui appartient à l'un de ces modes nécessaires de l'existence ne convient pas aux autres. Laissons donc à l'*action* l'intelligence, qui est une de ses formes, et à l'*espace* l'étendue, la longueur, la largeur, etc., etc., qui sont les siennes. Ne disons pas que l'intelligence est une qualité de l'étendue ou, comme le veulent les idéalistes, que la matière est une création de l'esprit; ce serait tout brouiller et tout confondre.

En raison des souvenirs qu'ils réveillent, les mots *esprit* et *matière*, *âme* et *corps* devraient être bannis du langage philosophique. Si néanmoins nous en conservons l'usage, que ce ne soit jamais sans nous rappeler qu'ils correspondent non à des entités, mais à des manières d'être.

DES QUALITÉS COMMUNES A L'HOMME ET AUX ANIMAUX

1° *L'organisation.*

Il n'est pas de notre sujet de définir les mots du langage anatomique ni de montrer comment, dans les séries animales, l'organisation va en se perfectionnant sans cesse jusqu'à l'homme qui, par son organisme plus parfait, est le type dont les animaux ne représentent que d'incomplètes ébauches. Cette étude serait, sans doute, du plus haut intérêt; mais, quoique aucune science ne soit étrangère à la philosophie, la philosophie étant la science générale, doit, pour conserver le caractère qui lui est propre, s'abstenir d'empiéter sur le domaine des sciences particulières.

Ici, nous nous bornerons à rappeler un fait bien connu des savants, mais dont on semble ne pas avoir compris toute la portée. Si, au lieu de ne s'attacher qu'aux détails, on considère l'organisation animale dans son ensemble, on ne tarde pas à lui reconnaître trois formes principales : la forme *vasculaire*, la forme *nerveuse* et la forme *cellulaire*. Si on en étudie les progrès, on s'aperçoit bientôt que chacun d'eux correspond à un degré de plus en plus intime d'association et d'harmonie entre ces trois formes élémentaires. N'y aurait-il pas dans ce fait une saisissante confirmation de l'ensemble de nos doctrines?

C'est là un de ces faits que nous ne pouvons qu'indiquer en passant. Ce qui doit nous préoccuper c'est d'écarter les derniers nuages qui peuvent encore s'attacher au sens qu'il convient d'attribuer aux mots *organisme* et *organes*, mots dont nous avons d'ailleurs donné déjà la définition en traitant des expressions cosmologiques.

Dans la seconde section de ce travail, nous plaçant au point de vue des idées les plus générales, nous avons appelé *organisation*, l'antinomie conciliée du *lieu* et de l'*étendue*, la trilogie *unité, forme* et *composition*. Nous devons, à présent, concentrer plus spécialement notre attention sur les caractères et les modes particuliers de l'organisation.

Ici, un nouvel élément vient compliquer la question, c'est celui de fonction et de but. Tant que la fonction qu'exécute une partie du corps nous est inconnue, nous refusons de donner à cette partie le nom d'*organe*. Ainsi communément on ne désigne point par ce mot les cheveux, parce qu'on n'a que des idées vagues sur le rôle actif qui leur est confié. Ainsi, comme nous ignorons quelles fonctions remplissent dans le corps terrestre les roches de différentes espèces, nous avons peine à considérer les roches comme des organes, tandis que nous ne faisons aucune difficulté de donner ce nom aux pièces qui concourent à l'effet utile d'une machine, c'est-à-dire qui, dans cette machine, remplissent des fonctions déterminées. De même, dans un autre ordre d'idées, les tribunaux, les écoles, les institutions de crédit, en raison des services qu'ils rendent, reçoivent le nom d'organes du corps social, nom qui serait certainement refusé à une corporation d'oisifs ou à une association de malfaiteurs.

Les organes sont donc les *moyens* par lesquels s'accomplissent les fonctions. L'organisme est une association de moyens correspondant chacun à une fonction particulière et concourant tous à une fonction commune qui est la vie.

On ne donne toutefois, quand on veut mettre de la précision dans le langage, le nom d'*organe* qu'aux moyens d'action que nous tenons de la nature. On désigne par celui d'*instrument* ceux que nous nous donnons à nous mêmes. J'écris au moyen de ma main et au moyen de ma plume : ma main est un organe ; ma plume, un instrument. Les instruments, les outils, sont donc des organes artificiels, et nous avons vu que ce qui distingue l'homme des animaux c'est surtout le pouvoir que seul il possède de se donner de semblables organes et d'en augmenter indéfiniment le nombre.

Quant au mot *fonction,* sa définition vient naurellement à la pensée. La vie est l'action en général avec son activité, sa passivité et sa solidarité. Chacune des formes variées de l'action est une fonction. L'usage cependant exige que ce nom soit réservé aux modes d'action que nous considérons comme coordonnés en vue du progrès ou tout au moins de la conservation de l'être particulier, réel ou imaginaire, dont nous nous occupons. Ainsi l'action nerveuse, en tant qu'elle engendre la douleur, n'est pas réputée être une fonction, et, dans l'organisme social, on ne regarde pas non plus comme une fonction l'action du contrebandier ou du faussaire.

Le lien étroit qui existe entre les fonctions et les organes a fait, à tort, supposer entre ces deux termes la relation de la cause à l'effet. C'est ainsi qu'une école de médecins explique toute lésion organique par un désordre fonctionnel, tandis qu'une autre rapporte toute perturbation dans les fonctions à une altération des organes. La première a une tendance à généraliser les maladies, la seconde à les localiser. Des deux parts, l'erreur est la même : la fonction et l'organe sont deux faces du même fait et, s'il est permis de dire, comme, pour être mieux compris, nous l'avons fait nous-mêmes, que les fonctions s'exécutent au moyen des organes, il l'est aussi d'ajouter que les organes se développent au moyen des fonctions. Supprimez l'œil, vous supprimez la vision ; supprimez la vision, faites régner de perpétuelles ténèbres, et l'œil, devenu inutile, s'atrophiera comme celui de ces poissons qui vivent dans les lacs souterrains de la Carniole. Pas de fonctions sans organes, mais aussi pas d'organes sans fonctions.

Ce que nous venons de dire des médecins s'est reproduit dans les rangs de la philosophie. A cette affirmation sanctionnée par la routine : l'homme voit parce qu'il a des yeux, la fonction est la conséquence de l'organe, Lamarck en a opposé une autre : l'homme a des yeux parce qu'il a voulu voir ; l'organe est une conséquence, sinon de la fonction, au moins du besoin de la fonction. Si voler devenait pour nous, demain, une nécessité, demain, il nous pousserait des ailes.

Ni l'une ni l'autre de ces manières de voir n'est fondée. Les fonctions et les organes, la vie et l'organisation sont, comme le progrès, d'essentielles manifestations de l'existence, manifestations qui ne sont pas causes les unes des autres, parce qu'elles sont également essentielles, et qui ne peuvent se modifier les unes sans les autres, parce qu'au fond elles sont une seule et même chose, à savoir un être, une existence se manifestant. Ma pensée n'est pas plus l'œuvre de mon cerveau que mon cerveau n'est l'œuvre de ma pensée ; mais mon cerveau ne peut éprouver de lésions sans que ma pensée ne soit troublée, et ma pensée ne peut entrer dans une voie d'aberrations sans que mes organes cérébraux n'en pâtissent. Il n'y a pas action et réaction de l'organe sur la fonction et de la fonction sur l'organe ; il y a une perturbation de mon être qui se manifeste par ce double désordre.

Il faut se décider à abandonner, même sous cette dernière forme, la vieille doctrine des rapports du physique et du moral et ne plus parler des fonctions et des organes comme de choses séparées et d'entités réelles capables d'action, de réaction et d'une foule d'opérations merveilleuses. Ce n'est point mon bras qui reçoit un coup de sabre ; c'est moi qui reçois cette blessure, car mon bras c'est moi. Quoi d'étonnant que tout ce qui est moi, que tout ce qui est de moi s'en ressente ?

### 2° *La vie*

La *vie,* nous l'avons assez souvent répété, c'est l'*action* prise dans son acception la plus générale. L'action, chez les animaux et, à plus forte raison, chez l'homme, se distingue en cela qu'elle est spontanée ou volontaire.

Au lieu de chercher à définir la spontanéité, la volonté, nous allons l'étudier sous ses divers aspects.

La *volonté* suppose trois choses différentes : un *sujet,* un *objet,* un *moyen* à déterminer entre le sujet et l'objet. En d'autres termes : un *but* à atteindre, un nombre quelconque de *moyens* possibles, une *faculté* de choisir, c'est-à-dire de déterminer un de ces moyens.

Le *but* que nous poursuivons et que, le sachant ou ne le

sachant pas, tous les êtres poursuivent, c'est le *progrès*, c'est le *bonheur*. Qu'on remarque bien que nous disons d'une manière générale *le progrès* et non pas *notre progrès*, le *progrès de quelques autres* ou le *progrès universel*, car cela nous entraînerait dans le domaine de la morale, où, pour le moment, nous ne voulons pas pénétrer. Ce but est *fatal*. Il est la condition nécessaire de toute existence, car la tendance au progrès, tout aussi bien que l'organisation et que la vie, est ce sans quoi rien ne serait. Mais ce but, le même pour tous quand on le considère abstraction faite du *temps*, varie pour chacun suivant le degré de perfection qu'il a atteint, en d'autres mots suivant sa *nature*. Le progrès que poursuit le lion n'est pas le même que celui que poursuit la baleine, et le progrès du palmier n'est pas le même que le progrès de l'homme.

C'est notre nature qui détermine nos tendances. Or, notre nature, c'est-à-dire notre tempérament, nos aptitudes, l'état de développement actuel de nos facultés, est la conséquence nécessaire, fatale, inévitable de notre passé, le résultat que rien ne peut empêcher d'être des faits antérieurs, résultat que nous pourrons modifier dans l'avenir, mais qui, au moment actuel, est ce qu'il est et ne peut être autre que ce qu'il est. Comme j'ai été, concurremment avec tous les autres êtres sans exception, cause de ces faits antérieurs dont ma nature est la résultante, la fatalité de ma nature n'entraîne à mon égard ni passivité ni activité, car, à rigoureusement parler, on ne peut pas plus dire que je sois l'auteur des conditions actuelles de mon existence que dire qu'elles me soient imposées. Cette fatalité communique à l'action volontaire et à la volonté elle-même un caractère de nécessité dont il ne convient ni de méconnaître ni d'exagérer l'importance. C'est cet élément nécessaire que toute volonté suppose qui nous permet de conjecturer ce que, dans des circonstances données, voudra un être dont la nature spéciale nous est connue.

Dans l'acte de volonté, notre activité consiste, non pas à

créer le but qui, nous venons de le dire, nous est fatalement donné, mais à choisir entre les moyens par lesquels il est possible de l'atteindre. Mais qui dit *activité* dit *liberté*. Qu'est, en effet, la liberté ? nous parlons ici de la liberté morale qu'il ne faut pas confondre avec la liberté politique dont nous aurons à parler ailleurs. Qu'est la liberté, si ce n'est l'activité indépendante ? et que serait l'activité si elle n'était indépendante ou *absolue* ? Si, à un certain point de vue, nous n'étions pas cause première, cause absolue ou indépendante de nos actes, de quoi serions-nous la cause ? et, si nous n'étions la cause de rien, comment serions-nous actifs ? Sous un certain aspect, tout être étant actif, tout être, même le moins intelligent, est libre. Ce qu'il fait, il pourrait ne pas le faire ; ce qu'il fait ne dépend absolument de rien que de son bon plaisir qui jouit lui-même d'une complète indépendance. Dans l'acte de volonté, je ne puis me dépouiller de mon moi, du côté absolu de mon être. Mon moi y intervient et nécessairement impose à cet acte son propre caractère d'indépendance et de liberté.

Ce qui rend le libre choix, le *libre arbitre* très-difficile à démontrer c'est qu'il n'est qu'un des aspects de l'acte de volonté et que, pendant la démonstration, l'auditeur se préoccupe toujours plus ou moins des autres. Mettons en pleine lumière le côté par lequel la volonté n'est pas libre, et peut-être ce qu'il y a en elle de liberté acquerra-t-il plus d'évidence

La volonté ne suppose pas seulement un but et la faculté de choisir ; elle suppose encore des actes possibles entre lesquels puisse s'exercer notre choix. La question de savoir s'il est, en effet, des actes possibles ou si tout est nécessaire et prédéterminé viendra à son tour ; supposons-la, pour le moment, résolue dans le sens de l'affirmation du contingent et du possible.

Le nombre des actes possibles est certainement indéfini, mais celui des actes qui me sont actuellement possibles et entre lesquels j'ai à faire un choix est évidemment limité.

Ma puissance est précisément mesurée par le nombre de choses que je puis déterminer, c'est-à-dire faire passer de l'état de possibilité à l'état d'actualité. Plus ce nombre est grand, plus ma puissance est grande, plus ma faculté de choisir est étendue. Cette puissance, cette faculté sont donc des faits de l'ordre relatif.

Nul ne pouvant vouloir ce qu'il sait lui être impossible, notre puissance étant un des éléments de notre volonté, comme notre puissance, condition de notre faculté de choisir, est bornée et limitée, elle doit nécessairement apporter dans nos volitions quelque chose de ses bornes, de ses limites, quelque chose de dépendant, de passif et de contraint. Qu'on ajoute ou qu'on retranche quelque chose à ce qui nous est possible, il est clair que, notre choix pouvant s'exercer dans un cercle plus ou moins étendu, s'en trouvera modifié. Il serait absurde de prétendre que ce que je veux, aujourd'hui, étant pauvre, je le voudrai demain étant devenu riche. Notre volonté, sous un certain aspect, dépend donc des circonstances. Elle dépend ; donc elle n'est pas libre.

Il était naturel que l'école du dépendant, du relatif s'attachât surtout à cet aspect de la volonté et finît même par confondre la liberté et la puissance. L'analyse que nous venons de faire de la volonté suffira, nous l'espérons, pour prémunir le lecteur contre cette vicieuse définition de la liberté, que, sans en apercevoir les fâcheuses conséquences, ont, de nos jours, adoptée même quelques écrivains appartenant à une autre école.

Nulle part peut-être l'antinomie, qui se retrouve au fond de toutes choses, ne se manifeste plus nettement que dans l'acte de volonté. En tant qu'elle procède du moi, du côté absolu ou indépendant de mon être, la volonté, l'action de choisir est indépendante et libre. Elle ne dépend de rien et ne relève que d'elle-même. En tant qu'elle est circonscrite par les bornes de ma puissance, par le nombre plus ou moins grand des possibles entre lesquels mon choix peut s'exercer, elle est dépendante et contrainte. De plus, mon choix ne pouvant s'exercer qu'en vue d'un certain but et ce but étant une conséquence fatale de ma nature, mon choix a donc quelque chose de nécessaire. Sous un certain aspect, il ne peut être autre que ce qu'il est.

Il ne faut pas confondre la contrainte avec la nécessité. Il est impossible que je veuille autre chose que ce qui me paraît être le bonheur, mais il est très-possible que le tyran, qui me donne à choisir entre le parjure ou la mort, s'adoucisse et ajoute l'exil au nombre des choses entre lesquelles il m'est permis de faire un choix. Une *conséquence* découle fatalement et nécessairement d'un principe, car elle n'est que ce principe lui-même développé. Un *effet* n'est pas un résultat nécessaire de la cause qui le produit, car cette cause est susceptible de produire des effets tout différents.

Nous ne nous dissimulons pas que cette démonstration du triple caractère de la volonté manque des développements nécessaires, et que, déduite seulement de vérités antérieurement démontrées, elle a toute la sécheresse d'un théorème géométrique. Nous allons essayer de la placer sous un nouveau jour et de la rendre plus intelligible par des exemples.

Mon but c'est le progrès, c'est le bonheur, car ces deux choses n'en font qu'une. Parmi tous les moyens d'atteindre ce but, par suite d'une délibération antérieure, j'ai choisi l'argent. Je veux donc posséder de l'argent. Tel est mon but actuel. Ne nous occupons pas de ce qui a précédé. Mon but est d'avoir de l'argent. Pour cela, trois moyens se présentent : je puis jouer, je puis voler, je puis travailler. Entre ces moyens, avant de choisir, j'hésite, je délibère. Ma décision serait plus indépendante si je pouvais choisir entre plus de moyens, mais je n'en connais pas d'autres. Ceux-là seulement me sont actuellement possibles. Ma délibération a pour objet de les comparer avec le but que je poursuis, de savoir quel est celui d'entre eux qui me le fera le plus sûrement, le plus facilement, le plus promptement atteindre.

Ici, l'intervention de mon intelligence est nécessaire. Sans délibération et par conséquent sans intelligence, pas de volonté. Plus grande sera ma puissance intellectuelle, moins passive sera ma volonté. Voilà pourquoi la science, les lumières, ces puissants auxiliaires de l'activité et de la liberté, sont abhorrées par les tyrans.

Après une délibération plus ou moins hâtée, plus ou moins réfléchie, j'arrive à savoir de tous les partis à prendre quel est celui qui se rapporte le mieux au but que je veux atteindre. Mon choix est éclairé, mais est-il fixé ? Pas encore : il peut se faire que ce parti si sage, je ne l'adopte pas. *Meliora video proboque, deteriora sequor*. Il faut encore que je consulte mes goûts, mes penchants, en un mot, mon bon plaisir, mon moi actif qui, enfin, décide souverainement. Si le but avait été autre, si la délibération avait eu un résultat autre, la décision aurait pu être différente, mais son autonomie n'est liée absolument ni par ce but ni par cette délibération. Nous ne pouvons nous décider sans motifs, mais ce ne sont pas toujours les motifs qui dictent notre décision. Nous en tenons compte, mais sans nous y soumettre. Combien de fois arrive-t-il que nous prenions des décisions inexplicables pour tout le monde et pour nous-mêmes?

Tout arbitraire que soit cette décision, elle n'est pas toutefois sans être influencée par la nature du but à atteindre, par la connaissance des circonstances qui déterminent le nombre plus ou moins grand des choses entre lesquelles nous pouvons choisir efficacement et par le degré de connaissance que nous pouvons avoir de ces choses et de leur rapport avec ce but. Tout arbitraire qu'elle soit, elle ne se produit qu'en vue d'un but déterminé et qu'entre des choses dont le nombre est limité. Notre souveraineté est absolue, mais dans un cercle borné et dans une direction tracée d'avance. Si, dans un sens, ses arrêts ne dépendent que d'elle, dans l'autre ils dépendent de ce cercle et de cette direction.

Je suis libre, absolument libre de choisir entre cette pomme et cette poire; je choisis la pomme. Mais, s'il n'y avait pas eu de pommes à ma disposition, mon choix aurait été autre. Il ne dépend donc pas uniquement de moi, mais aussi de mon jardinier qui, en m'apportant ces fruits, a exercé une pression sur ma volonté. Il aurait été autre encore si je n'avais pas eu faim ou si j'avais eu une antipathie naturelle et invincible pour les pommes, car je me serais abstenu ou j'aurais pris une poire. Il se rapporte donc aussi à l'état dans lequel je me trouve, état qui est ce qu'il est, et qui ne pourrait être autre qu'à l'impossible condition que le passé dont il est la conséquence nécessaire n'ait jamais existé.

Trois éléments, trois facteurs concourent donc à la formation de la volonté. Le rôle qu'ils y jouent est souvent très-inégal. Tantôt les uns, tantôt les autres prédominent et quelquefois au point de paraître être seuls à intervenir.

Le feu prend à la maison que j'habite. Ici, tout étant instantané, il semble qu'il n'y ait pas eu délibération et que le but seul, mon salut, ait provoqué mes actes. J'aurais pu, cependant, rester au milieu du feu et y périr. Si je ne l'ai pas fait, c'est que, après une délibération si rapide que je n'en ai pas même le souvenir, cela ne m'a pas plu.

Deux issues me restent : la porte, que les flammes commencent à atteindre, et la fenêtre, élevée de dix mètres au-dessus du sol. Au risque de me tuer, je saute par la fenêtre. C'est contraint et forcé que je semble avoir agi. Ma décision, sans que le libre arbitre ait pu y prendre part, semble avoir été dictée par ce motif que le danger était moins grand par la fenêtre que par la porte.

Enfin, sans cause ni motif apparents pour les tiers, pris par un dégoût subit de la vie, je reste immobile et je péris au milieu des flammes. On dit, alors, qu'il y a eu de ma part folie et caprice, c'est-à-dire décision arbitraire, sans motif et sans but.

La première de ces actions est dite instinctive, la seconde forcée, la troisième insensée ; aucune n'est appelée volontaire : pourquoi cela ? parce que la volonté suppose l'association de trois éléments qui, ici, quoique dans la réalité ils ne peuvent jamais être séparés, paraissent avoir agi isolément. C'est à tort, cependant, qu'on appelle ces actions involontaires, car une action, quelle qu'elle soit, par cela seul qu'elle serait involontaire, ne pourrait être considérée comme nôtre.

Pour nous résumer en quelques mots : nous marchons vers un but prédéterminé par notre nature ; nous n'avons devant nous que des routes que d'autres ont tracées, mais, entre celles de ces routes qui nous sont ouvertes, nous pouvons librement choisir celle que nous aurons à suivre.

Dans l'application, que conclure de ce qui précède ? Ce qu'il faut en conclure, c'est que toutes nos lois pénales sont à reprendre en sous-œuvre. Toutes elles supposent que tout dans la volonté est libre ; toutes elles nous attribuent la responsabilité exclusive de nos résolutions comme si nous en étions la cause unique, et, ne jugeant dès lors que d'après les actes, en se contentant de savoir s'ils sont volontaires ou non, et sans tenir compte de la part plus ou moins grande que des influences étrangères ont eu dans ces déterminations, consacrent la plus flagrante des injustices.

Que deux hommes aient commis le même crime : l'un poussé par d'impérieux besoins, l'autre excité seulement par des sentiments mauvais, la peine édictée sera exactement la même. L'un était sans éducation, ou n'en avait reçu qu'une détestable, il était à peine capable de juger des rapports entre le but qu'il se proposait et le peu de moyens de le réaliser dont il avait la disposition ; l'autre était éclairé et avait mille autres moyens de bonheur que celui qu'il a adopté. N'importe : le résultat est le même, la peine sera semblable. Quant au but, il n'en est que bien rarement question. Le fils de Manlius désobéit à son père pour sauver l'armée ; un soldat, un jour de bataille, désobéit à son capitaine pour aller à la maraude : tous deux ils seront mis à mort.

Aucune de nos déterminations, cependant, bonnes ou mauvaises, ne nous est *exclusivement* imputable. Elles dépendent de nous d'abord ; elles dépendent aussi des circonstances, c'est-à-dire de notre éducation, de nos relations, des conseils qui nous sont donnés, des exemples qui sont sous nos yeux, de la considération que nous avons acquise, en un mot, de l'action qu'exerce sur nous la société dont nous sommes membres; elle dépend enfin de notre tempérament, de notre santé, de nos inclinations, de nos aptitudes. Or, ces choses, si nous avons nous-mêmes, pour une part, contribué à faire qu'elles soient ce qu'elles sont, tout ce qui est extérieur à nous, les événements antérieurs à notre naissance, le climat sous lequel nous vivons, en un mot, l'enchaînement universel des faits en sont la principale cause. L'imputabilité doit donc être triple. La responsabilité de nos actes doit donc retomber à la fois sur nous, sur la société tout entière et enfin sur la fatalité.

Le théâtre antique, qui montrait toujours ses personnages victimes des arrêts du destin, a certainement exagéré le dernier de ces trois points de vue et cette locution populaire : c'est un scélérat, c'est un *malheureux,* en rappelle de loin les traditions. Certainement le meurtrier qui dirait à ses juges : est-ce ma faute si je suis né avec un tempérament sanguin et porté à la violence ? et qui voudrait en conclure sa non-culpabilité, plaiderait fort mal sa cause, car il nierait la puissance de son libre arbitre ; mais c'est certainement là une circonstanc atténuante dont on ne tient pas de compte et qu'il serait en droit de faire valoir.

La peine de mort et la peine de l'enfer, ces deux peines

absolues, justes, à la rigueur, si nous étions la cause exclusive de nos actions, cesseront de déshonorer les codes et les croyances quand on en sera venu à comprendre que mille causes différentes ont concouru à nos déterminations.

La signification donnée jusqu'ici au mot *libre arbitre* doit, on le voit, être modifiée. Jusqu'ici on considérait l'homme non-seulement comme cause première mais comme cause unique de ses volitions ; c'est dans cette causalité exclusive que consistait le libre arbitre. Désormais le libre arbitre consistera bien encore dans cette causalité, mais qui ne sera plus regardée ni comme unique ni comme exclusive, parce qu'on comprendra que, relié à tous les autres êtres, l'homme ne peut rien faire, rien vouloir, sans que la nature entière ne concoure à ses résolutions et à ses actes, et parce qu'on comprendra aussi que ces résolutions et ces actes, se produisant à un moment donné, ne peuvent échapper totalement à l'influence d'un passé auquel on ne peut rien changer et dont chaque moment successif est, sous un certain point de vue, une nécessaire et inévitable conséquence.

On a refusé le libre arbitre aux animaux. C'est logique dès qu'on leur refuse l'intelligence, car le libre arbitre, c'est, sous un rapport, le libre choix, et, pour choisir entre plusieurs choses, il faut avant tout les distinguer et les connaître. Nous qui attribuons, quoique à un degré inférieur, de l'intelligence aux animaux, nous ne pouvons refuser de croire qu'il n'y ait quelque chose de libre, quelque chose qui vienne d'eux dans leurs déterminations. En cela, nous sommes d'accord avec la commune pratique, car, si nous corrigeons l'animal qui nous a désobéi, c'est que nous lui reconnaissons le pouvoir d'agir d'une manière plutôt que d'une autre. Nous ne frappons point notre montre si elle avance ou si elle retarde, mais nous frappons notre chien s'il nous importune, parce que nous n'accordons pas de liberté à notre montre et que nous en attribuons à notre chien. En le frappant, en lui inspirant de la crainte ou bien en le récompensant, en lui inspirant l'espoir de nouvelles récompenses, nous cherchons à créer des motifs qui puissent peser d'un grand poids sur ses déterminations. Preuve évidente que, sans nous en rendre bien compte, nous croyons à son libre arbitre.

Et, à présent, si nous voulons nous placer à un point de vue plus général, et embrassant les faits de tous les ordres, voici comment nous raisonnerons :

Je suis, je m'affirme ; j'ai la conscience nette, claire, positive, invincible que je suis un *être;*

Donc, je suis cause, cause première, indépendante, absolue, active, créatrice.

Je ne suis point le seul être qui soit, car, si cela était, je ne pourrais me distinguer ni, par conséquent, me connaître et m'affirmer.

Ma raison m'apprenant d'une manière inéluctable que la causalité est une des conditions de l'existence, ces autres êtres, que je suis contraint d'affirmer pour pouvoir m'affirmer moi-même, je suis contraint aussi de les affirmer comme causes.

Mais ce n'est pas tout encore : ces autres êtres que j'affirme, je suis conduit à les affirmer comme étroitement liés à moi, car, s'ils en étaient distincts sous tous les rapports, comment pourrais-je les connaître? Leur causalité m'apparaît donc comme indissolublement associée à la mienne. De plus, cette association des causes, je ne l'affirme pas seulement dans le présent, mais aussi dans le passé. Or, dans les profondeurs du passé, toutes les distinctions s'effacent, les *effets* deviennent des *faits* et chaque fait est un principe d'où découlent d'inévitables conséquences.

Donc, dans le présent, ce qui se produit n'est pas seulement un effet de la cause que je suis et un effet des causes sans nombre qui m'entourent et à l'égard desquelles je suis passif, mais est aussi une conséquence forcée, nécessaire, fatale de ce qui s'est produit avant le moment actuel.

Tout acte, volontaire ou non, qu'il soit principalement

attribué à un être intelligent ou à un être privé d'intelligence, est donc, ainsi qu'on l'a déjà dit, la résultante de trois facteurs. Pour quelle part chacun d'eux a-t-il contribué à sa production ? Chercher à cette question une solution rigoureuse et mathématique serait absurde, car elle renferme une donnée indéfinie qui se refuse au calcul.

En effet, indépendamment d'un *principe* (*principium,* source, origine) dont les conséquences nécessaires peuvent, à la rigueur, être prévues, nous nous trouvons en présence de deux ordres de *causes:* de mon libre arbitre, dont je connais les résolutions, et de l'activité causatrice du nombre indéfini d'êtres qui m'entourent, activité à l'égard de laquelle je suis passif et dont il m'est absolument impossible de mesurer l'influence, précisément en raison du caractère indéterminé qui lui est propre.

Si l'appréciation rigoureuse de la part de responsabilité qui m'incombe n'est pas possible, il n'en est pas de même d'une appréciation approximative. Cette approximation est affaire de sentiment et non de calcul, et c'est pour cela qu'on doit regarder comme un immense progrès, dans la législation pénale, la substitution du jury qui décide d'après ses sentiments ou, comme on le dit, d'après sa conscience aux anciennes pratiques judiciaires qui, par le moyen de certaines formalités et de certaines combinaisons de témoignages, avaient la prétention d'arriver à une appréciation exacte du degré de culpabilité, appréciation qui, ne satisfaisant jamais le magistrat, le portait, comme criterium infaillible, à exiger, même par la torture, l'aveu de l'accusé. Et, en effet, dès qu'on se refuse à voir dans le sentiment un moyen d'arriver à la connaissance de la vérité, quand les preuves matérielles font défaut, la torture est une dernière ressource qu'on arrive bientôt à ne pas négliger.

*Nécessité, possibilité, contingence.* — Dans ce qui précède, nous avons supposé que les faits qui se produisent, au moins sous un de leurs aspects, pouvaient ne pas se produire. Le moment est venu de savoir si cette supposition est fondée et, pour cela, d'exposer et de discuter les doctrines du fatalisme. Avant toutes choses, cependant, nous allons définir les mots sur lesquels roule cette controverse.

D'abord de quoi s'agit-il ? il s'agit des faits, c'est-à-dire des actions : tous les faits qui ont été, sont ou seront, tous ceux même que nous pouvons imaginer sont *possibles*, c'est-à-dire n'ont rien de contraire aux conditions mêmes de l'existence. La notion du possible appartient à l'ordre indéterminé. Elle n'a pas d'antinomique ; l'impossible n'est pas, ne peut se concevoir ; c'est le néant.

Mais il ne suffit pas, pour qu'une action se produise, qu'elle soit possible. Il faut que cette possibilité, indéterminée encore, se détermine. Or, cette détermination peut être *contingente* ou être *nécessaire*.

Le *contingent* est un possible qui peut arriver ou ne pas arriver à la détermination ; c'est ce qui ne se produit pas par soi-même, ce qui a besoin d'une cause pour être. Le contingent est un effet dépendant d'une cause et sa notion, par conséquent, est une notion de l'ordre relatif.

Le *nécessaire* est ce qui ne peut pas ne pas être, c'est un possible qui ne peut pas ne pas se déterminer. C'est ce qui n'a pas besoin de cause pour être. Il n'y a de nécessaire que des conséquences, or, nous le répétons, une conséquence ne dépend pas de son principe ; elle est ce principe lui-même développé. Le nécessaire est parce qu'il est ; il ne dépend de rien ; sa notion est donc une notion de l'ordre absolu.

Le possible est le lien de l'antinomie du contingent et du nécessaire, car, par cela même que le contingent et le nécessaire se produisent, ils ont cela de commun, ils on ce rapport entre eux d'être possibles.

Ces définitions n'ont rien qui ne puisse être accepté par les anciennes écoles. Ce qui nous sépare d'elles c'est que nous affirmons que, dans tout possible se réalisant, il y a un aspect contingent et un aspect nécessaire ; que dans tout ce qui advient il y a quelque chose qui ne pouvait pas ne pas advenir et, en même temps, quelque chose qui pouvait ne pas advenir ou advenir tout autrement, tandis que, parmi les partisans des vieux systèmes, les uns croient qu'il n'y a de possible que des faits *exclusivement* contingents, et les autres que, sans exception, tous les faits sont *exclusivement* nécessaires.

Les premiers forment ce que nous appellerons l'école historique voltairienne dont la devise est que les plus petites causes peuvent produire les plus grands effets ; que la Révolution française, par exemple, a été produite par l'imprudence qu'eut Necker de faire connaître au public l'embarras momentané qui existait dans les finances. Ils supposent qu'il n'existe aucun rapport, aucune proportion entre l'effet, et la cause ; en cela, ils ont tort ; et qu'une même cause peut produire une foule d'effets différents ; en cela, ils ont raison ; mais leur erreur principale consiste en ce qu'ils ne comprennent pas qu'un effet n'a jamais une seule cause mais dépend de causes innombrables et surtout en ce qu'ils s'arrêtent à ce qu'ils prennent pour la cause actuelle et immédiate sans se préoccuper des causes antérieures et anciennes. Cette manière de voir, au surplus, est assez discréditée, aujourd'hui, pour que nous ne croyions pas utile de perdre du temps à la combattre.

Il n'en est pas de même de l'hypothèse opposée, car le fatalisme compte encore bon nombre d'adhérents. Tout, disent-ils, est prédéterminé d'une manière invariable, mais par qui? Est-ce par un souverain, le *fatum* qui a tout réglé, tout fixé d'avance et qui veille à ce que rien ne se produise que ce qu'il a décidé et comme il l'a décidé? Ceci était l'hypothèse du fatalisme dans son enfance. Aujourd'hui, elle est abandonnée. Les choses, assure-t-on, ne peuvent être autres qu'elles ne sont, parce qu'il est dans leur nature qu'elles soient ce qu'elles sont. Il est dans la nature de l'homme de grandir, de vieillir, de mourir, et il ne peut pas plus se faire qu'il en soit autrement qu'il ne peut se faire qu'un triangle ait plus de trois côtés.

A cela, nous répondrons d'abord que, dans tout être, à la vérité, il est des aspects nécessaires mais que, s'il n'avait *exclusivement* que des aspects nécessaires, il ne pourrait se manifester que d'une manière nécessaire aussi, exclusive hypothèse que contredit la plus simple observation des faits, et, pour nous en tenir à une abstraction, que s'il est nécessaire à un triangle d'avoir trois côtés, il ne lui est pas nécessaire que ces côtés soient égaux, que les angles qu'ils forment soient aigus ou obtus, qu'enfin toutes les variations qu'il peut subir, à cet égard, ne l'empêcheront pas d'être un triangle. Or, si tout, dans la nature des êtres, n'est pas nécessaire, il est évident que tout ne sera pas nécessaire dans leurs manifestations.

Mais enfin, répète-t-on avec Leibnitz, le passé est gros de l'avenir, l'avenir n'est qu'une conséquence nécessaire du passé. Oui, le passé est gros de l'avenir, mais non pas de l'avenir tout entier. Dans l'avenir, il y aura quelque chose du passé, mais il y aura quelque autre chose encore. Si tout, dans le monde, était conséquence, il n'existerait pas de cause, car le propre de la cause est de produire ce qui n'existait pas, ce qui n'existait en aucune manière, tandis que la conséquence existait cachée dans le sein d'un principe dont elle n'a fait que se dégager. Si rien n'est cause dans le monde, rien n'est actif; car l'activité qui ne serait cause de rien ne serait pas l'activité. D'où nous viendraient donc les notions d'activité ou de cause? Comment pourrait-il se faire que nous ayons l'idée, et l'idée très-nette, de manières d'être impossibles, ce qui serait exactement la même chose que si nous avions une idée très-nette du néant?

Les partisans du déterminisme appuient leur thèse sur l'ordre et l'enchaînement qui règnent dans l'univers. Nos sciences, nos industries, disent-ils, ont pour point de départ l'hypothèse d'un ordre, d'un enchaînement qui permettent le calcul et la prévision. Le savant, l'industriel verraient, tous les jours, leurs prévisions démenties et leurs opérations sans résultats, si les raisonnements qu'ils construisent, en prenant l'ordre permanent de l'univers pour indiscutable prémisse, n'étaient pas perpétuellement confirmés par l'expérience. Or, comment y aurait-il de l'ordre dans le monde, comment cette prévision des phénomènes futurs, fondée sur l'observation des phénomènes passés, serait-elle possible, si les premiers n'étaient pas contenus dans les seconds, et n'en étaient pas de simples développements?

A cela, notre réponse est toujours la même. Il y a un lien entre les faits passés et les faits futurs. Les faits futurs sont, sous un de leurs aspects, donnés par les faits antérieurs; ils ne peuvent ni les contredire, ni les détruire; ils s'agencent avec eux, ils leur font suite, ils les prolongent. C'est le côté de l'ordre, le côté absolu, qui permet, à celui qui sait le passé, de *conjecturer,* et par conséquent de prédire l'avenir dans de certaines limites. Mais cet aspect d'enchaînement n'est qu'un aspect; cette permanence de ce qui fut n'empêche pas qu'il ne se produise du nouveau, c'est-à-dire quelque chose qui n'est pas contenu dans ce qui a été, quelque chose qu'il est impossible de prévoir et de déterminer d'avance. Parallèlement au fait de développement, s'accomplissent des faits de création. L'enchaînement des phénomènes n'enlève rien aux causes de leur vertu novatrice. Il y a plus : chaque être étant progressif, et l'ensemble des êtres, l'univers l'étant pareillement, plus le passé s'accumule, plus la puissance novatrice est grande. Loin de s'affaiblir par la durée, la force d'innovation, qui est l'un des aspects essentiels des êtres, s'accroît plutôt par l'exercice.

Ce qu'on appelle *nécessité, fatalité,* n'est autre chose que le passé se prolongeant dans le présent. La fatalité c'est à la fois la souillure originelle et le trésor héréditaire; c'est la conséquence de tous les faits qui se sont produits avant le moment actuel.

Il est impossible que le passé ne porte pas ses conséquences, mais ces conséquences, qui fatalement s'imposent à nous, sans pouvoir les détruire, nous pouvons toujours les modifier. Avec raison, on a dit que la fatalité est la matière sur laquelle la liberté s'exerce. Je suis né avec un tempérament sanguin, bouillant, irascible. Je ne me donnerai pas, quoi que je fasse, un tempérament lymphatique, mais j'apaiserai ma fougue, mais je calmerai ce qu'a d'exubérant mon ardeur.

Nous ne rejetons pas le fatalisme; seulement nous lui faisons sa part. Nous avons cité la Révolution française : il est évident qu'une multitude de causes ont contribué à la faire éclater plutôt à une époque qu'à une autre, plutôt sous une forme que sous une autre. Mais ces causes n'ont pas suffi. Le trésor, dans beaucoup de circonstances, avait été plus obéré ; la classe la plus nombreuse avait éprouvé de bien plus grandes souffrances. Ces causes auraient pu être toutes différentes. Elles auraient pu consister en une guerre malheureuse, en l'apparition, sur le trône, d'un prince aux appétits despotiques ou sanguinaires, en la révolte de quelques grands seigneurs, etc. Dans ce cas, cette révolution aurait été ou avancée, ou retardée ; elle se serait produite autrement que par la convocation des États-généraux, la Constituante, la Convention, etc., etc.; mais plus tôt ou plus tard, sous une forme ou sous une autre, elle ne se serait pas moins produite, parce qu'elle était une conséquence nécessaire des progrès antérieurement accomplis par l'esprit français. L'histoire ne sera philosophiquement écrite, que lorsque chaque événement sera, à la fois, considéré comme une cause dont il faut décrire les effets, comme un effet contingent et variable, dont on recherchera les causes, et enfin, comme une conséquence nécessaire dont on aura à signaler le principe.

Comme toujours, on nous objectera que, si les faits qui se produisent sont contingents, ils ne peuvent être nécessaires ; que, s'ils sont nécessaires, ils ne peuvent être contingents, et qu'il est contradictoire qu'ils puissent être, comme nous le soutenons, ces deux choses à la fois. C'est l'éternel sophisme des antinomies. Nous n'en recommencerons pas une réfutation inutile. Une simple observation nous suffira. N'est-il pas vrai que tout ce qui est sur la terre s'avance fatalement, nécessairement d'occident en orient? N'est-il pas vrai aussi qu'il vous est loisible de marcher dans la direction de l'occident? Vous marchez donc, à la fois, dans deux directions complètement opposées : fatalement dans un sens et librement dans l'autre. Est-ce que les tours de Notre-Dame ne sont pas immobiles pour qui les regarde de Montmartre, et en mouvement pour le même observateur, si, changeant de point de vue, il se transportait dans la lune?

*Facultés humaines*. — Le côté fini et relatif de notre volonté, avons-nous dit, c'est le cercle, plus ou moins étendu, dans lequel s'exerce notre choix. Nous ne pouvons choisir que parmi les choses qui nous sont possibles, donc notre puissance est, sous ce rapport, la mesure de notre liberté d'option. Or, notre puissance, comme celle des animaux, est triple : elle est physique, intellectuelle et morale. Comme l'exercice de notre puissance est soumis à l'empire de notre volonté, comme il est facultatif, on a donné à ses trois formes le nom de *facultés*.

Dans ces derniers temps, quelques philosophes ont cru, ou paru croire, que ces facultés, à elles seules, résumaient l'homme tout entier et ont, en conséquence, dit de lui qu'il était *intelligence, sentiments affectifs et force physique*, ou, suivant la formule consacrée, *amour, intelligence* et *orce*. Il est évident que cette manière de voir, qui ne s'attache qu'à l'*action*, sans tenir compte du *temps* et de l'*espace*, qui ne se préoccupe que de la *vie*, sans tenir compte de l'*organisation* et du *progrès*, est trop incomplète pour avoir un caractère vraiment scientifique.

Sans doute, nous sommes nos facultés comme nous sommes nos organes, comme nous sommes tous nos attributs; mais, considérées isolément, nos facultés ne sont que les modes suivant lesquels notre *volonté* s'accomplit; elle ne sont que les *formes de l'action humaine.*

Notre but n'est pas ici de traiter en détail de nos diverses facultés. Ce serait pénétrer dans le domaine des sciences particulières. Nous demanderons néanmoins la permission d'énoncer quelques idées générales sur nos *facultés affectives*, d'abord parce que ce sujet a été traité moins souvent, en second lieu, parce qu'il nous fournit un nouveau moyen de vérifier la solidité des principes qui nous servent de boussole.

Le *sentiment*[1] ne se définit pas plus que la *connaissance*. C'est encore le produit *sui generis* d'une communion de l'homme avec les autres êtres. Dire que c'est une émotion serait ne rien dire, car l'émotion ne pourrait pas plus être expliquée à qui ne l'aurait jamais ressentie que le sentiment lui-même, et, pour qui l'a ressentie, toute explication serait inutile.

Les moralistes du XVIII<sup>e</sup> siècle ont prétendu que tous nos sentiments se résumaient en un seul, l'égoïsme ou l'amour de soi. Cette manière de voir trop exclusive ne peut être, aujourd'hui, sérieusement défendue.

Nous ne pouvons nous *sentir* distincts de ce qui nous entoure sans que de cette distinction naisse une antinomie. INTELLECTUELLEMENT l'antinomie se traduit par l'*affirmation* et par la *négation*, MORALEMENT par la *sympathie* et par l'*antipathie*.

De même que l'affirmation peut indifféremment porter sur l'un des deux termes antinomiques, ce qui a pour conséquence de faire tomber la négation sur l'autre, ma sympathie peut indifféremment se concentrer dans ma personne ou s'épancher sur les êtres distincts de moi. Si c'est dans ma personne, je me sens disposé à lui sacrifier tous

---

[1] Nous rappelons ici au lecteur ce qui a été dit en traitant des expressions psychologiques sur le double sens du mot *sentiment*. Ce mot est pris, ici, dans le sens de *faculté affective*.

les autres êtres, *égoïsme* ; si c'est dans les êtres dont je me distingue, je me sens disposé à me sacrifier à eux, *abnégation*.

Le sacrifice ou l'antipathie sont aussi inséparables de la sympathie ou de l'amour que la négation est inséparable de l'affirmation. C'est un axiome en morale qu'il n'y a point d'amour sans sacrifice. Qui aimerai-je ? qui sacrifierai-je ? L'abnégation et l'égoïsme sont une double réponse à ces questions.

Avec leurs nuances sans nombre, l'abnégation et l'égoïsme ne sont pas cependant les seuls sentiments dont l'homme soit capable. De même que nous nous distinguons des autres êtres, nous avons aussi une tendance à nous confondre avec eux, à nous identifier à eux. De là un sentiment nouveau, le *sentiment contemplatif* ou *esthétique*.

Quand nous contemplons la nature, ce qui prédomine en nous ce n'est pas l'abnégation, car nous ne songeons pas à nous sacrifier à elle ; ce n'est pas non plus l'égoïsme, car nous ne pouvons certainement songer à la sacrifier à nous. Il n'y a là ni affirmation ni négation ; il y a ravissement. Nous nous sentons ravis à nous-mêmes. Nous ne sommes plus nous, nous sommes tout ce qui est. L'admiration, l'adoration et toutes les formes diverses du sentiment esthétique dont le caractère est d'être, à la fois, enthousiaste et désintéressé sont restés sans explication dans les systèmes exclusifs, parce qu'aucun de ces systèmes ne permettait de comprendre que l'identité, que l'universalité était aussi une des essentielles conditions de l'existence. Tout ce qu'on a écrit sur la mission de l'art, sur les caractères du beau et du sublime est à refaire d'un nouveau point de vue.

Par la même raison que nous avons traité d'*idoles* ou d'erreurs, lorsqu'on leur attribuait une valeur de prédominance absolue, les trois notions résultant de la distinction et de la confusion, nous qualifions de *vices*, quand ils tendent à prédominer avec exagération, les trois sentiments qui leur correspondent. La vertu consiste dans l'*association* des sentiments, comme la vérité dans l'association des notions. Cette association, nous aurons à en étudier les conditions quand nous en serons à discuter la valeur des expressions du langage philosophique qui se rapportent à la Morale.

*Personnalité,* connaissance que possèdent les êtres intelligents de leur propre existence.

Nous n'avons de personnalité que parce que nous nous distinguons de tout ce qui n'est pas nous, mais cette distinction suppose que nous connaissions les choses qui ne sont pas nous, ce qui n'est possible qu'à la condition que ces choses aient de certains rapports avec nous et, par conséquent, soient nous à certains égards.

C'est là un point qu'il ne faut jamais perdre de vue. Dès qu'un rapport existe entre deux choses, et il en existe toujours, on peut, si on le veut, ne les considérer que sous ce rapport. Alors, elles se confondent et ne paraissent plus former qu'une même chose, qu'une identité, dans le sein de laquelle chacune de ces deux choses est l'autre. Or cette manière de les considérer se confondant est tout aussi légitime que la manière de les considérer se distinguant soit d'une manière absolue, soit d'une manière relative et, par conséquent, pourvu qu'on n'oublie pas que ce n'est là qu'un des aspects de son existence, de tout être on peut dire qu'il est tous les êtres avec lesquels il est en rapport. Et, comme nous ne pouvons nous *sentir* en rapport avec un seul sans le sentir en rapport avec d'autres, en rapport également entre eux et cela sans fin ni mesure, comme le sentiment des rapports n'est autre que le sentiment de l'indéfini, il en résulte que nous ne pouvons nous affirmer, nous distinguer, c'est-à-dire connaître d'autres êtres que nous sans nous sentir médiatement ou immédiatement en rapport avec tous les êtres, sans en excepter un seul, sans nous sentir identifiés à eux et, par conséquent, vivre de leur vie et exister de leur existence.

Sans le sentiment de notre universalité, notre personnalité serait impossible, et cependant c'est devenu comme une sorte d'adage en philosophie que l'universalité est la négation même de la personnalité. Pourquoi cela ? parce qu'on s'est persuadé qu'un être universel ne pouvait être qu'*exclusivement* universel, qu'universel sous tous les aspects de son être et que, en lui, rien ne pouvait se rencontrer qui ne fût universel. Si un pareil être était possible, nous en convenons sans peine, il manquerait de personnalité, car, étant tout sous tous les aspects de tout, il ne pourrait se distinguer de rien.

Mais cela seul nous suffirait, au besoin, pour démontrer qu'un être exclusivement universel n'est pas possible. Nous ne pouvons supposer, en effet, que la personnalité soit une illusion, un rêve, un néant. Nous sommes contraints de la regarder comme une qualité très-réelle et très-importante. Or un être exclusivement universel devrait avoir toutes les qualités sans en excepter une seule. Il ne saurait avoir celle-là ; donc il ne serait pas exclusivement universel ; donc, considéré comme exclusivement universel, il n'existe pas.

Il n'existe pas, il ne peut exister d'être exclusivement universel, universel sans exception, sous tous les aspects de son être ; mais peut-il exister des êtres, pour ainsi dire, partiellement universels et ne possédant qu'une *universalité restreinte* ?

Les deux mots dont nous venons, à dessein, de nous servir semblent mutuellement s'exclure. Tout dépend du sens qu'on attache à celui d'*universalité*.

Un être ne possède-t-il l'universalité qu'à la condition d'être tous les êtres sous tous leurs aspects sans exception ? Dans ce cas, il est vrai, l'universalité ne peut être restreinte sans être anéantie. Mais cette définition de l'universalité serait vicieuse. Nous l'avons montré en faisant voir qu'un être exclusivement universel était impossible. Reprenons cette démonstration sous une autre forme.

L'être, qui serait tous les êtres sous tous leurs aspects,

posséderait toutes les qualités qu'ils possèdent et *comme ils les possèdent*. Mais, parmi ces qualités, il en est qui, par essence, sont plus ou moins distinctes les unes des autres, les *phénomènes*; d'autres qui sont absolument distinctes, les *noumènes*. Les premières, il les posséderait à tous les degrés ; mais, étant en lui à tous les degrés, elles ne se distingueraient plus par leurs degrés, elles n'auraient plus de degré, elles manqueraient de quelque chose qui leur est essentiel. L'être qui aurait toutes les formes n'aurait pas de forme; l'être qui aurait toutes les couleurs n'aurait pas de couleur. Voilà donc toute une série de qualités interdite à l'être exclusivement universel. Quant aux *noumènes,* c'est bien pis encore. Les noumènes sont des qualités exclusivement propres à l'être qui les possède et qui font qu'il est lui et non un autre que lui. Si mon *moi* m'était commun avec un autre que moi, il ne serait plus mon moi, il ne serait plus ce qui me distingue absolument de tout autre être. Il est donc impossible qu'il puisse exister un être assez universel pour posséder ces qualités noumènales, propriétés incommunicables des autres êtres.

Il est d'ailleurs évident qu'il ne pourrait être tous les êtres sous tous leurs aspects qu'à la condition que tous les êtres, sous tous leurs aspects, soient identifiés en lui. Ainsi identifiés, ils ne pourraient plus, en aucune manière, ni par aucun moyen, se distinguer les uns des autres, de sorte que, il n'y a pas de milieu, ou il faut nier les distinctions, ou il faut nier l'universalité universelle. Sur ce point, le panthéisme n'a pas hésité. Ses docteurs ayant compris que c'était là une nécessité de leurs croyances, très-hautement et très-explicitement nièrent toute distinction, toute détermination et intrépidement traitèrent les phénomènes, et, à plus forte raison, les noumènes d'illusion et de mensonge.

A ce suicide de la raison, la raison ne peut consentir. Condamnée à se nier elle-même ou à nier l'existence d'un être exclusivement universel, elle ne se laisse plus aveugler par les accablantes splendeurs du soleil oriental ; elle s'affirme et repousse tout ce qui infirmerait cette affirmation souveraine.

De ce que l'universalité universelle est impossible, s'ensuit-il que l'universalité ne puisse se concevoir? Cette qualification ne peut s'attribuer à tout ; cela est évident. Il serait absurde de parler d'un carré universel, d'une totalité universelle, d'un moi universel. Il y a donc des choses qui ne sont pas susceptibles d'universalité. Mais, en toutes choses aussi, il y a un aspect qui en est susceptible. C'est ce que toute chose renferme d'indéterminé, c'est ce qui constitue la substance de toute chose. La véritable définition de l'universalité est donc celle-ci : l'universalité est l'identité des êtres sous l'un de leurs aspects. Tout être, en tant que substance, est universel ; il est tous les êtres, mais tous les êtres pris eux-mêmes seulement en tant que substance [1].

Ainsi définie, comment l'universalité, cette expression la plus générale des notions de rapport, qui est une condition nécessaire de la personnalité, pourrait-elle y faire obstacle ? Parce que je me sens relié avec tout ce qui existe et confondu, mais à ce point de vue seulement, avec tout ce qui existe, cela m'empêche-t-il de me distinguer de ce qui n'est pas moi ? Au point de vue exclusif de la substance, nous en convenons, point de personnalité. Je ne puis pas dire : ma substance, votre substance ; en tant que substance, nous sommes tous identiques. Mais à tous autres égards, je me distingue *absolument* de vous : votre moi n'est point mon moi, et *relativement* de vous : votre science est plus grande, votre taille est plus petite que la mienne. Je me distingue de vous par le *moi* et par le *mien,* qui est moi encore ; je me confonds avec vous par le *nôtre.* C'est en cela précisément que consiste la personnalité.

Cette question que, non sans motif, nous avons mise au

---

[1] Pour qu'il puisse bien comprendre ce qui précède, nous prions le lecteur de se reporter à notre définition de la *substance* et à ce que nous avons exposé à cette occasion.

rang de celles qui se rattachent à la nature humaine, a été, nous le savons, soulevée à propos de la nature divine. Si Dieu, disait-on, n'est pas tout ce qui est sous tous les aspects possibles, il n'est pas Dieu ; s'il est tout ce qui est sous tous les aspects possibles, il n'a pas de personnalité ; de sorte qu'il faut ou nier Dieu, ou confesser un Dieu impersonnel, ce qui est à peu près la même chose.

Notre définition, ou, pour mieux dire, notre élucidation de l'universalité tranche le nœud de ce redoutable dilemme. Nous accusera-t-on d'amoindrir Dieu en lui refusant l'universalité universelle ? On n'aura garde de le faire, si on se rappelle que, en cela, nous ne lui refusons que le contradictoire, nous ne lui dénions que l'absurde.

Il ne peut pas plus étendre son universalité à mon individualité ou à la collection de phénomènes que je suis qu'il ne peut étendre au carré les propriétés du cercle. A-t-on jamais prétendu que l'impossibilité où il est de faire un cercle carré porte atteinte à sa puissance ? Comme tout ce qui jouit de l'existence, Dieu, s'il existe, question que nous examinerons plus tard, est tous les êtres, mais seulement sous celui de leurs aspects où leur identification est possible. Sous leurs autres aspects, il se distingue d'eux et cela suffit à sa personnalité.

On répète, et avec raison, que la personnalité est la connaissance qu'un être a non-seulement de son existence actuelle, mais de la continuité de son existence. Si nous n'avons pas explicitement compris le sentiment de la continuité dans notre définition, c'est qu'il s'y trouve implicitement renfermé. En effet, la durée étant essentielle à l'existence, nous ne pouvons nous connaître existants sans nous connaître durants. Cette affirmation : je suis, implique virtuellement ces autres affirmations qui n'en font qu'une avec elle : j'ai été et je serai.

Sur ce point, on est assez d'accord, mais les opinions se partagent sur celui de savoir si la personnalité est ou non susceptible d'intermittences. Sans essayer ici une théorie du sommeil qui pourrait nous entraîner trop loin, nous nous bornerons à dire que le sommeil est un état d'enveloppement, un état de rémission de nos facultés actives, non pas une suspension mais un repos de notre puissance de détermination. Dans le sommeil, nous ne cessons pas plus de penser que nous ne cessons de peser ou de respirer. Seulement nos pensées ne sont plus ramenées par la volonté à un enchaînement logique ; elles flottent en vaines fantaisies, en confuses réminiscences. Elles ne laissent d'ordinaire aucune trace dans notre mémoire, parce que toute l'activité de notre volonté consistant, alors, à ne pas vouloir, nous leur refusons notre attention.

Certainement nous ne pouvons nous observer nous-mêmes quand notre sommeil est profond. Mais il nous est facile d'observer ce qui se passe en nous quand il est léger et troublé, comme cela arrive en voyageant la nuit, par exemple, et aussi quand, peu à peu, nous nous endormons.

Si le sommeil nous gagne en lisant, n'arrive-t-il pas que nos yeux ont parcouru une page entière sans que nous ayons la moindre idée de ce qu'elle renferme ? L'attention a fait défaut et n'a pas gravé dans notre souvenir les idées inséparables des mots à mesure qu'elles se présentaient à notre intelligence ; et qu'est l'attention, si ce n'est la volonté de savoir ? Le sommeil agité des voyages, chacun a pu s'en rendre compte, n'est qu'une suite de rêvasseries, c'est-à-dire de pensées incohérentes, sans liaison et sans suite, qui sont fatigantes précisément parce qu'elles conservent encore assez de netteté pour nous contraindre à un reste d'attention. Durant la veille, il nous est impossible de ne pas penser, de ne penser à rien ; pourquoi voudrait-on que, pendant le sommeil, nous acquerrions cette faculté négative ?

Il en est de nos facultés intellectuelles comme de nos facultés physiques. Dans le sommeil, plus d'actes et, de même, plus de pensées volontaires. Retirés en nous-mêmes, nous nous livrons presque exclusivement alors à un travail d'assimilation, à un travail réparateur. Nous digérons nos impressions de la veille ; et bien souvent ce qui, la veille, nous était resté obscur, le matin, à notre réveil, nous paraît lumineux d'évidence.

Ce qui se repose dans le sommeil ce n'est pas l'intelligence, c'est l'attention, c'est la volonté. Nous ne disons même pas que la volonté, alors, cesse d'agir, car une cause ne peut cesser d'être cause ; nous disons seulement que son action s'exerce sur elle-même pour se neutraliser en quelque sorte et se réduire à l'état de simple consentement. Nous le savons si bien que, lorsque nous cherchons à nous endormir, tous nos efforts tendent à nous placer dans un état de complète indifférence. Nous éloignons tout ce qui peut attirer notre attention, nous chassons toutes les idées qui ont, pour nous, quelque intérêt.

Si l'intelligence, quoique modifiée, n'est pas interrompue par le sommeil, il en est de même de la personnalité que tout exercice de l'intelligence suppose.

Dans le sommeil, la personnalité prédomine peut-être plus encore que dans les veilles ; un fait du moins semble le prouver. Dans la veille, souvent il arrive que, préoccupés des choses extérieures, absorbés par la lecture de quelque récit intéressant, nous nous oublions, en quelque sorte, nous-mêmes. Il n'en est jamais ainsi dans nos rêves ; nous y jouons toujours le principal rôle ; nous n'y assistons pas à ceci ou à cela ; mais ceci et cela, c'est nous qui le faisons. Mais ce qui domine toute la question, c'est le sentiment profond que nous avons de notre continuité, c'est la facilité extrême avec laquelle le moi du matin se rattache au moi de la veille, sans que rien de brisé, sans que rien de successif ne se rencontre dans son affirmation, chose qui serait inexplicable dans l'hypothèse de l'intermittence.

Pour soutenir cette hypothèse, on s'est beaucoup appuyé sur le phénomène de la syncope, c'est-à-dire sur un fait qui, bien plus que le sommeil, échappe à l'observation du sujet lui-même. Comme vous ne savez rien de ce qui se passe en vous pendant la syncope, de quel droit en concluez-vous que, pendant qu'elle durait, vous n'avez pas pensé? Dites que vous n'en avez pas le souvenir : vous serez dans le vrai. Mais ne vous arrive-t-il pas souvent de penser et de vous trouver, une minute après, dans l'impossibilité de dire à quoi vous pensiez? Vous savez, il est vrai, avoir pensé, mais le souvenir de l'acte, quand il a été peu énergique, ne peut-il pas aussi bien s'évanouir que celui de ses résultats?

Ayant attribué l'intelligence aux animaux, nous ne pouvons leur refuser la personnalité, car l'intelligence, la connaissance de ce qui est en implique l'affirmation, et comment les animaux pourraient-ils connaître et affirmer les choses s'ils ne commençaient par s'affirmer eux-mêmes? De même, cependant, que leur intelligence est très-inférieure à la nôtre, leur personnalité, moins vivement sentie, devient de plus en plus obscure à mesure qu'on descend plus bas dans la série; mais, là où elle cesse, si toutefois elle cesse quelque part, là cesse l'animalité et commence un autre mode d'existence.

Deux motifs seulement ont pu porter quelques philosophes à nier, malgré le témoignage de l'expérience, l'intelligence et la personnalité des animaux : l'un, purement théologique, et résultant de l'embarras où on était de savoir où loger, dans l'autre vie, l'âme des animaux, est celui qui a porté Descartes à en faire de simples machines; l'autre, découlant de l'orgueil inspiré par la grandeur de la nature humaine, et de la valeur exagérée qu'on attribuait à la puissance intellectuelle, a conduit quelques rares penseurs à soutenir que la plus noble des facultés devait être le privilége exclusif du plus noble des êtres. Nous ne croyons pas, pour notre compte, qu'un privilége soit un signe de grandeur, et que ce soit un bien véritable, que celui qu'on ne peut partager avec d'autres. De ce que la beauté est aussi une qualité des animaux, s'ensuit-il que la beauté de l'homme soit moins grande? De ce que mon chien est capable de me comprendre, s'ensuit-il que je sois moins intelligent ?

Il sait parfaitement retrouver quelque part un os qu'il y a caché la veille ; il sait que c'est le même os que celui qu'il a caché, et qu'il est le même être qui a fait, la veille, cet acte de prévoyance, et l'on veut qu'il ne sache pas exister ! Si encore cet étrange système était défendu par quelque ombre de raison ; mais il ne l'a jamais été que par des déclamations dénuées de toute valeur philosophique. Si nous le rappelons, c'est seulement parce que, en fournissant une excuse aux emportements de la brutalité, il a contribué à pervertir les mœurs publiques, et a fini par rendre nécessaire une loi répressive de la cruauté à l'égard des animaux.

### LE PROGRÈS HUMAIN

Ces mots : *le progrès humain*, servent à désigner deux choses qui, bien qu'étroitement unies, sont néanmoins différentes, à savoir : le progrès de l'individu et le progrès de l'espèce. Nous allons successivement essayer de nous rendre compte de ces deux formes du progrès.

Pour l'individu, d'abord, qu'est-ce que progresser ? C'est *devenir*, à la fois, *plus* et *mieux* qu'il n'était ; c'est, sans cesser d'être le même, acquérir des qualités nouvelles, et étendre celles qu'il possédait déjà ; c'est, en un mot, augmenter de *puissance*, et, par là, nous entendons aussi bien la puissance affective que la puissance physique et que la puissance intellectuelle.

Pour plusieurs, le progrès est un privilége réservé à la seule nature humaine ; pour d'autres, ce n'est qu'un heureux accident, qui peut avoir ou n'avoir pas lieu. Pour nous, le progrès est un fait universel et nécessaire ; c'est une essentielle condition de l'existence, car, on l'a vu, le progrès n'est autre chose que le *temps* lui-même, philosophiquement compris. Pour nous, l'homme, comme tous les autres êtres, sans exception, ne peut exister un seul moment sans progresser[1].

De ce que, constamment, nous progressons, s'ensuit-il que toutes nos actions soient progressives, c'est-à-dire dirigées dans le sens du progrès ? Pas plus que, de ce que notre mouvement, lié à celui de la planète, s'opère toujours d'occident en orient, il ne s'en suit que tous nos pas soient dirigés vers l'orient, et que nous ne puissions pas marcher dans une direction autre, ou même opposée. Non-seulement toutes nos actions ne sont pas toutes progressives, mais, souvent, il arrive qu'elles sont rétrogrades, ce qui, toutefois, hâtons-nous de le dire, ne nous fait pas rétrograder.

Comment se fait-il que, lors même que, par des actes rétrogrades, nous travaillons à nous amoindrir, nous réalisions, néanmoins, des progrès? Cela serait inexplicable, si nous étions seuls et isolés dans le monde; mais il n'en est pas ainsi. En même temps que nous agissons sur nous-mêmes, nous agissons sur notre milieu, et, à son tour, notre milieu réagit sur nous, et corrige ce que notre action sur nous-mêmes avait de rétrograde.

Je fais tout pour obscurcir mon intelligence ; je la laisse oisive, ou je ne lis que des ouvrages abrutissants. Qu'arrive-t-il ? Il arrive que les actes déraisonnables que mon ignorance me fait commettre m'attirent de sévères leçons, dont il m'est impossible de ne pas profiter. J'aurai beau,

---

[1] Cette doctrine du progrès comme loi de la nature, quoique bien comprise seulement de nos jours, n'est pas entièrement nouvelle. Qu'on nous permette de citer, à cet égard, quelques lignes d'un livre écrit il y a près de dix-huit siècles. « Tout se rapporte au bien, tout *tend* vers lui. Les êtres intelligents y tendent avec connaissance ; les êtres purement sensitifs par le sentiment ; les êtres privés de sentiment, par l'appétence vitale ; les êtres qui sont privés de la vie et ne possèdent que la seule existence, par l'inclination que produit en eux le besoin de participer à la vie. » DENYS L'ARÉOPAGYTE, *De divinis nominibus*, cap. IV.

par exemple, me séquestrer au milieu des moines les plus stupides, l'esprit du siècle, malgré moi, tôt ou tard y pénétrera, et viendra m'arracher à ma torpeur.

Par de lâches pensées, par de coupables désirs, je travaille à étouffer en moi le sens moral. Y parviendrai-je ? Non ; l'horreur que j'inspirerai à mes semblables, je la partagerai sans le savoir. Leur conscience deviendra ma conscience, et suppléera à ma conscience atrophiée. Mes crimes mêmes me deviendront des moyens d'amendement, et cette influence de la vie sociale, à laquelle heureusement nul n'échappe, me fera du repentir une vertu qu'avant mon crime, je ne possédais pas, ou, plutôt, me fera enfin connaître le prix de la vertu.

Quoique les conséquences en soient progressives, mes actions n'en auront pas moins été rétrogrades. Loin d'être pour moi un mérite, le progrès ainsi obtenu ne sera même pas une excuse, car j'aurais pu le réaliser, et plus grand, et plus rapide, en suivant une voie opposée.

Ce n'est point par leurs résultats, c'est en elles-mêmes, qu'au point de vue de la morale, les actions humaines doivent être jugées, et ceux-là changent l'histoire en école de corruption qui réhabilitent et glorifient de faux grands hommes, parce que, de leurs actions les plus odieuses, sont quelquefois résultés d'immenses bienfaits. Si le poison que je donne à mon ennemi malade, en trompant toutes mes prévisions, agit comme un remède, et lui sauve la vie, n'en serai-je pas moins un scélérat ?

Le progrès est une loi fatale qui, par nous, ou malgré nous, à notre gloire, ou sans mérite de notre part, nécessairement s'accomplira.

Cette nécessité du progrès n'intéresse en rien la liberté, ou plutôt, comme toujours, c'est sur cette fatalité que la liberté s'exerce. Ce progrès nécessaire nous pouvons, en effet, non-seulement le hâter ou le retarder, mais en changer complètement la nature. Il était surtout matériel ; il nous est loisible de le rendre surtout intellectuel ou moral.

Il avait sa principale source à Athènes ; plus tard, il brillera d'un éclat non moins vif à Rome, à Constantinople ou à Alexandrie.

Nous convenons sans peine, néanmoins, que la démonstration *directe* de cette proposition que, dans les résultats de tout fait, ce qu'il y a de progressif l'emporte sur ce qu'il y a de rétrograde, tant qu'il ne s'agit que de faits individuels, ne peut être donnée, parce qu'il nous est impossible de connaître un fait de cette espèce dans tous ses détails, et que ce qu'il y a de caché pour nous peut fort bien être l'élément que, pour défendre notre manière de voir, nous aurions intérêt à mettre en lumière. Vous me dites que Milton est devenu aveugle, sans ajouter que, contraint, par cet accident, de se replier sur lui-même, il devint un grand poète ; comment puis-je vous répondre quand vous me dites que sa cécité fut un mal sans compensation ?

Comme nous ne pouvons prévoir toutes les conséquences des faits particuliers, nous ne pouvons porter d'eux que d'incomplets jugements. Tous ils s'enchaînent ; si nous ne les considérons que d'une manière isolée, il est clair que plusieurs de leurs aspects nous échappent et que, dès lors, toute rigoureuse appréciation nous est interdite.

Quand la question est portée des faits individuels aux faits humanitaires, les choses changent de face. Il m'est impossible de vous prouver que la fièvre que j'ai eue ce matin m'a été plus utile que nuisible, mais il ne m'est pas impossible de savoir si un événement historique donné a été plus dommageable qu'avantageux ou plus avantageux que dommageable aux progrès du genre humain, parce que, alors, ce n'est plus un fait isolé, c'est un ensemble de faits que j'ai sous les yeux ; il ne s'agit plus d'un simple accident, mais d'une action que je puis étudier dans ses causes et dans son principe et dont je puis suivre les effets et les conséquences à travers une longue suite de siècles.

Sur ce terrain, nous ne refusons pas la discussion et nous

nous faisons forts, quel que soit l'événement historique qu'on choisisse, de démontrer que le progrès dont il a été la source, l'a de beaucoup emporté sur les rétrogradations partielles auxquelles il a pu donner lieu.

Si les faits individuels échappent en grande partie à notre appréciation, c'est surtout par l'impossibilité où nous sommes de juger d'un homme autre que nous, d'une manière complète. L'intérieur d'un autre ne nous est jamais complètement connu. Cependant, sans cette connaissance, on ne peut légitimement prononcer sur le bonheur et sur le malheur, sur le progrès ou sur la rétrogradation d'un individu. D'un autre côté, comment juger, au point de vue général, ce dont nous ignorons les conséquences? Un vieux proverbe enseigne qu'on ne doit jamais dire d'un homme qu'il est heureux avant qu'il ne soit mort [1], parce que, souvent, ce que nous prenons pour des choses heureuses peut se convertir en cause de désastre.

Est-il bien sûr, même, que la mort soit le terme auquel il faille s'arrêter et que les conséquences de nos actes ne s'étendent pas, pour nous, au-delà du tombeau? Ici, se présentent deux questions qui, à nos yeux, n'en font qu'une : celle des origines et celle de la vie future, questions obscures, problème difficile dont les données seront toujours incomplètes et dont, cependant, toute philosophie, sous peine de déchéance, doit hasarder une solution acceptable. Ce problème, nous allons, sous toutes réserves, l'aborder tout à l'heure. Mais, auparavant, qu'il nous soit permis de compléter ce que nous avons à dire du progrès individuel.

Ce progrès, par les motifs qui précèdent, nous ne l'affirmons pas comme une vérité expérimentalement démontrable, mais comme une légitime déduction des principes démontrés. C'est sur le terrain des principes seulement,

---

[1] Il est assez curieux de remarquer que cet aphorisme se retrouve à la fois, dans une tragédie de Sophocle et dans un des livres de Salomon.

qu'on doit donc nous combattre ; car, par la même raison que nous ne pouvons, faute d'être capables de les embrasser dans tout ce qui est de leur essence, nous appuyer sur des faits isolés, aucun fait isolé ne peut être opposé à nos affirmations.

Nous pourrions donc nous dispenser de répondre à cette objection que ne cessent de mettre en avant les négateurs du progrès, à savoir que, si le progrès était essentiel à l'existence, il serait continu ; qu'il est d'expérience que tout être naît, progresse et décline, et que, par conséquent, la caducité et la vieillesse sont des arguments sans réplique contre la croyance au progrès.

Voici notre réponse : C'est à tort que, bien souvent, on confond l'enveloppement et la rétrogradation. Par l'enveloppement, l'être ne perd ou ne voit s'amoindrir aucune de ses facultés. Seulement, il cesse, en grande partie, d'en faire usage. L'enveloppement n'est pas un mal ; loin d'être le contraire du progrès, il en est une forme nécessaire. Pour acquérir de nouvelles forces, il est souvent bon que l'homme se replie sur lui-même, qu'il se recueille et qu'il s'isole.

Le sommeil, on le sait, est une des principales conditions de la santé. Rétrogradons-nous quand nous dormons ? les plantes et quelques animaux, en hiver, sont-ils plongés dans un état de mort ? non ; il se fait, alors, un travail latent, un travail de réparation et de consolidation dont les résultats ne tardent pas à apparaître au grand jour. Il en est de même de la vieillesse. Pourquoi, si elle était une déchéance, serait-elle universellement honorée ? La vieillesse est une préparation à une vie nouvelle ; c'est l'hiver qui précède un nouveau printemps ; c'est un état d'enveloppement qu'un développement radieux va bientôt suivre.

L'enveloppement, tout aussi bien que le développement, constitue le *devenir*, et nous avons vu que le devenir est, aussi, un des essentiels éléments du progrès. Certainement si l'enveloppement n'avait pas de terme, s'il n'était pas contre-balancé par le développement, le progrès serait impossible. Mais cela n'a jamais lieu. Pour l'ensemble du globe terrestre, la durée des jours est égale à celle des nuits, la durée de l'hiver est égale à celle de l'été. Chez tous les êtres connus, c'est un fait d'observation que la durée de la vie est en raison de la durée de leur croissance. C'est grâce à ce double mouvement que l'être devient et progresse.

Cette opinion, qu'en toutes choses, le progrès l'emporte sur la rétrogradation n'est, nous objectera-t-on encore, qu'un rajeunissement de la vieille hypothèse de l'optimisme.

Oui, c'est de l'optimisme, mais de l'optimisme plus raisonnable que celui de Leibnitz qui, en soutenant que tout était pour le mieux dans ce meilleur des mondes possibles, niait virtuellement l'existence du mal, ce que nous n'avons garde de faire. Ce monde pourrait être meilleur qu'il n'est; ce monde, à nos yeux, est bien loin d'être le meilleur des mondes possibles, car, si la somme du bien y excède celle du mal, c'est de bien peu encore. Faire que cet excès devienne plus considérable ; pour cela, faire que la somme du mal aille en diminuant et celle du bien en augmentant, voilà en quoi consiste le progrès.

LE PROGRÈS HUMANITAIRE. — LA MÉTHODE HISTORIQUE. — Par les motifs que nous avons précédemment exposés, le progrès de l'espèce est bien plus nettement dessiné et bien plus facile à suivre que celui de l'individu. Aussi, depuis Vico, Condorcet et Saint-Simon, les considérations qui s'y rattachent dominent-elles la science de l'histoire.

Le dernier de ces philosophes alla même jusqu'à prétendre, qu'au moyen d'une bonne méthode, on pouvait convertir l'histoire en prophétie et déduire des événements passés les événements futurs. Cette assertion, ainsi prise en termes absolus, ne serait autre chose que la négation de toute contingence et de toute liberté. Aussi, en exagérant la pensée de son maître, A. Comte n'hésitait-il pas à affirmer que les morts gouvernent les vivants. Ce n'est point de cette manière cependant que l'entendait Saint-Simon. Quoiqu'enclin au fatalisme, cet éminent penseur ne nia pas ce qu'il y avait de contingent dans les choses, mais, négligeant cet aspect, il ne s'attacha qu'à ce qu'elles ont de nécessaire, qu'à ce qui, en elles, est la continuation forcée des faits antérieurs.

Tout consiste donc, suivant lui, au milieu de l'innombrable variété des faits humains, à démêler ce qui est nécessaire de ce qui est contingent, ce qui est la conséquence d'un même principe de ce qui est l'effet de causes variables et purement accidentelles. Pour cela, il pose une règle infaillible. Les faits nécessaires, étant des conséquences d'un même principe, forment des séries homogènes. Si donc un ensemble de faits s'enchaînant entre eux forme une série, si cette série étudiée pendant une longue suite de siècles a toujours été en progressant, on peut affirmer, sans crainte, qu'elle se continuera dans la même direction ; si, au contraire, elle présente une progression sans cesse décroissante, on doit pronostiquer sa décroissance future.

L'exploitation de l'homme par l'homme, anthropophagie d'abord, puis esclavage, puis servage, puis prolétariat, a toujours été en diminuant. On peut hardiment annoncer qu'elle diminuera encore et qu'un jour viendra où la position du pauvre sera au prolétariat actuel ce que le prolétariat lui-même est au servage. L'association des hommes entre eux a progressivement passé par les formes, de plus en plus larges, de la famille, de la tribu et de la nation. On peut être certain que, de même que les tribus, que les peuplades se sont associées entre elles pour former des nations, les nations, à leur tour, s'associeront pour constituer une société plus étendue.

L'application de cette méthode, si simple en apparence, est cependant difficile, parce que, à chaque instant, les séries semblent se briser et leur marche changer de direction. Ainsi, à l'époque de la dislocation du monde romain, l'esprit d'association sembla faire un pas rétrograde. La grande association chrétienne est bientôt venue, il est vrai, remplacer et dépasser celle établie par les armes romaines mais, entre ces deux faits, il semble exister une lacune qui ne peut se concilier avec la continuité essentielle à tout ce qui est fatal et nécessaire.

Les successeurs de Saint-Simon crurent surmonter cet obstacle en partageant l'histoire en *époques critiques* et en *époques organiques* et en soutenant que les époques critiques ou de démolition devaient être négligées et qu'il suffisait que la continuité de la série fût bien constatée pendant le cours des époques organiques ou d'édification. C'est absolument comme si on avait dit que ce qui est nécessaire cesse de l'être pendant un certain temps, pour reprendre ensuite ce caractère. Tout ce qui a été enseigné sur la distinction à établir entre les époques critiques et organiques, à tout autre point de vue, est très-ingénieux, très-important et très-vrai, mais l'emploi qu'on a voulu faire de cette distinction, au point de vue de la méthode déductive, ne peut sérieusement être défendu.

Le défaut principal des historiens a d'abord été de ne s'attacher qu'aux faits et gestes des grands personnages. Aujourd'hui, ils tiennent beaucoup plus compte des peuples, mais seulement de quelques peuples privilégiés. Ils racontent Rome et la Grèce, la France et l'Angleterre, mais le mouvement humanitaire, dans sa généralité, leur échappe. Or, dès qu'il s'agit de porter un jugement sur l'avenir réservé aux sociétés humaines, ce n'est pas dans l'histoire particulière de quelques peuples, c'est dans l'histoire du genre humain qu'il faut l'étudier. A ce point de vue, les séries se présentent avec une continuité telle qu'aucune lacune ne venant les interrompre, on n'a plus besoin de morceler l'histoire en époques de caractères opposés pour expliquer des revirements qui, puisqu'il s'agit d'une suite de conséquences nécessaires, n'ont jamais ni existé ni pu exister.

Ainsi, il n'est pas vrai que pendant les premiers siècles de notre ère, le mouvement qui porte les nations à s'associer entre elles ait subi un temps d'arrêt ou pris même une marche rétrograde. Les provinces romaines se séparèrent les unes des autres, cela est vrai, mais les éléments du monde barbare se groupèrent, se rapprochèrent et s'associèrent avec une croissante énergie. Les tribus nomades, jusque-là errantes, se constituent en fédérations, et sous Alaric ou sous Attila, viennent communier, les armes à la main, avec les débris de l'association occidentale qu'elles reconstituent sur de plus larges bases. Au VIIe siècle, quand, sous les chefs qui se disputaient le pouvoir expirant des Mérovingiens, la société européenne semblait tomber en poussière, l'Asie était le théâtre d'un des plus magnifiques développements de l'esprit d'association. A la voix de Mahomet, les tribus, jusque-là hostiles, de l'Arabie s'associaient et réunissaient sous le même drapeau les peuplades jusqu'alors isolées du littoral africain. Si la protestation Bouddhique brise la théocratie indoue, au même moment, les grands feudataires chinois terminent leur long rêve d'hostile indépendance, et plus de cent millions d'hommes ne font plus qu'une seule nation.

Le fait dont vous étudiez le développement est-il un fait nécessaire ? — de ceux-là seulement on peut tirer des déductions pour l'avenir — quand, quelque part, il vous paraîtra faiblir, regardez bien et vous le verrez, au même moment, dans un autre coin du monde, prendre une nouvelle et plus vigoureuse extension. C'est ainsi, c'est de haut, si on veut lui trouver un sens et une portée, qu'il faut étudier l'histoire.

Ce que nous venons de dire est vrai dans l'ordre des idées comme dans celui des événements politiques et sociaux. Au point de vue philosophique, par exemple, il est manifeste que l'humanité, prise dans son ensemble, n'a jamais eu qu'une seule croyance, dont les trois grands systèmes spiritualiste, matérialiste et panthéiste sont les formes toujours contemporaines, originairement divergentes, mais tendant de plus en plus, par un mouvement nécessaire et par conséquent continu, à s'unir et à s'associer.

La démonstration historique de cette tendance exigerait des détails dont, en ce moment, nous ne pouvons nous occuper. Il nous suffira de dire que, de cette application de la méthode déductive à la marche de l'esprit humain, est résultée pour nous la conviction la plus entière, la plus complète que, désormais, aucune doctrine nouvelle ne pourra se faire accepter par les masses, nous ne disons pas si elle ne juxtapose, comme a essayé de le faire l'éclectisme, mais si elle n'associe entre elles, dans une conception plus large, les trois grandes doctrines du passé.

Cette conception doit nécessairement se produire, car elle est la conséquence des progrès accomplis par l'intelligence humaine. Mais quand et comment se produira-t-elle? Voilà ce que la méthode historique ne peut déterminer d'avance.

Prévoir n'est pas savoir. Prévoir, c'est seulement connaître ce que les faits ont de nécessaire ; savoir suppose aussi connu leur aspect contingent, aspect qui, ne se rattachant en rien au passé, ne peut être connu que lorsque les faits eux-mêmes se sont réalisés. Confondre la *prescience*, qui est impossible avec la *prévoyance*, faculté commune à tous les êtres intelligents, c'est donc tomber dans le plus grossier fatalisme.

Il ne faut pas s'exagérer la valeur de la méthode historique, mais il ne faut pas non plus en méconnaître l'importance. Elle ne peut nous faire connaître ce qui sera, mais elle nous permet d'en prévoir le caractère. Dans l'océan sans bornes de l'avenir, elle ne peut indiquer ni les îles ni les continents, mais elle signale les courants généraux qui doivent guider le navigateur.

Sans elle, l'étude de l'histoire ne serait qu'une source de déceptions. Combien de généraux nourris des auteurs de l'antiquité, en se trouvant dans des circonstances semblables à celles où s'étaient trouvés César ou Alexandre, voulurent, pour surprendre l'ennemi, avoir recours aux moyens de tactique qu'employèrent ces illustres capitaines et furent tout surpris de réussir fort mal, parce qu'ils ignoraient que l'humanité ne se répète pas et que chaque génération nouvelle apporte, dans la production des faits, quelque chose de nouveau, de spontané, d'arbitraire même qui les empêche d'être entièrement semblables aux faits antérieurs.

Les faits, qu'ils soient passés, présents ou futurs, ont pour *principe* la nature des êtres qui les produisent ou qui concourent à leur production, et pour *causes* leur spontanéité. Or, la nature des êtres, c'est-à-dire le degré de perfectionnement auquel, à un moment donné, il sont parvenus, est un fait appréciable dont on peut logiquement déduire des conséquences, mais leur spontanéité est quelque chose d'insaisissable, d'incoercible, d'indépendant dont il est impossible de rien conclure si ce n'est qu'elle se manifestera par des actes. N'étudions donc pas l'histoire pour savoir précisément ce que nous avons à faire dans telles circonstances données ; étudions-la pour démêler, au milieu d'accidents passagers et sans lien apparent entre eux, la marche générale du progrès, la tendance nécessaire et continue des faits, afin d'éviter de nous mettre en travers du torrent et d'y briser misérablement nos forces.

*La naissance et la mort.* — Il est impossible, comme nous l'avons dit, de traiter du progrès sans aborder la question des origines, question qui toujours se pose sous cette double forme : qu'est-ce que la *naissance*? qu'est-ce que la *mort*?

On sent que, pour nous, aux yeux de qui tout est vivant, la mort et la naissance ne sont, sous deux noms différents, qu'un cas particulier de la marche générale du progrès ou, en d'autres termes, qu'une des fonctions spéciales de la vie.

La vie, en effet, se compose de phases alternatives de développement et d'enveloppement. L'enveloppement succède au développement par des transitions insensibles ; car, il ne faut aucun effort pour que ce qui s'est développé se replie sur lui-même. Le développement, au contraire, ne succède à l'enveloppement qu'au moyen d'une crise, car, pour qu'il y ait nouveau développement, il faut qu'il y ait des qualités nouvelles à développer, et cette addition de qualités qui renouvelle et transforme la vie ne peut avoir lieu sans ébranlement et sans secousse. Le changement ne s'introduit pas dans le sein du devenir, le contingent dans le sein du nécessaire sans qu'il y ait révolution et cataclysme.

La crise, au moyen de laquelle le développement succède à l'enveloppement, si elle est considérée comme la fin de l'enveloppement, s'appelle *mort*; si elle est considérée comme le début d'un nouveau développement, *naissance* ou origine.

Relativement à l'avenir, toute mort est une naissance ; relativement au passé, toute naissance est une mort. J'étais avant de naître, je serai après ma mort, car, il y a en moi, comme en tout être, un côté immuable, absolu, permanent qui fait que je ne puis ni commencer ni périr. J'étais, mais autrement que je ne suis ; je continuerai d'être, mais à d'autres conditions.

Je n'ai pas toujours été, je ne serai pas toujours homme. Qu'ai-je été ? que serai-je ? comment peuvent s'opérer ces mystérieuses transformations ? Voilà des questions que s'est, de tout temps, posées le genre humain et auxquelles, de tout temps, il a exigé que réponse fût faite.

Une doctrine qui resterait muette sur ces questions, par cela même, renoncerait à se faire accepter par les masses, qui, toujours, préféreront une réponse, même ridicule, à un prudent silence ; et nous sommes tous peuple sur ce point, car, tout en nous vantant de savoir nous contenter d'une foi vague et générale sur la continuité de la vie, nous

nous faisons, à cet égard, chacun un *Credo* que, par une sorte de prudence scientifique, nous n'avouons pas et que nous gardons pour nous seuls, mais que nous sentons être indispensable pour nous délivrer de cette incertitude qui est une intolérable souffrance aussi bien pour le savant le plus orgueilleux que pour l'ignorant le plus humble. Mais cette faculté de se créer une croyance, tous ne la possèdent pas. Le plus grand nombre veut la trouver toute faite et, si la philosophie ne répond pas à ce besoin, la superstition y répondra à sa place.

Mais que peut la philosophie là où manquent d'indispensables données? Elle peut et elle doit, tout incomplètes qu'elles sont, réunir celles que fournit la science et les coordonner au moyen d'une hypothèse qui donne satisfaction à nos sentiments les plus chers. Elle doit chercher ce qu'ont entre elles de commun ces croyances individuelles que se sont faites les hommes les plus avancés et, après en avoir soumis les éléments au contrôle de ses propres axiomes, en déduire un ensemble d'affirmations anticipées, s'il est permis de parler ainsi, mais plus satisfaisantes, malgré leurs inévitables obscurités, que ne l'étaient les formules des anciens dogmes, lesquels, ne nous lassons pas de le redire, tant que, dans toutes leurs parties, ils n'auront pas été remplacés, ne cesseront d'être un obstacle au progrès.

Il ne faut cependant pas nous faire d'illusions à cet égard. Nous en sommes arrivés au point où la philosophie touche à la poésie, au point où la raison ne peut plus faire un pas si le sentiment ne lui vient en aide ; passage difficile où le sage ne doit plus dire : je sais, mais je crois, en maintenant toujours néanmoins ce qu'il croit en harmonie avec ce qu'il sait.

Ce n'est pas à dire cependant, parce que cette croyance n'est susceptible que de démonstrations et de vérifications insuffisantes pour la faire passer à l'état de vérité scientifique, qu'elle ne puisse revêtir un haut degré de certitude.

Seulement, cette certitude qui procède du sentiment, est d'une tout autre nature que celle qui résulte d'une observation ou d'un syllogisme.

Nous avons affirmé tout d'abord, sans chercher à la démontrer, l'existence antérieure au berceau et l'existence postérieure à la tombe. Cette démonstration nous a semblé superflue, car elle est implicitement contenue dans l'affirmation même de l'existence, et nous défions qui que ce soit de se figurer un être venant à être créé ou à être anéanti. *Ex nihilo nihil, in nihilo nil posse reverti;* cette sentence d'un poëte, d'ailleurs assez sceptique, n'a été directement combattue par aucune école philosophique.

Le matérialisme lui-même ne nie l'existence future de l'homme que parce que, virtuellement, il nie son existence actuelle. Il n'affirme que l'existence de la matière mais, en même temps, il affirme que la matière est impérissable. C'est parce qu'il considère l'homme comme un simple accident, comme un pur phénomène, comme le fortuit résultat d'une rencontre d'atomes, qu'il lui refuse l'avenir. Si, dans l'homme, il voyait un être, il ne prétendrait pas que l'homme dût périr. Au surplus, la question n'est pas là : elle consiste à savoir ce que l'être était avant d'apparaître sous une certaine forme et ce qu'il deviendra lorsque cette forme sera épuisée.

Comme, dans les époques antérieures à la nôtre, le dogme du progrès, à peine pressenti, n'avait pas été nettement formulé, on scindait en deux ce qui ne peut être divisé. Pour la même question on donnait deux réponses différentes. On avait une hypothèse pour expliquer l'origine des choses et une autre toute différente pour expliquer leur fin.

Quant à l'origine des choses, le panthéisme ne pouvait y voir qu'un développement, qu'une émanation; le matérialisme qu'un changement, qu'une modification, qu'un effet. Si Brahma ne fit que tirer le monde de son sein, Jupiter et Jéhovah, en agissant sur le cahos, séparèrent le ciel d'en-haut du ciel d'en-bas, prirent de l'argile, la pétrirent et en firent l'homme. La tâche du spiritualisme était plus difficile, car l'idée de changement, de commencement, répugne à son principe. Aussi, dans l'acte primordial, ne s'attache-t-il qu'à l'activité qui, absolue par essence et par conséquent indépendante de ses effets, n'a nul besoin d'autre chose que d'elle-même pour se manifester. De là l'idée bizarre de la création *ex nihilo*. La logique est un admirable instrument qui, même dans les profondeurs de l'absurde, résonne toujours juste.

A ces trois explications du commencement des choses en correspondaient naturellement trois autres rendant compte de leur fin. Ce qui résultait de l'émanation ou du développement périssait par l'enveloppement et par l'absorption finale ; ce qui était le résultat d'un changement prenait fin par un changement nouveau. L'argile avait été changée en corps, les corps étaient changés en mânes.

Quant au spiritualisme, de la création il devait logiquement conclure à l'anéantissement. C'est ce qu'il fit pour ce qu'il appelait la matière, en prophétisant la fin du monde, la combustion, la disparition de la terre et du ciel. Mais, dans l'être humain, il avait cru reconnaître un autre principe, un principe d'activité. Pour l'être humain seulement, il dut faire une exception à la loi générale car l'activité est impérissable de sa nature. Il proclama l'immortalité de l'âme.

Aucune de ces solutions unilatérales et exclusives n'a pu résister à l'épreuve du raisonnement. Elles sont, aujourd'hui, définitivement jugées et ce serait du temps perdu que celui employé à en montrer le vide. Si néanmoins elles ont fait leur temps, ce n'est pas qu'elles soient complètement fausses ; c'est seulement qu'elles ne correspondent chacune qu'à l'un des trois aspects de la réalité. L'hypothèse qui les remplacera doit donc tenir compte de la part de vérité que chacune d'elles renferme et être assez compréhensive pour ne se trouver en désaccord ni avec le sentiment panthéiste, ni avec le raisonnement spiritualiste, ni avec l'observation matérialiste. A cette condition seulement, elle pourra être acceptée et devenir un article de la *Foi* nouvelle car, ainsi que nous le montrerons plus tard, la foi n'est autre chose que l'affirmation de ce qui, sans pouvoir être directement l'objet d'une démonstration ou d'une vérification, n'est cependant en contradiction avec rien de démontré et de vérifié.

Le terrain sur lequel nous allons nous engager, nous ne l'ignorons pas, est semé de précipices. Les accusations d'illuminisme, de mysticisme, résonnent déjà à notre oreille et cependant nous ne reculerons pas devant cette décisive épreuve que doit subir toute doctrine ayant la prétention, en les conciliant, de remplacer les anciens dogmes. Quand il écrivit le Phédon, Platon devait prévoir qu'il ne serait pas compris, et, en effet, il le fut si peu que, lorsque, à quelques pas de l'Académie, cinq cents ans plus tard, saint Paul rappela ses doctrines sur la vie future [1], les Athéniens se mirent à rire, et cependant l'Europe tout entière, pendant dix-huit siècles, a vécu de cette grande hypothèse spiritualiste qui, en s'écroulant à la fin parce qu'elle ne se trouvait plus d'accord avec les progrès accomplis par la raison humaine, a laissé autour d'elle ce vide, ces ténèbres, où, depuis tant d'années déjà, les nouvelles générations s'épuisent à renverser chaque jour ce que, avec tant d'efforts, elles avaient édifié la veille. Prenons donc courage: l'important n'est pas de savoir si nous serons applaudis, mais de savoir si nous serons utiles.

Nous avons dit que, à nos yeux, la naissance et la mort n'étaient ni le commencement ni la fin de la vie; que ce n'était là, sous un double nom, qu'une même fonction biologique, qu'une simple fonction comme peuvent l'être la locomotion et le sommeil. Placés à ce point de vue, c'est

---

[1] Act. XVII — 22-32.

naturellement dans le domaine de la physiologie que nous devons chercher notre point de départ.

N'avons-nous pas tous observé que, lorsqu'une passion puissante nous agitait, nous nous sentions, suivant l'expression commune, transportés hors de nous-mêmes. Dans ces moments-là, on peut nous parler, nous ne l'entendons pas; on peut nous toucher, nous ne le sentons pas. Nous sommes absents; nous sommes ailleurs. Où sommes-nous donc? Souvent, fort loin. C'est, dit-on, notre pensée qui voyage; d'accord, mais ma pensée c'est moi et, comme, nulle part, je ne puis exister sans organe, là où ma pensée est, là aussi se trouvent quelques organes devenus momentanément miens et qui cesseront d'être miens dans quelques minutes.

Sans rappeler ces faits, si mystérieux mais trop nombreux cependant pour être contestés, de frères jumeaux, de parents, d'amis même qui, à distance, se sont sentis frappés du coup qui a blessé leur ami ou leur frère, à quoi se réduit la mission de l'artiste? N'est-ce pas à nous faire vivre au dehors de nous? Cette mission il ne peut complètement la remplir, car, s'il parvient à me faire tressaillir d'épouvante avec Oreste, il ne fait pas que je meure avec Agamemnon. Mais, quoiqu'incomplète, cette puissance de l'art ne renferme-t-elle aucun enseignement, et est-il bien certain que ce que l'art ne peut faire soit impossible à la nature? « J'ai mal à votre poitrine », écrivait madame de Sévigné à sa fille. Cette expression si fortement sentie est-elle seulement une curieuse métaphore?

Pourquoi les organes d'un autre ne pourraient-ils pas devenir les miens? A quelques égards, ne suis-je pas déjà lui? Ne suis-je pas tout ce qui est? Est-ce que le magnétiseur ne pense pas par les organes cérébraux du sujet sur lequel il opère? Est-ce qu'il ne parle pas par sa bouche? Ce grain de sel que je mets dans mon pain, cet air que je respire, cette eau dont je m'abreuve ne sont-ils pas des organes de la Terre? Ne vont-ils pas devenir mes organes, sans cesser, pour cela, de faire partie de l'organisme terrestre ? Le sang qui circule dans les veines de l'enfant qui n'a pas encore vu le jour n'est-il pas son sang et, en même temps, n'est-il pas le sang de sa mère ? Pour rendre miens les organes d'un autre, la manducation, la respiration sont-ils les seuls moyens possibles ? Qui oserait le soutenir ?

Mon *moi,* c'est mon existence centralisée, mais mon existence ne peut-elle se centraliser que dans l'étroite périphérie de ma forme actuelle ? Pourquoi ne le pourrait-elle pas ailleurs ? Mon moi est immuable mais non pas immobile ; son changement de lieu est un changement pour ce qui l'entoure, mais non un changement pour lui-même. Quand je réfléchis, je sens mon existence centralisée dans ma tête ; quand je souffre de la faim, dans mon estomac. Pourquoi, dans certaines circonstances, ne pourrait-elle pas se centraliser sur un point différent ?

Qu'est-ce que l'amour ? N'est-ce pas une tendance à nous identifier à l'être aimé ? Cette tendance, et c'est là le plus grand supplice de l'amour, n'est jamais qu'imparfaitement satisfaite. Mais est-elle en nous pour y demeurer à jamais impuissante ? Notre vie se passe en alternatives d'enveloppements et de développements, de sommeil et de veille. Pourquoi n'aurait-elle pas aussi ses phases à prédominance d'identification et ses phases à prédominance d'isolement ? Identifier et distinguer tour à tour, c'est notre vie intellectuelle : identifier par l'amour, repousser par l'antipathie, c'est notre vie morale ; identifier par la manducation, rejeter par la sécrétion, c'est notre vie physique. Comment notre vie, prise dans son ensemble, échapperait-elle à cette loi ? Que ce double mouvement soit simultané, que ces deux moments, pour des êtres plus parfaits, n'en fassent qu'un, nous n'y voyons pas d'obstacle ; nous ne répugnons même pas à trouver, en cela, un caractère de perfection, mais, en nous, l'observation prouve qu'ils sont successifs et cela doit nous suffire.

Si la passion est trop violente, si nous demeurons trop longtemps *hors* de nous, si le ravissement est exagéré, si nous nous sentons trop arrachés à nous-mêmes, la mort en sera la conséquence. De trop violentes émotions nous tuent. Sur ce point, tous les physiologistes sont d'accord. Pourquoi ne nous emparerions-nous pas de ce fait? Pourquoi ne le généraliserions-nous pas dans une certaine mesure?

Ces points d'interrogation, que nous accumulons à dessein, montrent assez que nous cherchons et que nous ne dogmatisons pas [1]. Qu'on ne se hâte donc point de crier au paradoxe et que, avec nous plutôt, on interroge la nature.

Pourquoi la vieillesse? pourquoi la souffrance? La vieillesse, peu à peu, nous dégoûte de nos organes; la souffrance nous les fait haïr. Par une voie comme par l'autre, s'éteint en nous ce qu'on appelle le sentiment de la conservation et qui n'est que l'amour que nous éprouvons pour nos organes. Nul ne meurt, non-seulement sans y consentir, mais sans le souhaiter ardemment. Cette réponse de Fontenelle, centenaire, à son neveu : « Mon oncle, avez-vous besoin de dormir? — Non, mon ami, j'ai besoin de mourir », exprime, quoique incomplètement encore, ce que ressent tout homme au moment suprême.

Sans doute, on a vu des mourants se cramponner, pour ainsi dire, à la vie. Mais quand cela? Quand la mort, occasionnée par un accident, n'a pas été normalement préparée par la vieillesse; mais, nous aussi, nous luttons contre le sommeil quand, sans avoir été précédé de fatigue, il vient interrompre nos travaux. Malgré cette lutte, néanmoins, si nous nous endormons, ce n'est jamais sans y consentir, et cela est si vrai que personne ne regarde comme exempt de blâme le soldat qui, pendant sa faction, s'est laissé vaincre par le sommeil. De même, après l'agonie, après

---

[1] Ea ut potero explicabo, nec tamen, ut Pythius Apollo, certa ut sint et fixa omnia quæ dixero. — Cicéron. — *Tuscul.*, I, cap. ii.

une lutte nécessaire pour user le reste de ses forces et pour suppléer à l'affaiblissement de la vieillesse, car les vieillards n'ont guère d'agonie, le malade acquiesce à la mort et l'accueille avec joie. Mais ce qui prouve que cet acquiescement est indispensable, c'est que, maintes fois, on a vu des capitaines mortellement blessés retarder assez leur mort, par un acte énergique de volonté, pour avoir le temps de donner de derniers ordres. La liberté est si essentielle à notre nature que, même dans le fait où il semble que la fatalité règne en souveraine, notre libre arbitre joue encore un rôle.

Ceux qui ont échappé à une mort violente n'y songent qu'avec terreur, parce qu'ils n'ont éprouvé que les symptômes douloureux de cette crise. De loin, la mort est effrayante ; de près, elle est pleine de charmes. Elle est la cessation de l'amour que nous éprouvons pour nos organes et le commencement de l'amour que nous ressentons pour un nouvel organisme. L'amour préside à la mort et c'est pour cela que les anciens avaient élevé des autels à Vénus-Libitine.

La volonté est une force. Elle soulève ou abaisse mon bras. Est-il bien démontré qu'elle ne puisse s'exercer au-delà des limites de mon corps ? Ce que nous savons du magnétisme prouverait le contraire. On a prétendu qu'elle suffisait, même à distance, pour mouvoir des meubles. Nous ne discuterons pas ce fait resté, pour nous, plus que douteux. Mais, en lui-même, nous ne lui trouvons rien d'impossible. Cette table était comprise dans l'*universalité* de mon existence. J'étais cette table d'une manière indéterminée. Pourquoi ne pourrais-je pas devenir elle d'une manière déterminée ? Est-ce que tout ce qui arrive dans le monde n'est pas une détermination de l'indéterminé ? Si ma volonté fait tourner cette table, cette table est devenue un de mes organes, car mes organes sont précisément ce qui, sans intermédiaire, obéit à ma volonté et, si elle est devenue un de mes organes, à ce titre, elle est devenue moi, au point de vue du relatif. Si elle exprime une pensée quelconque, ce sera *ma* pensée qu'elle exprimera. Qui donc, dans le champ du possible, posera des bornes à la puissance de ma volonté, à la puissance de mes sentiments d'antipathie ou d'amour ?

Si je me prends de haine pour mes organes, pourquoi ne pourrais-je pas les faire rentrer dans l'indétermination de mon milieu ? Si je m'éprends d'amour pour une partie quelconque de mon milieu, pourquoi ne pourrais-je pas m'en faire un organe ? A chaque instant, j'élimine quelques-uns de mes organes pour leur en substituer d'autres ; pourquoi ne pourrais-je pas les renouveler tous à la fois ? La doctrine entièrement nouvelle qui attribue à tous les êtres sans exception cette universalité, jusqu'ici, réservée à Dieu, ne doit-elle pas modifier les anciennes hypothèses, et est-ce aller trop loin que d'y voir le chemin conduisant à la conception qui doit, sans les détruire, les embrasser et les associer !

Remarquons, en passant, que la croyance en la *transsubstantiation,* si elle avait été en opposition formelle avec le sens commun, n'aurait pu, comme cela a eu lieu, être adoptée par les religions les plus diverses. Dieu étant indéterminément toutes choses, son individualité étant ce qu'il est absolument, son organisme étant ce qu'il est principalement, il n'y a rien d'absurde ou du moins on trouvait qu'il n'y avait rien d'absurde à penser que si, tout à l'heure, il était principalement cette statue de marbre, tout à l'heure, il sera principalement cette statue de bronze, et, par conséquent que le dévot, qui voyait et touchait ces statues, voyait et touchait véritablement le Dieu. C'est ce qui a permis au fétichisme de s'établir ; c'est au moyen d'affirmations analogues que Mélanchton cherchait à expliquer l'impanation eucharistique.

L'absurdité de la croyance idolâtrique ou fétichiste n'est pas dans le fait même de la conversion du pain ou du marbre en organes d'un Dieu. Elle est d'abord dans l'idée que cette conversion ne dépend pas de la volonté de ce Dieu mais d'une volonté humaine manifestée par de superstitieuses pratiques, ce qui a pour conséquence de rendre Dieu esclave des caprices de l'homme ; elle est, en second lieu, dans le mépris de l'observation qui montre avec tant d'évidence que, si ce fait, en lui-même, n'est pas impossible, il ne se réalise pas néanmoins, puisque la conversion de quelques-uns des organes de la terre, tels que les pierres et les métaux, en organes d'un être supérieur, suppose d'immédiates modifications de structure et de formes qui n'ont jamais eu lieu. Cette absurdité consiste en bien d'autres choses encore, mais ce n'est pas là ce dont nous avons à nous occuper. Ce que nous avons voulu, c'est seulement rappeler des principes qui nous semblent servir de lien aux faits d'expérience journalière sur lesquels s'appuient et ce qui va suivre et ce que nous venons de dire.

Arrivée au moment suprême, au dernier période de la phase d'enveloppement, notre volonté se concentre dans l'aspiration vers un nouvel organisme ; notre intelligence n'a plus qu'une pensée, celle de découvrir où il peut être. Sa puissance alors, en raison même de sa concentration, est exaltée à un point dont nous ne pouvons, à l'état normal, nous rendre compte, mais qui explique cet éclair du regard qu'on a souvent observé chez les mourants et ce don de prophétie que leur attribue la croyance populaire. Alors, ils voient ce que nous ne voyons pas ; ils savent ce que nous ne pouvons savoir. Leur amour trouve son idéal ; un sourire illumine leur figure et la phase d'identification commence.

C'est une chose éloquente, pour qui sait méditer au chevet des mourants, que cette sérénité de la face du cadavre lorsque, la crise n'ayant pas été trop rapide, la joie qui l'a terminée a eu le temps d'y laisser son empreinte. Ces légendes du chant du cygne et de l'éclat inusité que jette la lampe qui va s'éteindre, sont des voiles allégoriques sous lesquels se cache un sens plus profond qu'on ne le suppose.

Dans ce qui précède, nous nous sommes surtout attaché à mettre en relief l'active intervention du moi dans les phénomènes de la transformation, mais il ne faudrait pas en conclure que la volonté, parce qu'elle y concourt, en soit la cause unique. La mort nous semble être un suprême effort de l'amour, mais l'amour est aussi bien passif qu'actif ; il attire et il est attiré.

Comme tous les phénomènes possibles, la mort a pour cause l'activité combinée de tous les êtres sans exception. S'il avait habité sous d'autres climats, s'il avait appartenu à une autre classe de la société, s'il avait eu d'autres relations, d'autres parents, si, en un mot, il avait vécu au milieu d'autres circonstances, cet homme serait mort ou plus tôt ou plus tard et d'une manière différente, mais il n'en serait pas moins mort, parce que, ici, c'est l'aspect de fatalité qui prédomine, parce que la mort est, avant tout, une conséquence nécessaire de notre nature.

La vie est essentielle à l'existence, mais un organisme très-complexe n'est pas indispensable à la vie. De nombreux animaux existent dont l'organisme se réduit au simple appareil digestif. Il suffit donc que, sans cesser même d'être sienne, une simple molécule organique appartenant à un autre être, à un être supérieur à nous, devienne nôtre, pour que notre vie, dans son état transitoire d'enveloppement, puisse se continuer. Cette molécule nous la trouvons chez celui qui sera notre père. En lui et par son concours, notre phase d'enveloppement, qui s'est terminée par l'entier abandon de nos anciens organes, est remplacée par une série non interrompue de développements.

Comme nous ne mourons que pour parvenir à un mode supérieur d'existence dont les lois nous sont complètement inconnues, il est impossible, même à l'imagination, de rien entrevoir touchant la manière dont s'accomplira notre admission dans ce monde nouveau. Les premiers organes que nous nous approprierons, quel rôle jouent-ils dans l'organisme plus parfait qui nous les a préparés ? Nul ne peut le dire, et, bien que, dans de certaines limites, nous commencions à soupçonner ce qui se passe dans les transformations, dans les ascensions des êtres inférieurs à nous, nous n'en pourrions déduire que de grossières, et, puisqu'il s'agit d'une série autre que la série animale, que de fausses analogies.

L'être que ses progrès antérieurs ont rendu capable de la forme humaine s'assimile dans un homme adulte quelques particules, rudiments de son organisme futur. L'utricule spermatique se gonfle, s'allonge, se découpe en nombreux appendices. Dans ses dimensions microscopiques, peu à peu et par suite de lentes transformations, une première ébauche d'animalité se manifeste.

Bientôt le moment arrive où l'être supérieur dans le sein duquel se développe cette nouvelle vie devient incapable de prêter plus longtemps un concours efficace à cette élaboration organique. Alors il en remet le dépôt à un autre être semblable à lui mais plus capable que lui d'aider à un plus actif développement du germe. Le rôle de la mère commence.

Dans cette seconde station, comme dans la première, l'être renouvelé, non-seulement se développe, mais se distingue de plus en plus de ses géniteurs, avec lesquels, d'abord, il était presque complètement identifié. Il continue, comme il l'avait fait dans le premier acte de cette mystérieuse palingénésie, à rendre siens quelques-uns de leurs organes. Le sang de sa mère devient son sang, le chyle qu'elle élabore devient son chyle, mais ces éléments organiques, d'abord communs à tous les deux, il se les approprie, il en fait sa chose exclusive, et bientôt, plus développé et plus distinct, par une nouvelle et brusque révolution, il s'arrachera et sera expulsé du sein maternel pour passer dans un milieu où se déploiera plus librement son activité et où pourront se multiplier ses relations avec le monde extérieur.

La vieille et obscure hypothèse de la fécondation était fondée sur cette croyance démentie par l'observation que le germe était préexistant dans l'ovaire, où il sommeillait en attendant la stimulation du mâle qui, seul, dans l'acte générateur, était censé jouer un rôle actif. Cette hypothèse, aujourd'hui, n'est plus soutenable. Il n'est pas un naturaliste qui ne sache que, non-seulement dans les animaux, mais que dans les végétaux même, avant l'approche du mâle, l'ovaire ne soit complètement vide, tandis que, au contraire, jusque dans les granules du pollen, on distingue parfaitement des formes organiques animées d'une vie et d'un mouvement propre.

Ce qu'on a appelé l'acte générateur n'est donc que la transmission du germe d'un milieu dans un autre. Quoique à des conditions différentes, le rôle du mâle est exactement celui de la femelle. Comme elle, il ne fait que céder quelques-uns de ses organes à un être entrant dans une phase nouvelle; comme elle, il aide à ses développements jusqu'à ce qu'il ait recours à elle pour continuer une œuvr que, seul, il ne pourrait accomplir.

Dans notre manière de voir, qui, au fond, n'est que la conséquence nécessaire des découvertes faites de nos jours par l'embryologie, tous les problèmes que l'hypothèse de la fécondation laissait sans solution satisfaisante se résolvent avec la plus extrême facilité. Que le jeune animal ressemble à sa mère, avec la vie de laquelle, pendant tout le temps de la gestation, sa vie était identifiée, rien n'est plus naturel; mais comment peut-il, en même temps, ressembler à son père s'il ne lui doit rien, excepté la commotion qui l'a tiré du sommeil? Sans admettre, avec nous, une double gestation, impossible évidemment d'expliquer cette double ressemblance.

Un seul rapprochement sexuel suffit chez les pucerons

et chez d'autres insectes, pour rendre féconde une suite assez nombreuse de générations successives. Dans l'ancienne hypothèse, cela n'a jamais pu être expliqué. Pour nous, rien de plus simple : le mâle confie à la femelle des germes à divers états de développement; or, si la fonction génératrice est, dans les espèces supérieures, réservée aux animaux dégagés des liens maternels, rien ne s'oppose à ce que, dans les bas fonds de l'animalité, cette fonction ne sont plus hâtive et que des accouplements intra-utérins ne soient possibles.

A nos yeux, l'hypothèse de la fécondation renferme un vice beaucoup plus grave. Elle ne répond qu'à un cas particulier du problème. Supposant toujours l'existence de deux sexes, l'un fécondé, l'autre fécondant, elle ne tient aucun compte des générations unisexuelles par spores ou par gemmes.

Chacun sait que, dans les végétaux et les animaux les plus inférieurs, une sorte de bourgeon se produit, se développe, se détache et devient un nouvel individu, sans que rien ait eu lieu qui, de près ou de loin, ressemble à l'acte générateur. Dans ce cas évidemment, la stimulation fécondante, si difficile déjà à comprendre dans l'hermaphroditisme végétal, ne peut se supposer. Mais ce qu'il est facile de comprendre, c'est qu'un être, qui n'est susceptible encore que de faibles développements, n'ait pas besoin, pour les réaliser, du concours successif de deux autres êtres, qu'une seule gestation lui suffise et qu'il trouve dans ce milieu restreint tous les organes qui lui sont nécessaires.

Avec une apparence de raison, on nous reprochera de ne faire que reculer la difficulté au lieu de la résoudre et de ne substituer qu'un mystère à un autre; car, enfin, l'hypothèse de la fécondation étant rejetée, reste toujours à expliquer comment le mourant, en échange d'un organisme décrépit, parvient à s'emparer, dans le sein d'autrui, des rudiments organiques dont, avec l'aide de ce qui l'entoure, il se fera de nouveaux organes.

Cela nous ne l'expliquons point, il est vrai, mais est-ce qu'on explique comment ce pain, qui n'était pas moi, tout à l'heure, va cependant devenir moi ? Est-ce que nous avons la folle prétention de dire le dernier mot de la science ? Est-ce que tout progrès scientifique consiste dans autre chose que dans une difficulté reculée, que dans le soulèvement d'un voile derrière lequel se rencontrent d'autres voiles encore ?

Au point de vue de la physiologie, notre hypothèse nous paraît en harmonie avec les données les plus avancées de la science. Au point de vue métaphysique quels reproches peut-on lui faire ?

Dira-t-on que ce *moi*, qui quitte le corps pour aller à distance se donner de nouveaux organes, ressemble beaucoup à l'âme des anciennes philosophies, en quête d'un meilleur séjour ? Cette analogie entre nos croyances et la croyance universelle, nous ne l'acceptons pas comme un reproche ; nous y voyons plutôt une présomption de vérité. Hâtons-nous, toutefois, de dire que ce serait bien mal nous comprendre que de nous supposer la pensée de faire voyager le moi comme voyageait l'âme de la vieille métaphysique. Mon moi n'est qu'une mode abstrait de l'être que je suis, mon moi dépouillé d'organes n'est rien et par conséquent n'est pas susceptible de locomotion.

Mais l'être que je suis, étant solidaire avec tous les autres êtres, est, sous un de ses aspects, le même que tous les autres. Quelques modifications qui se fassent dans mes organes et quand même ces modifications iraient jusqu'à transformer plus particulièrement en *miens* des organes qui, jusque là, avaient plus particulièrement appartenu à un autre, il n'y aurait, pour cela, ni déplacement ni locomotion du *moi*, c'est-à-dire de l'aspect individuel, de l'aspect absolu et immuable de mon être.

Quand les mathématiciens, en parlant d'un corps dont la structure s'est modifiée, disent que son centre de gravité a changé de lieu, entendent-ils, par là, que ce point mathématique ait voyagé? Pas le moins du monde. Voyager c'est changer de place ; pour changer de place il faut en occuper une et le point mathématique, privé de dimensions, n'en saurait occuper aucune. Ils entendent seulement que ce corps, qui était centralisé ici, se trouve centralisé là; ils ne veulent pas dire autre chose. Mon moi c'est le centre de l'univers. Or pourquoi l'univers centralisé au point qui est mon moi, ne pourrait-il pas, tout-à-l'heure, être centralisé en un point différent? Mon moi n'a pas besoin, pour cela, de sortir de l'être que je suis, car je suis tout ce qui est. Partout où il est, il est chez lui. Partout où est mon centre, converge mon rayonnement ; partout où est mon centre ce qui l'entoure s'organise car mes organes ne sont autre chose que des intermédiaires entre mon centre et mon milieu.

Pour les anciennes croyances, la difficulté, et cette difficulté était invincible, consistait à comprendre comment ce qui n'était nous en aucune manière pouvait devenir nous, comment des organes étrangers à nous, n'ayant rien de commun avec nous pouvaient devenir nôtres. Du point de vue auquel nous nous plaçons, cette difficulté s'évanouit. En effet, comme nous ne comprenons plus de *non-moi* absolu qu'au *moi,* qu'à l'aspect individuel de notre être, rien, si ce n'est l'individualité des autres, ne nous est absolument étranger. Leurs organes sont *plus ou moins* nos organes. En rendant quelques-uns de ces organes plus nôtres qu'ils n'étaient, nous ne ferons que ce que nous faisons chaque jour en nous assimilant l'air, l'eau, les solides et les gaz, qui sont plus particulièrement les organes de la terre.

Il ne faut pas cependant que les mots *organes, corps,* etc., etc., dont nous avons dû nous servir pour parler la langue de la physiologie, donnent le change sur le sens intime de nos idées. Ontologiquement, tout ce que nous avons pu dire se résume à ceci : sans que son noumène en soit altéré, l'être, en vertu de son universalité substantielle, échange ses manifestations phénoménales contre d'autres plus parfaites qui manifestent et, pendant une certaine période, continueront encore de manifester, en même temps, une autre existence que la sienne, mais qui finiront par lui être plus spécialement propres. En nous exprimant constamment dans ce langage, nous eussions été plus exacts, mais nous eussions couru le risque de ne pas être compris.

Puisque la décentralisation de l'être, c'est-à-dire sa naissance et sa mort, est un fait vivant, ce fait doit remplir toutes les conditions que nous avons vues être essentielles à la vie. Dans cette métamorphose, en effet, l'être est actif, car il s'empare d'organes ou de manifestations matérielles qui, jusque-là, ne faisaient point partie de son corps mais de son milieu; il est passif, car il reçoit assistance et nourriture, non-seulement de l'être auquel il s'est indentifié, mais de tous les autres êtres; il continue enfin d'être solidairement relié à eux et cette solidarité devient plus apparente encore entre lui et ses introducteurs dans la vie nouvelle, car tout ce qui blesse l'enfant blesse la mère et réciproquement. Dans cet acte, il y a persistance de l'être; il y a développement et devenir et, de plus, il y a changement radical de tout ce qui, en lui, est susceptible de changement.

La question de la vie future ou plutôt des transfigurations que, dans sa continuité, éprouve la vie ne consiste pas à savoir si nous serons ou non anéantis, car, dans ces termes, elle serait absurde comme le néant lui-même, mais à savoir si notre personnalité ne sera pas anéantie. Posé ainsi, le problème que nous avons jusqu'ici traité du point de vue ontologique ou général, se trouve réduit à des proportions moins vastes, puisqu'il ne s'agit plus de tous les êtres, mais de ceux seulement qui sont doués de personnalité et d'intelligence.

Pour qui croit au progrès, la solution s'en présente d'elle-même. Loin de supposer la perte de qualités acquises, le progrès suppose l'acquisition de qualités nouvelles. Si nous continuons d'être, nous continuons de progresser, car le progrès est une des essentielles conditions de l'existence. Nous conserverons donc nos qualités actuelles et la personnalité par conséquent et, de plus, des qualités encore inconnues viendront s'ajouter, en les modifiant, à celles que nous possédons.

Il ne faut pas qu'on dise que progresser, c'est à la fois acquérir des qualités nouvelles et perdre des qualités devenues inutiles. Qualité, ici, signifie puissance ; or, la puissance, qui est l'utilité elle-même, ne peut jamais être inutile. Mais ce qui, dans les qualités des êtres, peut devenir sans utilité, ce sont quelques-unes des manières suivant lesquelles elles se déploient. Il est évident, par exemple, que, si nous pouvions parvenir à nous faire comprendre par le simple regard, la parole cesserait de nous être utile. L'appareil phonétique pourrait, sans inconvénient, s'atrophier ; mais, parce que nous serions devenus muets, aurions-nous perdu la faculté de communiquer avec nos semblables ? Nous aurions seulement, dans l'exercice de cette faculté, substitué un mode plus parfait à un autre qui l'était moins. Rien, dans les êtres, ne peut périr, mais tout, en eux, excepté ce qu'ils ont d'immuable, change ou se transforme. Toute qualité acquise est acquise pour toujours, mais à la condition, toutefois, de se développer et de se modifier sans cesse.

Etions-nous hommes avant de naître? Serons-nous hommes après notre mort ? Si nous étions hommes avant de naître, quel progrès avons-nous accompli en naissant ? Dira-t-on que nous avons acquis plus de force, plus d'intelligence ? C'est là un développement, ce n'est pas un progrès. Ne serait-ce pas un peu bien aristocratique, ne serait-ce pas supposer entre les hommes des différences trop grandes que de regarder comme une bonne affaire pour un paysan, d'acheter, au prix de la mort, l'avantage de se réveiller académicien ?

Si chaque homme qui naît est un homme qui a déjà vécu de la vie humaine, il s'ensuit que le nombre des hommes ne peut ni s'accroître, ni diminuer. S'il faut absolument avoir été homme pour naître homme, comment expliquer que l'espèce humaine ait eu un commencement?

Mais à quoi bon discuter cette hypothèse renouvelée de Pythagore, et dont la conséquence dernière est que, tous les cinquante ans, Newton recommence à aller à l'école pour y apprendre l'arithmétique et Michel-Ange pour y apprendre à dessiner? Pourquoi ne pas demander à l'induction scientifique ce que l'observation directe ne peut fournir? Que dit la science touchant les animaux? Elle les considère tous comme des hommes en voie de formation, comme des hommes arrêtés à chacune des stations successives de la voie du progrès. N'est-ce pas implicitement affirmer que l'homme, dans sa phase antérieure, appartenait à quelqu'une des séries animales les plus rapprochées de la perfection humaine?

La mémoire est une de nos facultés les plus précieuses. Si, avant notre naissance, nous avons été hommes, nous la possédions ; nous devons donc la posséder encore et nous rappeler notre vie antérieure, dont cependant nous n'avons pas le moindre souvenir.

La *mémoire* n'est pas un magasin dans lequel se conservent les idées. C'est une force capable de reproduire celles qui se sont autrefois produites en nous, et de les reproduire avec d'autant plus de facilité que, au moment où elles se sont produites, l'attention était plus active. Dans nos premières années, notre attention est faible, aussi la mémoire a-t-elle beaucoup de peine à reproduire les sensations qu'alors nous avons éprouvées, les idées qui, alors, se sont formées en nous. Mais, depuis que nous avons atteint l'âge viril, notre attention s'est portée sur certains faits avec une intensité assez grande, pour que notre mémoire puisse en reproduire la pensée toutes les fois que nous le désirons. Si, dans la vie future, elle ne le pouvait plus, elle aurait diminué de puissance, ce qui serait en contradiction avec la loi du progrès.

Nous ne disons pas que, dans une autre vie, nous conserverons tous nos souvenirs. Cela n'aurait aucun sens, puisque, encore une fois, les souvenirs ne sont pas des idées qui se conservent, mais des idées qui se reproduisent. Nous disons que nous conserverons la puissance de reproduire toutes les idées dont la reproduction nous est, aujourd'hui, possible, sans toutefois entendre, par là, que nous userons de cette puissance pour nous donner le spectacle d'une foule de faits insignifiants dont, dès à présent même, nous dédaignons de nous occuper. Mais, quand cela nous plaira, et même souvent sans que notre volonté y intervienne d'une autre manière que par son consentement, nous penserons à nos parents, à nos amis, à ceux qui nous furent et qui nous seront chers encore; nous nous rappellerons leurs bienfaits, leurs vertus, leur dévouement et leurs caresses. Ainsi le veut la logique, puisque perdre cette puissance serait une impossible rétrogradation. Ainsi l'exige surtout le sentiment qui, si elle devait briser nos affections, ne regarderait qu'avec horreur la continuation de la vie.

Nous ne nous souvenons pas d'avoir habité les bois : à cela quoi d'étonnant? l'animal que nous étions n'avait pas de mémoire; il n'était susceptible que de vagues et obscures réminiscences. Comment, en devenant homme, aurait-il conservé une faculté qu'il n'avait pas? La mémoire est une des formes de la faculté capitalisatrice qui nous distingue des animaux. Nous ne l'apportons pas avec nous, nous l'acquérons en naissant. Quant aux qualités que l'animal possédait réellement, dans ce qu'elles ont d'essentiel, ne les avons-nous pas toutes conservées? Ne rencontre-t-on pas, parmi nous, la finesse du renard, le courage du lion, la prudence du serpent? De sagaces observateurs n'ont-ils même pas cru retrouver, sur la face humaine, des traits rappelant ceux des divers animaux?

On nous accusera, sans doute, en assignant à l'homme une semblable origine, de porter atteinte à la dignité de sa nature. Nous ne rougissons pas d'avoir été fœtus, d'avoir, dans les premiers mois qui ont suivi notre naissance, été un objet de pitié pour le chien qui veillait auprès de notre berceau, ou pour la chèvre qui, en l'absence de notre nourrice, voulait bien nous faire l'aumône de ses mamelles, mais nous aurions honte d'avoir bondi dans le désert avec la gazelle ou traversé les pampas à la tête de fougueuses cavales! Ce n'est pas notre faute; il y a tant de siècles qu'on nous apprend à mépriser les animaux, ces automates, ces machines qui n'ont pas d'âme! N'est-il pas temps que nous commencions enfin à comprendre que rien n'est bas, rien n'est ignoble dans la nature, que tout y est beau, saint et parfait en son genre et que, dans l'incommensurable pyramide du progrès, il n'y a de degré qui ne soit pas honorable que celui où l'on séjourne trop longtemps!

En devenant homme, je n'ai jamais cessé d'être animal. Après ma mort, par la même raison, je ne cesserai pas d'être homme. Seulement je serai à l'homme ce que l'homme est aux animaux; ainsi le veut la loi des séries. Les qualités nouvelles que j'acquerrai transfigureront mon existence, mais l'animalité et l'humanité ne cesseront pas d'en être la base. J'aurai de mon universalité et de la solidarité qui me relie aux autres êtres un sentiment plus profond qui se traduira par de plus larges et de plus ardentes sympathies. Je serai plus spirituel que je ne le suis, mais je serai aussi plus matériel, car l'esprit et la matière ne sont que des aspects de l'existence, aspects inséparables qui ne peuvent progresser l'un sans l'autre.

Je possèderai une organisation plus belle, plus puissante et plus complexe. Sera-t-elle visible et tangible ou, comme le veut la tradition universelle, sera-t-elle composée de matière subtile et diaphane?

Très-grand, lorsqu'il s'agit de vérités fondamentales,

notre respect pour la tradition s'affaiblit singulièrement lorsqu'il n'est question que de sujets d'une importance secondaire. Jamais la conscience humaine n'a pu admettre que l'homme pût mourir tout entier. Puisque, auprès d'une tombe entr'ouverte, rien n'est plus visible, excepté un cadavre, il faut bien que ce qui subsiste de vivant soit invisible. C'est sur ce raisonnement qu'est fondée la croyance aux mânes, aux esprits, aux espèces fluidiformes et enfin à tous ces farfadets qui se glissent par le trou de la serrure pour rendre des oracles au moyen des pieds d'une table, ou qui, lamentables revenants, viennent quêter des indulgences et des prières. Comme cette raison, pour qui est arrivé à comprendre l'universalité de la vie, aujourd'hui, n'en est plus une, sans scrupule nous laissons au domaine de la légende ces imaginations d'un autre âge.

Nous ne pouvons concevoir que des êtres supérieurs à nous puissent êtres privés de la faculté de toucher et de voir, puisque, en cela, ils nous seraient inférieurs. Et on l'a dit depuis bien des siècles : *Tangere nec tangi, nisi corpus, nulla potest res.* Nous ne pouvons concevoir ces êtres privés de la force physique et, comme l'observation nous montre que la force est toujours en rapport avec le volume et la densité, comme l'observation nous montre que les animaux les plus élevés dans la série sont aussi les plus denses, la foi nécessaire que nous avons en la persistance de la nature nous porte à croire que les êtres qui ont dépassé le degré d'existence qui, aujourd'hui, est le nôtre, doivent être plus forts et par suite plus grands, plus visibles et plus tangibles que nous ne le sommes. Progresser ce n'est pas grandir au figuré seulement. Si les astres, que tant de peuples ont adorés, sont des êtres de beaucoup supérieurs à l'homme, leur énorme masse ne nous paraît pas être le moindre de leurs titres de noblesse.

Après la mort, continuerons-nous d'habiter la terre ? Non, car, sur la terre, il n'existe pas d'êtres supérieurs à l'homme. Où sera notre demeure ? Dans quelle sphère puiserons-nous les éléments de nos nouveaux organes ? Impossible de le dire, parce que, uniquement préoccupée de rapports mathématiques, l'astronomie n'est pas encore assez avancée pour avoir pu classer, par ordre de perfection relative, les diverses planètes. Quand nous saurons quelle est celle qui, dans l'ordre progressif, vient immédiatement après la Terre, nous connaîtrons la demeure où nous attendent nos aïeux et où nous-mêmes irons attendre nos descendants ; nous commencerons à connaître les étapes successives de ce mystérieux pèlerinage, que, de sphères en sphères, nous avons à accomplir pendant l'éternité.

Ce serait, au surplus, bien mal nous comprendre que de nous opposer ces lois de la pesanteur qui attachent nos organes à la Terre. Ces organes y resteront attachés, mais, dès à présent, dans Vénus ou dans Mercure, nous en possédons d'autres qui ne manifestent encore que très-médiatement, que très-imparfaitement notre vie et qui, un jour, la manifesteront d'une manière plus immédiate et plus complète, pendant que nos organes actuels, cessant d'être plus particulièrement nôtres, redeviendront plus particulièrement des modes d'existence du corps terrestre.

Est-ce à dire, pour cela, que cette absence nous séparera complètement de l'humanité et que le dogme de la *communion des saints* qui, sous une forme ou une autre, a toujours fait partie de toutes les croyances, soit une pure fable ?

Depuis que, au moyen de l'électricité, nous pouvons converser à mille lieues de distance ; depuis que, au moyen du télescope, nous pouvons voir ce qui se passe à des milliers de lieues de nous, le mot *absence* ne peut plus, comme autrefois, signifier *séparation*, et, pour qu'un absent entre, avec nous, en rapport, plus n'est besoin d'un miracle. Pour des êtres supérieurs à nous, bien moins encore que pour nous, l'absence ne peut être un obstacle à d'incessantes communications. Tenant encore à l'humanité par tout ce qu'il leur reste de l'homme, ils doivent nécessairement s'intéresser à nous, qui sommes la pépinière où ils se recrutent ; ils doivent nécessairement s'intéresser aux progrès du genre humain et tendre à y contribuer par un énergique concours. Ceux qui nous aimaient nous aiment davantage ; ceux qui ne nous connaissaient pas ont appris à nous connaître et à nous aimer. Les penseurs qui ont rêvé des retours périodiques sur la terre y ont été amenés par ce sentiment très-naturel et très-légitime que, membres de l'humanité, nous ne devons pas nous séparer d'elle avant que son œuvre ne soit accomplie. Ils n'ont pas compris que, loin de nous isoler d'elle, notre passage sur une autre planète nous permettait de concourir plus énergiquement à ses progrès. Ils ne se sont pas rappelé que Christophe Colomb, en passant en Amérique, avait mieux servi l'Espagne que s'il était resté à Tolède ou à Saragosse.

L'assistance que nous prêtent nos frères absents ne peut être visible, car, dans cette condition, elle nous dégraderait. Que sont devenus, en effet, les peuples qui ont cru voir, dans leurs chefs, rois ou prêtres, autre chose que des hommes ? Des esclaves, des automates. Si nous communiquions avec des êtres supérieurs à nous, ouvertement et comme nous communiquons avec nos semblables, dans ce contact, notre liberté ferait naufrage ou, du moins, serait considérablement amoindrie, car, sans folie, nous ne pourrions pas ne pas obtempérer à leurs conseils. Notre servitude serait volontaire mais n'en serait pas moins une servitude. Le genre humain se trouverait en tutelle. Nous serions comme sont des enfants en présence de vieillards dont ils honorent l'expérience et la sagesse et dont ils prennent chaque parole pour un oracle.

Les morts souffrent de nos vices et se réjouissent de nos vertus. Ils nous entendent et nous parlent, sans toutefois que nous puissions distinguer en nous ce qui nous vient d'eux d'avec ce qui nous vient de nous-mêmes. Confusion heureuse, puisque, nous venons de le dire, elle sauvegarde notre liberté! Comment nier l'inspiration? Comment nier ces voix intérieures, ces obscurs pressentiments qui, si souvent, nous font éviter bien des fautes? Comment les expliquer, si ce n'est par une assistance, non pas surnaturelle, car il n'y a rien de surnaturel dans la nature, mais surhumaine, mais mystérieuse, parce que, à la condition du mystère seulement, elle peut être bienfaisante. La solidarité est un des essentiels aspects de l'existence. De même que nous sommes solidaires les uns des autres, les générations sont solidaires entre elles.

Est-il besoin de dire que nous ne savons rien et ne pouvons rien savoir des modes de communication existant entre les morts et nous et que toute recherche à cet égard ne peut être que superstition ou charlatanisme? Nous savons que cette communication existe; c'est une vérité de sentiment. Cela doit nous suffire. Aller plus loin ne serait pas même entrer dans le domaine de la poésie, car, pour prendre son vol, la poésie a besoin d'un point d'appui et, ici, tout point d'appui lui manque.

Nous n'avons rien dit d'une hypothèse qui, avec quelque éclat, s'est produite dans ces derniers jours et qui consiste à considérer les vivants comme les tombeaux des morts, à regarder comme possible l'absorption des générations passées par les générations présentes. C'est que, en vérité, nous ne sommes jamais parvenus à la bien comprendre.

Je ne suis pas seulement Jean ou Pierre; je suis saint Paul, je suis Charlemagne, je suis Saint-Simon, je suis Condorcet. A merveille, si, par là, vous voulez dire, que vous vous êtes nourri de la pensée de ces grands hommes. A merveille encore, si vous entendez que ces organes, que je vois et que je touche et qui sont plus particulièrement *vôtres,* sont, en même temps, *leurs* à un autre titre et à un moindre degré. Mais, si vous prétendez que votre corps est aussi le corps de ces morts illustres, qu'ils mangent quand vous mangez et qu'ils dorment quand il vous plaît de dormir, je me demande ce que cela signifie. Car enfin mon corps est ce qui est *plus particulièrement* moi ; comment peut-il être, en même temps, plus particulièrement quelques autres ?

Ce communisme des corps, cette imagination que chaque être n'ait pas un corps surtout à lui serait réellement chose fort nouvelle et dont la tradition ne fournit aucune trace. Reste à savoir si l'invention en sera fort disputée.

Dans tous les cas, il faudra que l'idée que, jusqu'à présent, on s'est faite du corps vienne à changer et qu'on dise des corps qu'ils sont l'ensemble des qualités physiques par lesquelles plus spécialement se manifeste la vie, non plus d'un être, mais d'une assemblée. Il faudra nous résoudre à attribuer vos actes, non plus à l'individu que vous êtes et que nous connaissons, mais à une synagogue, à un club, à un conventicule. Vous ne pouvez plus parler en votre propre nom : vous n'avez même plus de nom, car on ne sait plus lequel vous donner. Vous ne pouvez plus dire *moi* ; vous dites *nous*. C'est plus royal, j'en conviens, mais votre personnalité ne s'en trouve-t-elle pas un peu amoindrie ?

Quoi qu'il en soit, convenez que vous êtes bien heureux de vous trouver en si bonne compagnie, car si, au lieu d'être hanté par ces bons génies qui déjà, dites-vous, vous ont rendu le service de vous débarrasser de cet affreux Voltaire, traîtreusement faufilé parmi eux, vous étiez possédé par saint Ignace ou par Torquemada, car je ne veux parler ni de Cartouche ni de Mandrin, quel sort serait le vôtre ?

Tous vos grands hommes font bon ménage, mais s'ils venaient à se quereller, qui mettrait la paix entre eux ? qui les ferait rentrer dans l'ordre ? Si c'est vous, si vous avez le pouvoir de les forcer à vouloir ce qu'ils ne veulent pas, de croire à ce qu'ils ne croient pas, leur existence, comme personnes, est fort compromise.

Peut-être répondrez-vous que vous ne vous appelez pas

*légion* ; peut-être répondrez-vous que vous n'êtes qu'*un*, mais que votre unité n'est que le produit de l'identification de ces *moi* absorbés dans votre *moi*. C'est ce que les Indous disaient de Brahma, de ce grand indéterminé dans le sein de qui toutes choses venaient se confondre. Mais, très-logiquement, ils ajoutaient que ces choses ainsi confondues n'avaient que l'apparence de la réalité. En est-il de même de saint Paul et de Charlemagne ? Ne sont-ils plus que de simples formes de votre moi ? Si c'est ce que vous pensez, de quel droit affirmez-vous la continuité de la vie ?

Qu'est-ce que ces *moi*, d'ailleurs, ces irréductibles termes de distinction absolue, qui cessent ainsi d'être absolument distincts ? Mais je me trompe, sans doute. Ce n'est pas ce que vous voulez dire, car il est impossible que de l'absorption des personnalités, dont la simple tentative serait un crime en morale, vous prétendiez faire une loi de la nature.

J'avais bien raison d'avouer que je ne vous comprenais pas, mais est-ce bien ma faute ? Si je ne puis me décider à voir en vous une urne ambulante, à vous considérer comme un sépulcre blanchi, pardonnez-moi cette vieille réminiscence, ne serait-ce point parce que je ne suis pas initié à des mystères réservés à de plus dignes ?

Mais à quoi bon accumuler tous ces nuages et se perdre au milieu de ces contradictions ? A quoi bon cette hypothèse qu'aucun fait, qu'aucune analogie même ne justifient ? est-ce à montrer l'action réciproque qu'exercent les uns sur les autres les morts et les vivants ? Mais, pour s'entr'aider, pour se secourir, est-il donc nécessaire d'être enfermé dans la même cellule ? Sans doute, il importe au plus haut degré d'insister sur l'étroite solidarité qui relie entre elles les générations successives, mais il ne faut pas que ce soit en nous ramenant aux rêveries d'un panthéisme arriéré de trente siècles.

Nous croyons être arrivés à ce même résultat par un

chemin plus facile. Aussi, sans nous laisser distraire davantage par des métaphores données pour de bonnes raisons, après avoir tâché de tirer de l'observation et aussi des principes antérieurement démontrés, tout ce que nous pouvons en conclure, allons-nous examiner si nos hypothèses fournissent à la morale une sanction équivalente à celle qui résultait des anciennes croyances.

La preuve sentimentale de la continuité de la vie se déduit généralement de ce qu'il est impossible que justice ne soit pas rendue à tous. Comme, sur cette terre, tous ne sont pas équitablement rétribués suivant leurs œuvres, une autre vie est une nécessité. Malheureusement, à cette conséquence très-légitime se sont mêlées les fables grossières qui nous représentent Minos, assis à son tribunal, ou l'Archange tenant sa balance. La justice n'a pas besoin de ce vain appareil. Elle est la conséquence nécessaire de nos actes, conséquence dont, tôt ou tard, nous ne pouvons éviter la douceur ou l'amertume.

Si nous sommes riches de progrès accomplis, riches et honorés nous serons dans la société nouvelle dont la mort nous rendra membres. Si nous avons laissé notre intelligence sans culture, si, par de coupables excès, nous avons affaibli nos forces, si nous avons permis que le sens moral s'atrophiât en nous, nous arriverons dans cette nouvelle existence ignorants, débiles et méchants. Invisibles témoins de nos actions les plus secrètes, et ils doivent l'être, si toute communication entre eux et nous n'est pas interrompue, nos nouveaux frères nous accueilleront comme des malades qui ne seront dignes d'entrer dans leurs rangs qu'après le purgatoire d'un traitement et d'une éducation sévères. Pour que justice soit faite, il n'est nullement besoin de la vallée de Josaphat et de ses fantasmagoriques merveilles [1].

---

[1] Quant au dogme de l'enfer éternel, quant à cette exécrable négation de toute bonté et de toute justice, on ne s'attend pas, sans doute, à ce que nous en parlions. Il en est de cela comme de l'anthropophagie. Ce sont des hontes de l'humanité sur lesquelles, en fils respectueux, nous devons jeter un voile.

Nous nous séparons, on le voit, des anciennes croyances dans ce qu'elles ont de superstitieux et d'accessoire, mais nous sommes, en tous points, d'accord avec la constante tradition du genre humain, en ce qu'elle a d'essentiel. Nous ne heurtons même aucun des systèmes de l'exclusivisme philosophique. Avec les panthéistes, mais sous la réserve du progrès, nous confessons la série des transformations tant antérieures que futures. Aux spiritualistes, nous concédons l'inaltérable pérennité du moi, et, comme les matérialistes enfin, nous reconnaissons qu'on ne peut ni penser, ni agir, ni exister sans organes. Nous ne nommons pas Dieu, il est vrai, mais, si nous ne le nommons pas, c'est que ce nom n'a encore pour nous aucun sens. La question théologique viendra plus tard. En ce moment, ne sachant pas encore si Dieu existe, nous ne pourrions le faire intervenir sans le plus flagrant paralogisme.

Après avoir dit ce que, suivant l'hypothèse à laquelle forcément nous conduisent nos prémisses, devient l'homme, disons ce qu'est et ce que devient le cadavre.

Nos organes, nous le répèterons cent fois s'il le faut, ne sont pas des êtres, mais des manières d'être de l'être que nous sommes, et, en même temps, des manières d'être de l'être terrestre. Ce sont, nous disent les chimistes, de l'oxygène, de l'hydrogène, du carbone, de l'azote, du phosphore, de la chaux, etc., etc., tous mots qui correspondent à des manières d'être, à des organes de la terre. A notre mort, ils ne se désorganiseront pas, comme à tort on le suppose, ils s'organiseront en vue des fonctions nouvelles qu'ils auront à remplir. Le cadavre n'est point une chose morte; c'est tout simplement un symbole qui a changé de signification. Singulière chose morte, en effet, que celle qui, déposée au pied d'un arbre, double sa vigueur et sa vie !

Ici, s'arrête ce que nous avions à dire touchant la rénovation des êtres. L'hypothèse que nous présentons, comme toutes les hypothèses possibles, en elle-même, est inattaquable. Elle ne peut être combattue qu'en lui opposant des axiomes qu'elle viole, des faits qui la contredisent ou des sentiments qu'elle méconnaît. Ces faits, ces sentiments, ces axiomes, dans toute la sincérité de notre cœur, nous les avons cherchés et ne les avons rencontrés nulle part. C'est pourquoi, dans un siècle orgueilleux de son incrédulité, nous ne craignons pas de confesser notre foi en la perpétuité de la vie, et de poser hardiment une doctrine qui, en rejetant tout ce que les anciennes croyances avaient de superstitieux, conserve et élargit ce qu'elles avaient de consolant et de moralisateur.

Comme Robespierre et la Convention, nous n'affirmons point l'immortalité de l'âme : d'abord, parce que, séparée de tout organisme, l'âme n'existe point ; en second lieu, parce que, existât-elle, loin d'être à l'abri de la mort, c'est par des morts et des naissances successives qu'elle pourrait seulement manifester son existence ; mais ce que sentaient si bien et que formulaient si mal nos pères, à savoir la continuité de la vie, nous le sentons et y croyons comme eux, et, en donnant à leur pensée l'expression qu'ils ne purent lui donner eux-mêmes, nous croyons continuer leur œuvre.

Tout ce qui est né doit mourir, parce que naître c'est recevoir, en s'identifiant à eux, de quelques êtres supérieurs, c'est-à-dire plus richement dotés des qualités qu'on ne possédait pas encore [1]. Lorsque ces qualités ainsi acquises ont, peu à peu, reçu tous les développements dont elles sont susceptibles, lorsqu'elles ne peuvent plus se développer sans l'adjonction de qualités nouvelles, le progrès de l'être serait interrompu si, tout en les aidant, au moyen des forces que lui-même a acquises, il n'allait pas de-

---

[1] Dans cet acte d'identification, nous ne sommes pas seuls à progresser. La femme donne beaucoup à l'enfant qu'elle porte dans son sein, mais elle en reçoit beaucoup aussi. Elle sent sa vie se doubler en quelque sorte, et la maternité faire à son front une véritable auréole. Même au point de vue purement physiologique, la stérilité a toujours été considérée comme un malheur.

mander à des êtres d'un degré supérieur à celui auquel il est parvenu, ces qualités qui lui manquent et il ne le peut que par une nouvelle identification, que par une nouvelle mort et une nouvelle naissance.

En tant que terre, la terre n'a pas toujours existé. Elle est née, donc elle doit mourir ; donc l'humanité prendra fin ; donc il est absurde de prédire, pour l'humanité, des progrès indéfinis. Quand les hommes, profitant du travail des générations précédentes, se seront développés autant que leur nature le comporte, il ne naîtra plus d'hommes, l'espèce humaine prendra fin et laissera, dans la série des êtres, une lacune semblable à celle qui se produisit lorsque disparurent les races antédiluviennes, lacune qui fut aussitôt comblée par l'apparition de races plus parfaites.

Chaque espèce pouvant être considérée comme une station par laquelle doivent successivement passer les espèces inférieures, on peut, à la rigueur, dire d'elle qu'elle ne peut être détruite, puisque sa destruction produirait un brisement dans la chaîne ascendante des êtres dont elle est un des anneaux. Mais elle peut se transformer assez profondément pour mériter un nom nouveau et, sous des conditions nouvelles, remplir encore la même fonction. L'anneau de fer peut être remplacé par un anneau d'or sans qu'aucune perturbation n'en résulte dans le mouvement d'ensemble.

Nous avons dit comment nous comprenions les vivantes révolutions de l'individualité, il nous reste, à présent, à discuter les questions qui se rattachent à l'origine des espèces. Ici, l'obscurité redouble ; ici, plus que jamais, nous avons à craindre le reproche de témérité, le reproche de faire à l'imagination une part trop grande. Ce sera cependant encore sur des données scientifiques, sur d'incontestables observations que nous baserons nos hypothèses.

La permanence des lois de la nature ne nous permet pas de supposer que les premiers animaux, que les premières plantes qui ont paru sur notre globe après qu'il se fût lui-même dégagé de la masse solaire, aient eu une origine complètement différente de celle des plantes et des animaux existant aujourd'hui. Avec l'hypothèse de la fécondation, comme aucun de leurs congénères n'existait encore, pour expliquer leur apparition, on fut forcé d'avoir recours à un miracle et, quand la science en arrive là, elle donne sa démission. Les savants modernes qui ne croient guère aux miracles, pour résoudre le problème des origines ont recours à trois hypothèses différentes : celle de la préexistence des germes, celle des transformations et enfin celle des générations spontanées.

La première, si brillamment exposée par Ch. Bonnet dans sa *Panspermie,* suppose que tout est rempli de germes invisibles qui, lorsqu'ils viennent à rencontrer un milieu favorable, y éclosent et s'y développent. Cette manière d'expliquer la naissance a le défaut de ne rien dire de la mort qui, cependant, en est si inséparable que, sans elle, la naissance ne peut pas plus se concevoir que l'avenir ne peut se concevoir sans le passé. Ces germes préexistaient, mais sous quelle forme ? Prétendre que, de toute éternité, ils sont demeurés à l'état d'enveloppement, à l'état stérile de germe serait nier le progrès et la vie. De toute force, il faut leur supposer des développements antérieurs auxquels a succédé un état d'enveloppement terminé par une mort ou, ce qui est la même chose, par une naissance.

Ainsi complétée, cette hypothèse ne diffère essentiellement de la nôtre qu'en cela que les germes, rencontrant, par hasard, un milieu favorable à leur éclosion, rappellent trop les atômes d'Épicure se rencontrant aussi par hasard et se groupant pour former des mondes. Scientifiquement, le hasard, ne vaut pas plus que le miracle; et d'ailleurs, nous ne voyons pas pourquoi y avoir recours lorsque l'observation physiologique nous fournit des faits qui suffisent à baser une induction donnant du problème une solution plus rationnelle. C'est par un acte de volonté, s'il est doué de libre arbitre ; c'est par un effet d'affinité ou de sympathie, s'il est privé d'intelligence que, cédant aussi à une sorte de fascination ou d'attraction, le mort se greffe sur le vivant et puise dans sa vie une vie nouvelle.

C'est à Lamarck surtout qu'est due la doctrine des métamorphoses dont nous devons aussi dire quelques mots.

Dans l'origine, toutes les espèces étaient, sinon confondues, du moins si rapprochées entre elles, que rien ne ressemblait aux différences si tranchées qui, aujourd'hui, les séparent. C'est l'indétermination orientale du sein de laquelle toutes les déterminations sont sorties.

Comment se sont produites les qualités qui caractérisent les espèces ? Par l'action des climats et par la réaction des individus. Toutes les fois que le milieu se modifie, de nouveaux besoins se font sentir mais, plante ou animal, l'individu n'éprouve pas un besoin sans travailler à le satisfaire, et, s'il n'y peut parvenir qu'en se donnant de nouveaux organes, il porte en lui-même la puissance de se les donner. Ainsi, les yeux sont venus du besoin de voir, les griffes sont nées du besoin de saisir et de déchirer une proie, les ongles rétractiles du besoin de n'en pas émousser les pointes en marchant sur un sol rocailleux. Pour se défendre contre la dent des animaux, l'acacia, planté dans une haie, se couvre d'épines dont, transplanté dans un jardin, il ne tarde pas à se dépouiller. Si le besoin crée des organes, quand il cesse, les organes qu'il avait créés s'atrophient. Les yeux de la taupe, qui vit dans les ténèbres, ne sont plus qu'à l'état de rudiment ; l'autruche, dont la course est si rapide, n'a plus que des ailes sans proportion avec son corps. Comme, à chaque époque géologique, les modifications du milieu créèrent de nouveaux besoins, il arriva que de profondes modifications organiques distinguèrent en espèces nouvelles ce qui n'était que des variétés de la même espèce.

L'exagération, en tout ceci, est manifeste. Personne assurément ne nie l'influence des climats et celle des habitudes, mais cette influence va-t-elle jusqu'à dénaturer les types et à créer des espèces nouvelles ? C'est ce qu'il est bien difficile d'admettre. Cette manière de voir a d'ailleurs deux défauts : d'abord elle n'explique pas d'où venaient les espèces ou l'espèce primitive ; en second lieu, elle est directement contraire à ce que prouve l'observation des faits.

Si le paléothérium, par exemple, s'est métamorphosé en cheval, à moins que cette métamorphose ait eu lieu instantanément, ce qui est contre l'hypothèse, puisque le milieu et les habitudes ou les besoins qui en résultent n'ont pu se modifier du jour au lendemain, nous devrions retrouver des ossements fossiles appartenant à des animaux de transition, moitié paléothérium et moitié cheval. Si le lépidodendrum des houillères s'est changé en chêne ou en sapin, nous devrions trouver des restes de plantes portant des traces de cette transformation. Or, rien de semblable n'existe. Les différentes espèces forment bien les termes d'une série, mais les termes de cette série sont fixes ainsi que les espaces qui les séparent. Cette conception de Lamarck, au moins dans ce qu'elle a de trop exclusif, est donc à abandonner. Elle valait, comme machine de guerre, contre les miracles bibliques ; elle serait sans valeur entre les mains de la science.

Formulée d'une manière plus générale, elle compte toutefois, nous devons l'avouer, de nombreux partisans. Tout est dans tout. Toutes les qualités possibles sont à l'état latent dans chaque être et, en se développant en lui, le font successivement et progressivement passer par toutes les formes de l'existence.

Oui, tout est dans tout, mais seulement à l'état d'indétermination. Tous les êtres possèdent, puisqu'on le veut, toutes les qualités possibles, mais, ils ne possèdent le plus grand nombre de ces qualités qu'au plus bas degré possible, à un degré si bas qu'elles ne se manifestent en aucune manière ; il ne les possèdent qu'à un degré indéfiniment bas, et, comme les qualités phénoménales, car il ne peut s'agir que de celles-là, sont les moyens par lesquels les êtres se distinguent relativement entre eux ; comme dire qualité c'est dire distinction ; comme la distinction à un degré indéfiniment bas est l'identité, il s'ensuit que c'est, en se plaçant au point de vue de l'identité ou de la substance, c'est-à-dire de l'indétermination, qu'on peut dire que tout est dans tout. Mais l'indéterminé c'est le possible ; donc cette ambitieuse formule revient à affirmer que toutes les qualités sont possibles à l'être, qu'il est capable de successivement les acquérir toutes ; ce que nul ne conteste et ce qu'on exprime ordinairement en disant que l'être possède toutes les qualités *en puissance*.

Dans ces termes, l'argument est sans portée. Pour qu'il en eût une, il faudrait supposer que tout être possède toutes les qualités en *acte,* c'est-à-dire qu'il les possède actuellement ; que l'aveugle de naissance, parce qu'il peut l'acquérir, possède la faculté de voir mais à l'état latent, qu'un morceau de houille, parce qu'il pourra s'enflammer, est en ignition latente. *Latent* est, ici, synonyme d'enveloppé. Or, les qualités, il n'y a pas de milieu, on les possède ou on ne les possède pas. L'enveloppement ne porte pas sur leur nombre mais sur leur degré. De sorte que dire qu'un être possède toutes les qualités possibles à l'état latent revient à dire qu'il les possède à un degré très-bas, mais cependant déterminé, et, par suite, que cet aveugle voit, mais si peu, si peu, qu'il ne peut s'en apercevoir, que ce charbon brûle mais si peu, que nous ne sentons pas sa chaleur. N'est-ce pas comme si on disait qu'un chêne est un peu oiseau, qu'un oiseau est un peu poisson et qu'un cercle est un peu carré ?

Mais, enfin, admettons, car, au point de vue abstrait de l'indétermination, cette manière de voir est fondée, admettons que toute apparition de qualités nouvelles résulte non d'une acquisition mais d'un simple développement. Resterait à savoir si l'être possède, en lui-même et sans le secours des autres êtres, le pouvoir de se développer. Personne ne le supposera, car, alors, chaque être se suffisant à lui-même, l'enchaînement et la solidarité des êtres seraient d'inexplicables superfluités.

Les partisans les plus exagérés de cette doctrine du développement, dont nous combattons seulement l'exclusivisme, conviennent que chaque métamorphose exige le concours de circonstances favorables. Comme *circonstance,* en fin de compte, signifie action des êtres extérieurs, ils reconnaissent que l'apparition en nous de qualités nouvelles suppose l'intervention d'êtres, à quelques égards, étrangers à nous ; ils conviennent donc de la nécessité d'êtres développants, d'êtres générateurs. La question se réduit donc à chercher, avant que la fonction génératrice fût confiée à des êtres semblables à ceux que nous connaissons, par qui elle fut exercée, ou, en d'autres termes, tous y ayant concouru, de savoir quels sont les êtres qui ont le plus immédiatement concouru à l'éclosion des qualités qui caractérisent les espèces actuelles.

Bien comprise, l'hypothèse des générations spontanées tend à beaucoup simplifier cette question.

Qu'un grain de sable ou qu'une goutte d'eau, qui ne sont pas des êtres, puissent, par leur propre virtualité, devenir insecte ou plante ; qu'une goutte d'eau puisse se donner à elle-même des qualités et des organes qu'elle n'a pas, voilà qui n'a pu passer à la tête de personne. Mais qu'un grain de poussière devienne, tout à coup, le centre d'une individualité jusque-là centralisée ailleurs, c'est-à-dire le point d'application d'une force plastique préexistante et susceptible de s'assimiler, parmi les organes terrestres et avec le concours de la Terre elle-même, considérée comme une immense matrice, ceux qui peuvent lui constituer un organisme, il n'y a rien là qui offense la raison ou qui soit contraire à l'expérience.

Dans les espèces supérieures, l'individu qui va naître rend siens quelques-uns des organes de son père d'abord ; puis quelques-uns des organes de sa mère ; puis, par suite de l'acte même qui constitue sa naissance, changeant, pour la seconde fois, de milieu, il ne s'assimile plus que des aliments ordinaires, c'est-à-dire que des organes de la planète, préparés et élaborés par une foule d'autres êtres.

Si peu qu'on descende dans la série, on voit l'intervention directe de la vie planétaire devenir indispensable, même avant la naissance. Ainsi, beaucoup d'espèces déposent leurs œufs dans le sable ou dans les eaux, et confient à la terre le soin d'une troisième gestation. C'est même là un fait normal parmi les végétaux, dont les graines, excepté dans des cas fort rares de parasitisme, n'arrivent à l'éclosion que dans l'eau ou dans la terre.

Dans les cas de génération unisexuelle, ce fait est plus marqué encore. Les spores, les gemmules ne se transforment en individualités distinctes, que sous l'influence de ce qu'on a appelle le *milieu ambiant*. Si la plante ou l'animal d'où ils procèdent est leur père, la terre est véritablement leur mère. Or, quand on réfléchit à cette influence toujours croissante, à mesure qu'on descend les degrés de l'existence, qu'exerce la planète dans la transformation des individus, on arrive naturellement à penser que, à des degrés plus inférieurs encore, elle puisse suffire seule à cette fonction rénovatrice ou plutôt puisse en être le seul agent immédiat; on arrive à regarder comme très-possible, comme très-probable même, qu'un individu en voie de transformation trouve, dans quelques-uns des organes terrestres, tout ce qui est nécessaire à sa métamorphose.

L'erreur des naturalistes, qui, étrangers à la philosophie, se disent partisans de l'hypothèse des générations spontanées, ne consiste donc pas en ce qu'ils nient la maxime trop absolue : *Omnis creatura ex ovo,* ni en ce qu'ils ne regardent pas comme indispensable un acte de copulation, mais en ce qu'ils attribuent à la terre, ou, comme ils le disent, à la chaleur, à l'humidité, à la putréfaction, etc., etc., une puissance impossible, celle de créer des individualités, celle de créer des êtres. Ces plantes microscopiques qui, tout à coup, naissent dans une eau stagnante, existaient ailleurs et sous une autre forme, mais c'est au concours que leur ont prêté tous les autres êtres, et plus spécialement la Terre, qu'elles doivent leur forme actuelle.

Ce qui prouve, d'une manière péremptoire, qu'un père et une mère, ou même qu'un père seulement de la même espèce que celle à laquelle appartiendra l'individu qui va naître, ne sont point indispensables, c'est que nous connaissons une foule d'espèces qui ne pouvaient exister il y a quelques siècles, il y a quelques années, et dont la genèse s'est accomplie sous nos yeux. Nous citerons seulement le *mycoderma atramenti*, espèce de moisissure qui se produit dans nos encriers et ne se produit nulle part ailleurs. Avant que l'industrie humaine n'eût fabriqué de l'encre, ces petits végétaux ne pouvaient exister. Les individus qui revêtent cette forme en auraient reçu de la Terre une toute différente. On peut dire la même chose de certains animalcules qui ne peuvent naître que dans le fromage, dans le vinaigre, etc., etc.

Ce fait est digne de nos plus sérieuses méditations. Avant d'en tirer les conséquences, quelques autres considérations nous semblent ne pas être inutiles.

Qu'est-ce qui constitue une espèce ? Ce sont ses qualités distinctives. Pour que de nouvelles espèces soient possibles, il faut que de nouvelles qualités se produisent. Or la production de qualités, de propriétés nouvelles est un fait d'expérience journalière. La chimie n'a pas d'autre objet. Les chimistes ne créent pas des *substances* comme ils le prétendent, mais ils créent des propriétés.

Pour y parvenir, comment opèrent-ils ? Ils combinent entre elles des propriétés déjà existantes. Ils ne peuvent combiner entre elles les propriétés du cheval et celles du taureau. Les espèces une fois établies sont fixées et leurs propriétés sont incommunicables. Mais ils combinent entre elles celles que possède la Terre, et donnent ainsi à la planète, des propriétés nouvelles, trop peu importantes pour altérer ses caractères spécifiques, mais qui lui permettent de transmettre à d'autres êtres, des qualités qu'elle même, avant cela, ne possédait pas. Le jour où la chimie, en combinant les propriétés fer et les propriétés tannin a fait de l'encre, ce jour là, l'être terrestre a pu engendrer le *mycoderma atramenti*.

Mais il y a d'autres chimistes dans le monde que ceux qui s'ensevelissent dans la poussière des laboratoires. Tous les êtres agissent chimiquement les uns sur les autres. De leur action réciproque naissent, à chaque instant, de nouvelles propriétés, qui rendent possibles de nouvelles espèces : le soleil, les autres planètes et les étoiles, même les plus reculées, agissent, et depuis sa naissance, n'ont cessé d'agir chimiquement sur la Terre, et, dans ces incessantes combinaisons, la Terre n'est point exclusivement passive ; elle donne autant qu'elle reçoit, elle se modifie autant qu'elle est modifiée [1].

Comme cela a lieu chez tous les êtres, c'est surtout pendant son enfance, que, en elle, se sont produites les modifications les plus profondes. Si, aujourd'hui, venant d'acquérir les propriétés encre, elle peut fournir au *mycoderma* les éléments de son organisme spécial, qu'y a-t-il d'impossible à ce que, aux grandes époques géologiques qui la modifièrent à un si haut degré, elle ait pu, non pas créer, mais engendrer des espèces supérieures qui se continuèrent ensuite par elles-mêmes, jusqu'au moment où de nouvelles modifications de la planète, en lui permettant des générations d'un ordre plus élevé, soient devenues un obstacle à l'existence de celles qui les précédaient ?

Pourquoi chacune des crises géologiques n'aurait-elle pas été un accouchement ? Pourquoi les premiers nés des races éteintes, aussi bien que des races actuelles, ne se-

[1] Cette extravagante assertion de Fourier, que le groseiller est le résultat d'une copulation de la Terre avec Mars ou avec Mercure, ne fait-elle pas l'effet d'un de ces éclairs qui, un instant, illuminent la plus sombre nuit ?

raient-ils pas sortis des maternelles entrailles de la Terre ? L'observation prouve que le fœtus humain, dans le sein de sa mère, passe successivement par tous les degrés de l'animalité. Pourquoi, pendant son état fœtal, la Terre n'aurait-elle pas subi des transformations analogues ? Non pas que nous voulions dire qu'elle ait été plante, mollusque, quadrupède, pas plus que l'embryon humain, bien qu'il porte des traces de ces stations de la vie, n'est successivement insecte, poisson et oiseau, mais seulement, dans la forme qui lui est propre, rappelle les traits généraux de ces divers organismes.

Que la vie d'un être très-inférieur, ayant jusque-là habité Sirius ou Saturne, se soit tout à coup centralisée sur un point de l'océan, alors que les qualités du mollusque prédominaient dans la vie terrestre, pourquoi la Terre n'aurait-elle pas pu communiquer à cet être les qualités du mollusque ? Pourquoi cet être, en s'assimilant quelques-uns des organes ainsi prédisposés de la planète, ne serait-il pas devenu ammonite ou gryphée ? Dans la période suivante, si les qualités des reptiles étaient prédominantes dans la vie terrestre, pourquoi l'être qui se serait identifié avec la planète, en s'isolant d'elle, n'en aurait-il pas retenu les qualités du reptile ? Pourquoi les plus parfaits parmi les animaux détruits par un dernier cataclysme, n'auraient-ils pas, en se transformant, puisé dans cette source féconde les qualités humaines ?

Si, aujourd'hui, les choses ne se passent plus de la même manière, si ce n'est dans un nombre restreint de cas, c'est, d'une part, parce que la première enfance de la Terre étant écoulée, les qualités qu'elle possède, au lieu de se manifester par de successives prédominances, sont arrivées à l'état d'équilibre et d'harmonie, et, en second lieu, parce que ces qualités étant devenues le partage des espèces qui l'habitent, c'est à ces espèces qu'il appartient de les communiquer aux êtres devenus capables de les acquérir. La nature ne fait pas de double emploi.

Ce qui fera repousser par plusieurs cette manière d'expliquer l'origine des espèces qui peuplent actuellement la Terre, c'est, nous ne l'ignorons pas, le caractère d'athéisme qu'ils ne manqueront pas d'y trouver. Ils croiront que nous avons été amenés à l'hypothèse que nous venons de développer par le désir de nous passer de Dieu. En cela, ils seront dans l'erreur. Nous ne voulons rien préjuger encore sur la question théologique ; elle n'est pas de celles qui peuvent se traiter d'une manière incidente. Mais, qu'on y prenne garde : à diverses reprises, nous avons répété que tous les êtres, sans exception, et la solidarité universelle nous en faisait une loi, avaient concouru à la création des espèces. Si Dieu existe, il n'est pas exclu de ce grand acte. Est-il, ou non, conforme à l'idée qu'on doit se faire de Dieu qu'il y ait concouru par l'intermédiaire de notre planète et sans rien déranger à l'ordre établi ? Ou bien est-il mieux de se le représenter procédant à coup de miracles, agissant immédiatement lui-même et pétrissant du limon pour en faire des chiens ou des chats ? C'est ce que nous laisserons à décider à la raison du lecteur.

Dans notre manière de voir, qui embrasse à la fois, en les complétant l'une par l'autre, les trois hypothèses de la préexistence des genres, des transformations successives et des générations spontanées, tout ce qu'on a pu imaginer sur le commencement des choses, trouve sa justification. Il y a *création,* car l'homme n'existait pas et il existe ; il y a *changement,* car l'être, qui s'est élevé à la dignité humaine, a éprouvé de profondes modifications ; il y a *émanation* enfin, car quel autre nom donner à cette communication de qualités qui fait que nos enfants sont comme un développement, comme un prolongement de notre être ?

Ce qui a rendu possible cette synthèse, c'est la croyance en la vie universelle. Tant qu'on a regardé la Terre comme une chose morte, il fallait chercher dans l'inconnu, dans le surnaturel, le secret des origines. Mais cette opinion bizarre que la Terre, source de vie pour tout ce qui la couvre, que la Terre dont nous connaissons la naissance, dont nous pouvons suivre, en quelque sorte, les évolutions physiologiques, n'est pas un être vivant, affirmation purement chrétienne, n'a jamais été l'opinion du genre humain. Ce n'était pas celle des peuples qui se glorifiaient du titre d'*autocthones,* ou d'enfants de la Terre ; ce n'est même pas celle de ces naïfs habitants des campagnes, que l'ignorance a préservés des sophismes de l'esprit de système, et qui, laissant leur Curé l'appeler un amas de cendres et une vallée de larmes, aiment la Terre, et, par là, témoignent assez qu'ils la sentent vivante, car ce n'est pas à la mort, au néant, que l'homme peut donner son amour.

A l'époque des grandes crises génésiaques, la Terre n'a-t-elle donné naissance qu'à un seul couple humain, qu'à un seul couple d'éléphants, qu'à un seul couple de palmiers ? Cette parcimonie serait peu compatible avec l'opinion que nous avons tous de la fécondité de la nature. Si, originairement, il n'avait été créé qu'un seul couple, il aurait fallu un rare concours d'heureuses circonstances, pour qu'il ait pu se préserver des dangers sans nombre qui l'environnaient ; il aurait fallu qu'un ange le protégeât contre la dent des bêtes féroces. De sorte que nous serions les produits du hasard ou du miracle. Dans cette hypothèse, d'ailleurs, il est, sinon impossible, du moins très-difficile d'expliquer les différences de couleur, de conformation et de races, et surtout de se rendre compte de la manière dont l'espèce humaine et les autres espèces animales ont pu se répandre sur la surface du globe, et s'emparer, au milieu des mers, des îles, mêmes les plus isolées.

Lorsque les sentiments de fraternité étaient peu développés encore entre les hommes, il pouvait être utile de se les représenter comme enfants d'un même père. Mais, aujourd'hui, devons-nous faire dépendre ce sentiment d'une hypothèse condamnée par les faits ? Avons-nous donc besoin de descendre tous d'Adam et d'Eve pour nous regarder comme des frères ? Nous appartenons tous à la même famille, mais à une famille plus grande encore que la famille humaine. Notre affection, notre charité doit s'étendre jusqu'aux animaux, jusqu'aux plantes, car nous avons avec eux même origine, car nous sommes tous les enfants de la même Terre, de cette inépuisable nourrice, de cette *alma mater,* qu'adorèrent nos aïeux, et qu'un aveugle spiritualisme nous a habitués à considérer comme une chose inerte, comme un vil agrégat de corps bruts que nous honorons trop en les foulant aux pieds.

Oh ! quand l'homme en sera venu, non pas à adorer, mais à honorer et à aimer la Terre, comme l'honorent et l'aiment ceux qui la connaissent, parce qu'ils la cultivent, lorsque, savants ou ignorants, nous la sentirons vivante et bonne, nous serons bien près de connaître enfin Dieu !

CINQUIÈME SECTION

# EXPRESSIONS THÉOLOGIQUES

### 1° RELIGION

*Religion.* — Dans son acception la plus générale, la religion est la manière dont l'espèce humaine sent, connaît et exprime l'association.

Comme il existe différents degrés d'association, la religion porte autant de noms différents. Ainsi, on distingue d'abord la religion de la famille, la religion du foyer. Les membres des diverses familles pouvant s'unir entre eux par des contrats, par des services rendus, il en résulte la religion du serment, la religion de l'hospitalité. Le cercle de l'association venant à s'élargir, on arrive à la religion du drapeau. Qu'un nouveau progrès s'accomplisse et l'homme se sentira associé, non-seulement avec tous les autres hommes, mais avec tous les êtres, non-seulement aujourd'hui, mais à toujours, et sa religion, alors, sera le *sentiment,* la *science* et l'*expression* de l'ASSOCIATION UNIVERSELLE. C'est principalement cette forme la plus élevée de la religion que, aujourd'hui, le mot *religion* exprime.

En s'appuyant sur l'étymologie de ce mot on n'a voulu

voir dans la religion que ce qui relie, que ce qui associe, et, comme le sentiment est plus particulièrement ce qui relie, on a fait consister ce que la religion a de fondamental dans le sentiment seul, et, si une part y a été faite à l'intelligence, ce n'a été que sous la condition du mysticisme. Notre manière de voir est tout autre. Nous ne pensons pas que la religion soit ce qui fonde l'association, car, antérieure et supérieure à toutes choses, l'association, identique à l'existence, n'a de principe qu'en elle-même. La religion n'est pas ce qui relie les êtres, mais ce qui consacre et resserre leurs liens ; elle ne crée pas l'association mais elle préside à ses progrès.

Sans doute, en elle, le sentiment, et, en particulier, le sentiment de vénération pour les chefs, quels qu'ils fussent, de l'association et pour tout ce qui les symbolisait a toujours joué un très-grand rôle, mais le sentiment néanmoins n'est pas, à lui seul, ce qui la constitue. Sans doute, la foi est un de ses plus essentiels éléments, mais à la condition de ne dépasser la science qu'en s'appuyant sur elle.

*Dogme.* — La science de l'association c'est le dogme. Or, s'il est vrai, comme nous l'avons établi en commençant, que l'association soit l'existence elle-même, il s'ensuit que le dogme est la science de l'existence, la science de l'être, de ses fonctions et de ses rapports, c'est-à-dire la science la plus générale de toutes, la science dont toutes les autres relèvent, en un mot, la *philosophie.*

Loin d'avoir été identiques dans le passé, le dogme et la philosophie ont presque toujours été hostiles l'un à l'autre ; non, cependant, par suite de leur nature intrinsèque, mais par suite de leur état d'imperfection.

Le dogme ne comprenait l'association que par un seul de ses côtés et niait ou négligeait les autres. C'était précisément à ces côtés-là que s'attachait la philosophie, qui, pour lui assurer une indiscutable prééminence, à son tour, niait ou rejetait dans l'ombre cet aspect des choses trop exclusivement mis en lumière par le dogme. De sorte que, malgré leur luttes incessantes, la philosophie et le dogme n'ont jamais fait autre chose que se compléter mutuellement.

Dans le passé, entre la philosophie et le dogme, existait, en outre, une ligne de démarcation bien tranchée qui tenait à la différence des méthodes. Le dogme s'adressant aux masses populaires, faisait à l'imagination, à la poésie, à la légende la part la plus large ; il cherchait moins à convaincre qu'à persuader. La philosophie, au contraire, qui ne s'adressait qu'à un petit nombre de penseurs assez hardis pour se mettre en opposition avec les croyances reçues, repoussait toute mythologie et n'avait recours qu'à la démonstration logique. Pour lui résister, il est vrai que les défenseurs du dogme sentirent quelquefois la nécessité d'employer les mêmes armes. De là, une philosophie qui, loin d'avoir le caractère d'opposition propre en général aux systèmes philosophiques, se déclara servante du dogme ou, comme on le disait alors, de la théologie, mais qui néanmoins, en raison de ses procédés dialectiques, demeura distincte du dogmatisme officiel.

Ces causes de discord, dans l'avenir, ne pourront plus subsister. L'exclusivisme étant répudié, à la fois, par le dogme et par la philosophie, l'arène qu'ensanglanta leurs luttes séculaires se trouvera définitivement fermée. Le dogme tenant un compte égal de tous les aspects de la réalité n'aura plus à craindre que des philosophes viennent lui reprocher un oubli ou une injustice ; il n'aura plus à redouter que, par représailles, des négations viennent s'opposer aux siennes. Quand le dogme se sera complété, la philosophie, en tant que machine de guerre, n'aura plus de raison d'être, puisque le dogme, identique à la philosophie, contiendra dans son propre sein l'élément d'opposition indispensable à tout progrès.

L'opposition résultant de la différence des méthodes doit également disparaître. Les peuples ne sont plus enfants ; il n'est plus besoin que la vérité leur soit présentée sous le voile des allégories et des fables. Par la force des choses, le dogme se dépouillera d'un appareil légendaire qui ne lui attirerait plus que le ridicule, mais, en même temps, la philosophie mettra un terme à ses dédains pour la poésie et pour la foi. Elle reconnaîtra que le merveilleux est aussi un de nos impérieux besoins. Mais que de merveilleux, que d'inconnu dans la nature ! Ce merveilleux, malgré son affectation de positivisme, la philosophie ne se suiciderait-elle pas en interdisant à l'imagination, pour lui frayer sa route, d'en sonder les profondeurs ?

Nous venons de prononcer le nom de *foi*. Nous savons tout ce que ce mot soulève de répugnances. Aussi, sans tarder davantage, allons-nous expliquer dans quel sens nous le prenons.

La *Foi* est tout simplement la croyance en une chose qui n'est ni logiquement ni expérimentalement démontrée, l'affirmation par le sentiment d'une chose que le raisonnement, non plus que l'expérience ne contredisent ni ne vérifient.

Tout ne pouvant être démontré par la logique et par l'expérience, et la science humaine ne pouvant, sans se détruire elle-même, se renfermer dans les limites exclusives de la démonstration rationelle ou expérimentale, il lui est impossible, qu'elle s'appelle dogme ou philosophie, de se passer de la foi. Certes, j'ai la foi la plus profonde, la plus entière, la plus absolue que, si je ne m'arrête pas sur le bord d'un abîme, j'y tomberai. Je crois à cela tout autant que je crois à ce que je vois et à ce que je touche, tout autant qu'à la vérité des plus évidentes propositions de la géométrie. C'est là, me dit-on, un fait d'expérience. Pas le moins du monde : l'expérience, l'observation m'ont bien appris que les corps que j'ai vus, hier, avant-hier, placés sur une pente rapide l'ont descendue avec une vitesse accélérée, mais l'observation ne va pas au-delà ; elle ne s'applique qu'au présent et ne peut rien m'apprendre de l'avenir.

Oui, insiste-t-on, mais il n'en est pas de même de l'induction basée précisément sur ces faits passés. L'induction ? Qu'est-elle donc, si ce n'est cette *croyance* que la nature est toujours semblable à elle-même, *natura semper sibi consona,* que, dans des circonstances analogues, des faits analogues à ceux qui se sont déjà produits se reproduiront d'une manière analogue ? C'est là une hypothèse qui, nous en convenons, s'est toujours expérimentalement vérifiée dans le passé ; mais qu'est-ce qui m'assure, si ce n'est la foi, qu'elle continuera à se vérifier dans l'avenir ?

Mais, parce que l'on croit, à certaines choses non démontrées, faut-il rejeter avec dédain la logique et l'expérience, et suivre aveuglément, sans les consulter, les inspirations du sentiment ? Non certes, le *Credo quia absurdum* n'est qu'une boutade du fanatisme. La foi doit être raisonnable. Mais à quel signe peut-on reconnaître qu'une foi est raisonnable ? Voilà sur quoi on n'a jamais bien pu s'entendre. La réponse pourtant est bien facile : la foi est raisonnable quand elle n'est contredite ni par la raison ni par l'expérience.

Une simple observation, un simple syllogisme suffirait pour lui enlever ce caractère, mais, quand elle échappe à ces deux écueils, elle est toute-puissante. Qu'elle nous soit communiquée ou qu'elle naisse spontanément en nous, elle s'empare de tout notre être, elle règle tous nos actes, elle devient ce que, avec vérité, on pourrait appeler la *raison pratique.* La conviction qu'elle suscite est égale à celle que pourraient faire naître les plus solides raisonnements. Et cela n'a rien qui puisse nous surprendre puisque les raisonnements eux-mêmes sont fondés sur la foi en d'indémontrables axiomes.

La raison et l'expérience doivent donc contrôler et éclairer la foi; mais la foi, à son tour, contrôle les résultats de l'observation et du raisonnement. Les arguments de Spinoza, pendant longtemps, ont paru logiquement irréfutables, et, cependant, parce que le sentiment repoussait leur conclusion, jamais ils n'ont pu engendrer une certitude complète.

En résumé, le plus haut degré de certitude est atteint quand les choses sont à la fois démontrées par la raison, affirmées par le sentiment et vérifiées par l'expérience. C'est un tel état, que, fidèles à notre langage, nous appellerions volontiers *certitude concrète,* en réservant l'épithète *abstraite* pour caractériser la *certitude morale,* la *certitude logique,* la *certitude empirique.* Chacune de ces certitudes limitée aux choses de son domaine particulier a la même autorité que la certitude concrète. Quand je suis certain concrètement, j'ai la certitude d'une entité ; quand je suis certain abstractivement, j'ai la certitude d'une abstraction : mais, dans les deux cas, je suis certain.

Sur une foule de vérités, les vérités mathématiques par exemple, qui sont surtout du ressort de la raison, quand elles sont logiquement démontrées, le silence de l'expérience et du sentiment vaut acquiescement, et la certitude, toujours abstraite, bien entendu, demeure acquise.

Il en est de même des vérités d'expérience, indifférentes au sentiment et que la logique ne peut ni contredire ni infirmer.

Il en est de même des vérités où le sentiment surtout est compétent. Elles sont certaines d'une certitude abstraite, lorsque ni la raison ni l'expérience n'y contredisent.

Il va de soi que chaque espèce de certitude abstraite a son caractère particulier.

La certitude principalement rationnelle nous laisse froidement convaincus, plutôt dans l'impuissance de nier que dans l'ardeur de l'affirmation.

La certitude principalement expérimentale ne nous laisse ni ardents ni froids : j'ai touché, j'ai vu, j'ai pesé ; cela est ; voilà tout.

La certitude principalement sentimentale est passionnée, elle s'élance, elle s'attache, elle saisit, elle affirme énergiquement. Voilà pourquoi et en quel sens nous l'appelions, tout à l'heure, toute-puissante.

Sous peine de se perdre dans le néant du scepticisme, la philosophie doit donc donner la main au dogme, mais le dogme, à son tour, doit cesser de prêter son nom aux rêveries des mystagogues, et, renonçant à servilement jurer sur la parole du maître, n'avoir foi qu'à ce qu'approuvent ou du moins ne repoussent ni la raison ni l'expérience.

D'accord sur les conditions de la certitude, ayant même objet et même méthode, le dogme et la philosophie ne pourront donc plus, dans l'avenir, se distinguer l'un de l'autre. On nous répondra que le dogme, devenu raisonnable, ne sera plus le dogme, et que, dans la réalité, ce qui survivra sera seulement la philosophie. Cela serait vrai si la philosophie, en renonçant à son traditionnel exclusivisme, n'avait pas à subir une transformation aussi profonde que celle que subira le dogme lui-même. Sans se laisser puérilement influencer par la haine des vieux mots, ce qu'il serait plus vrai de dire, c'est que, dans leur acception ancienne, il n'y aura plus ni dogme ni philosophie, mais, alors, pour désigner la science générale, la science religieuse, il faudrait créer un nom nouveau, et, en vérité, ce serait peine inutile, puisque l'idée qu'il exprimerait se trouve déjà rendue par deux expressions que rajeunit suffisamment l'affirmation de leur synonymie.

*La morale.* — Le sentiment de *l'association*, c'est-à-dire de la *vie*, de l'*organisation* et du *progrès* est ce qui, à proprement parler, constitue le sentiment religieux. De même que la science religieuse, dogme ou philosophie, est le résumé de toutes les sciences particulières, le sentiment religieux est la source de toute réglementation. Comme, parmi les choses à réglementer, les mœurs occupent la première place, la branche de la religion qui se rapporte aux sentiments a reçu le nom de *morale*. Notons cependant, pour y revenir plus tard, que ce mot, ici, doit être pris dans son acception la plus large et ne pas désigner seulement un ensemble de préceptes de conduite individuelle.

*Le culte.* — Nous ne pouvons *sentir* et *connaître* l'association universelle sans chercher à *exprimer* nos sentiments et nos idées. Cette expression est ce qui constitue le culte.

Dans les anciennes et incomplètes religions, le *culte* s'est toujours composé de deux éléments principaux : l'initiation, la prédication, expression du dogme, et le symbolisme, expression de la morale. Personne assurément ne niera la nécessité d'un enseignement, d'une exposition de la science générale, mais on pourra se demander si le symbolisme n'est pas appelé à disparaître.

Sans aucun doute, la symbolique ancienne est devenue ridicule, mais comment concevoir que les hommes puissent éprouver des sentiments et ne pas les exprimer ? Et comment les exprimeraient-ils plus vivement que par des symboles, par des gestes, des chants, des cérémonies ? Nous serrons la main d'un ami, symbole ; nous nous découvrons devant qui nous paraît digne de respect, symbole ! Pas un de nos sentiments qui n'ait son langage ; comment le plus noble, le plus ardent de tous pourrait-il rester sans expression ?

Nous venons de dire que, dans le passé, la science religieuse et le sentiment religieux s'exprimaient par l'enseignement et par le symbole ; nous aurions dû ajouter aussi par des *pratiques* matérielles en harmonie avec le caractère général de chaque institution religieuse, ou, ce qui est la même chose, avec la manière dont l'*association* était *sentie* et *comprise*. Ainsi, en Grèce, les jeux olympiques, et, à Rome, les combats de gladiateurs faisaient partie du culte public, pendant que le christianisme, qui attribuait toute puissance au Verbe, au lieu d'attendre de la force physique le salut des nations, au moyen d'incantations liturgiques et de formules sacramentelles, croyait ouvrir à deux battants aux fidèles les portes du paradis.

Il est bien évident que, les sociétés modernes n'étant plus organisées en vue de la conquête du ciel ou de la terre, l'expression matérielle des idées et des sentiments sociaux ne pourra plus consister en pratiques sacramentelles ou guerrières, mais se traduira par les efforts progressifs d'une féconde et pacifique industrie. L'exposition des produits du travail matériel marchant de pair avec l'exposition des produits du travail intellectuel, et avec l'expression artistique des sentiments généraux doit donc, en en devenant partie essentielle, modifier profondément les caractères du culte.

On doit comprendre à présent pourquoi, comme on l'a proposé de nos jours, nous n'avons pas voulu admettre que *culte* et *pratique matérielle* fussent synonymes. Le culte comprend la pratique ou le travail sous toutes ses formes, celui du savant et celui de l'artiste comme celui de l'industriel ; mais, de même que le dogme, qui comprend toutes les sciences, correspond plus particulièrement à la science générale ; de même que la morale, qui réglemente tous les sentiments, correspond plus particulièrement aux sentiments les plus généraux, le culte doit correspondre surtout à ce qu'il y a de plus général dans la pratique et ce qu'elle a de plus général c'est son caractère d'*exégèse,* c'est la manière dont, sous les trois formes qui lui sont propres, elle exprime la vie. Ce sont là les motifs qui nous ont déterminé à substituer, dans la définition du culte, le mot *expression* au mot trop vague de *pratique*.

*Sacerdoce.* — Si le dogme, la morale et le culte sont les éléments de la religion, est-il aussi de son essence d'avoir pour interprète un clergé, une caste sacerdotale ?

Il semble, au premier abord, que les idées de religion et de sacerdoce soient inséparables, et, en effet, il en fut toujours ainsi dans le passé. On a dit que Rome payenne n'avait rien qui eût de l'analogie avec la caste brahmanique ou avec le clergé chrétien. C'est une erreur. Les nobles seuls pouvaient exercer les fonctions sacerdotales.

Le patriciat était le séminaire où se recrutaient les chefs du culte. Il est vrai que le sacerdoce pouvait être exercé en même temps que d'autres fonctions civiles ou militaires, mais il en a été de même, sous le christianisme. N'a-t-on pas vu des évêques commander des armées et présider des tribunaux, et la capitale de l'Italie n'est-elle pas malheureusement encore gouvernée par des prêtres?

Ce qui caractérise toutes les religions du passé, nous ne saurions trop le redire, c'est leur exclusivisme, c'est la tendance qu'avait chacune d'elles à faire prédominer un des éléments de l'association aux dépens des autres. De là résultait naturellement que les hommes qui représentaient le mieux cet élément privilégié devaient être regardés comme les interprètes de la religion, tandis que ceux qui, par leurs habitudes ou leur caractère, étaient comme l'incarnation des éléments subalternisés devaient être considérés comme laïcs et comme profanes.

La religion, telle que la concevra l'avenir, étant fondée sur ce principe que tous les éléments essentiels de l'association sont essentiellement égaux, qu'à aucun d'eux ne peut appartenir légitimement aucune sorte de prééminence, l'existence d'un clergé n'aurait aucune raison d'être. Où le recruterait-on? Parmi les représentants de la science? parmi ceux de l'art? parmi ceux de l'industrie? Mais aucune de ces trois formes de l'activité humaine n'est plus noble ou plus sainte que les autres. Parmi les hommes les plus distingués dans ces trois directions? Mais ce ne serait pas établir une barrière entre eux et les autres citoyens, car évidemment on ne pourrait, avec une rigoureuse précision, déterminer le point où la supériorité commence et où commence l'infériorité.

La religion n'étant autre chose que le *sentiment*, l'*expression* et la *science* de l'association, le civil et le religieux ne font qu'un; toute fonction sociale est une fonction religieuse; et par fonction sociale nous n'entendons pas seulement les magistratures, mais l'exercice de tout travail utile à la société. Comme le titre de citoyen est inséparable de celui de travailleur et comme tout travailleur est *prêtre* dans la seule acception raisonnable de ce mot, il s'ensuit qu'un clergé, comme classe distincte, n'est pas possible.

Nous sommes tous cathéchistes, car tous nous transmettons ce que nous possédons de science à nos enfants, car tous, dès que notre main renferme une vérité, nous nous hâtons de l'ouvrir. Que, pour l'enseignement des masses, par l'élection, par le concours ou par tout autre moyen, quelques-uns soient désignés de préférence aux autres, cela ne crée point en leur faveur un privilége dont nous soyons exclus. Ils deviennent, mais sous ce rapport seulement et seulement pendant qu'ils exercent cette fonction, les premiers entre leurs pairs et pas davantage.

Et, de même, puisque tous nous exprimons les sentiments de sociabilité qui nous animent, tous aussi, à cet égard, nous sommes ministres du culte. Que les artistes les plus habiles soient, à certains jours, chargés d'exprimer, par de symboliques cérémonies auxquelles d'ailleurs les masses prendront part elles-mêmes, les sentiments généraux, cela pourra les élever un instant au-dessus de la foule, mais non les en séparer. Leur intervention dans les fêtes publiques ne leur assurera pas plus de prérogatives que l'admission de leurs produits dans les expositions industrielles n'en confère aux manufacturiers et aux agriculteurs.

La religion embrassant tous les faits sociaux sans en excepter un seul, qui présidera à la religion? Évidemment les magistrats chargés de l'administration de la chose publique. La séparation du temporel et du spirituel, qui est, aujourd'hui, une excellente machine de guerre pour détruire l'un par l'autre deux pouvoirs à tendances rétrogrades, dans l'avenir, ne pourra plus se concevoir, car on ne comprendra plus qu'il y ait pu avoir une époque où sérieusement on pensait qu'il était possible de gouverner des corps sans âmes et des âmes sans corps.

*Universalité de la religion.* — Jusqu'ici, à proprement parler, il n'a pas existé de religion sur la terre, mais seulement des sectes religieuses. En effet, la religion étant l'association universelle sentie, comprise et exprimée, les croyances qui n'ont eu en vue qu'un des aspects seulement de l'association n'ont été que des branches, des parties, des sections, en un mot, que des sectes de la religion véritable.

Le caractère de la religion est d'être universelle, non-seulement par son objet, mais aussi géographiquement. Il est aussi impossible qu'il y ait plusieurs religions qu'il est impossible qu'il y ait plusieurs physiques ou plusieurs géométries. Comprenant toutes les vérités d'une époque, répondant à tous les sentiments, tendant à donner satisfaction à tous les besoins, il est impossible que la religion soit comprise sans être, à l'instant même, acceptée. Comme elle ne nie ni ne subalternise aucun des éléments sociaux, au nom de quoi pourrait-on protester contre elle?

Aucune des sectes religieuses n'a pu, malgré l'emploi de tous les moyens du prosélytisme, s'étendre au-delà de certaines limites. La religion seule, en rayonnant sur la surface entière du globe, fera de l'humanité une seule famille. La même pour tous les hommes, elle sera cependant différente pour chaque nation et même pour chaque individu. Et cela se conçoit : bien que tous les hommes soient identiques entre eux, tous ils diffèrent les uns des autres et ces différences qui, au sein de l'identité, constituent la variété, sont indélébiles et nécessaires. D'accord entre eux sur les vérités générales, sur les sentiments généraux et sur le caractère général de leur expression, les hommes interpréteront ces vérités, éprouveront ces sentiments et les exprimeront d'une manière différente.

Il est plus que probable qu'un jour viendra où la même langue sera parlée d'un bout de la terre à l'autre. N'est-il pas évident que, sans cesser d'être universelle, cette langue aura ses dialectes et sera prononcée dans chaque pays et même par chaque individu d'une manière particulière ? Ainsi en sera-t-il de la religion : la même pour tous, différente pour chacun ; association mais non absorption des consciences.

*La religion est progressive.* — Un autre signe par lequel la religion se distinguera des sectes du passé, c'est son caractère progressif. De nos jours seulement, le progrès commence à être compris comme une des conditions de l'association universelle. Il serait absurde que la religion qui n'est, encore une fois, que l'association elle-même sentie, comprise et exprimée, puisse se déclarer immobile.

Le libre examen répugnait aux croyances anciennes, parce que toutes étant une vue partielle et incomplète de la vérité, elles comprenaient que le premier résultat du libre examen serait de mettre en lumière les côtés de la vérité qu'elles se donnaient pour mission de tenir dans l'ombre. Et cependant quoi de plus irréligieux que l'oppression des consciences, puisque, sans liberté, pas de progrès, et sans progrès pas de religion, si toutefois, avec nous, on refuse ce titre aux intolérantes doctrines de l'exclusivisme ?

Le Protestantisme lui-même, puisqu'il a au moins mis hors de toute discussion le fait même de la révélation des Écritures, n'a reconnu qu'à moitié le droit qu'a l'homme d'être juge de ses propres croyances. Il est vrai que, aujourd'hui, il se trouve des docteurs qui enseignent qu'on peut être chrétien et nier la divinité du Christ, la vérité des miracles, la chute du premier homme, l'existence du Diable, etc., etc. Mais il est évident que le Christianisme ainsi compris n'est plus une religion, et n'est qu'une simple école se distinguant des autres écoles spiritualistes, par cela seulement qu'elle regarde, chose plus que contestable, l'Évangile comme le meilleur code de morale qui soit jamais sorti et qui sortira jamais des mains de l'homme. Loin de consentir à n'être plus ainsi, chrétiens que de nom, les véritables représentants du protestantisme s'épuisent, au contraire, à vouloir replacer la raison humaine dans les liens des doctrines confessionnelles. Ils trouvent peut-être un peu dure la sentence prononcée contre Servet, mais ils ne condamnent pas très-hautement les restrictions imposées en Suède et ailleurs, contre les sectes dissidentes. Et, en cela, ils sont conséquents, car, enfin, si les Écritures ont été révélées par Dieu lui-même, tout ce qu'elles contiennent est vérité et, qui rejette ce qu'elles contiennent ne peut être qu'un ennemi de la vérité, qu'un empoisonneur des consciences et qu'un pernicieux vulgarisateur de mensonges.

L'intolérance est une nécessité des sectes; mais, de sa nature, la religion est tolérante parce qu'elle est progressive et qu'elle sait que tout progrès commence par une hérésie et par un schisme.

*Avenir religieux de l'humanité.* — On a beaucoup agité la question de savoir si l'humanité serait ou non religieuse dans l'avenir. La première chose qu'on aurait dû faire aurait dû être de bien se mettre d'accord sur ce que le mot *religion* signifie. La définition que nous en avons donnée, si elle est juste, tranche la question. Est-il vrai que tous les êtres soient solidairement reliés entre eux ? Est-il vrai que l'univers soit une association ? Qui oserait en douter ? Et, dès lors, qui oserait prétendre que l'humanité ne marche pas vers un avenir où elle aura, de plus en plus, la science et le sentiment de cet état de choses et où elle saura et pourra, de mieux en mieux, exprimer ce sentiment et cette science ?

Un philosophe moderne, A. Comte, a prétendu que, après avoir passé par la religion, l'humanité avait traversé l'ère de la métaphysique et enfin, par un progrès nouveau, en était arrivé à l'âge des sciences *positives*. D'où il a conclu qu'elle ne pouvait revenir à la religion, puisque, pour elle, ce serait rétrograder. Mais tout ce raisonnement repose sur une fausse appréciation des faits.

L'humanité a débuté par des croyances naïves et confuses qu'elle n'a pas abandonnées, mais dont elle a voulu se rendre compte par la métaphysique d'abord et, plus tard, par l'observation et par l'expérience. Voilà la vérité. Jamais, quoique imparfaitement, l'humanité n'a cessé d'être religieuse. Les grands métaphysiciens du XVII° siècle, Descartes, Leibnitz, auraient été fort surpris si on leur avait dit qu'ils substituaient à la religion un nouvel élément de croyances et, si les savants modernes ne sont pas aussi religieux que l'étaient Newton et Euler, ce n'est point que la science soit antipathique à la religion, c'est tout simplement parce que, les anciennes croyances s'étant déclarées immobiles, pour marcher, il faut bien marcher sans elle.

Si nous avons dit que, jusqu'ici, il n'a pas existé de religion sur la terre, c'était seulement pour donner plus d'énergie à notre langage. La religion a toujours existé, mais à l'état morcelé et fragmentaire. Le panthéisme, croyance dans laquelle prédominait l'indéterminé; le polythéisme, croyance dans laquelle prédominait le relatif et le monothéisme croyance dans laquelle prédominait l'absolu : telles étaient les trois grandes formes, toujours contemporaines, sous lesquelles s'est produite la religion. Il y avait bien, ici, des peuples monothéistes, là, des peuples polythéistes et, plus loin, des peuples panthéistes, mais, prise dans son intégralité, l'humanité, à toutes les époques, a été monothéiste, polythéiste et panthéiste tout ensemble.

Seulement elle n'en avait pas conscience; seulement elle ne savait pas être ces trois choses à la fois, et prenait pour des religions ce qui n'était que des faces différentes du symbole universel. Aujourd'hui qu'elle commence à se rendre compte d'elle-même, quel progrès plus important peut-elle accomplir que de mettre de l'harmonie dans ses propres croyances, que de résumer en un seul faisceau ses affirmations nécessaires, mais, jusqu'ici, divergentes?

Et, pour cela, il n'est pas besoin de l'apparition d'un révélateur. Le nombre des penseurs, dans les temps anciens, était si limité que la foule étonnée attribuait volontiers leur science à une inspiration surnaturelle. Ce n'est que dans les siècles de barbarie et dans les pays plongés dans les plus épaisses ténèbres, comme l'était la Judée au temps de Tibère ou, comme au temps de Mahomet, l'était l'Arabie, que les révélateurs furent possibles. Aujourd'hui, sortie de l'enfance, l'humanité ne peut plus avoir d'autres révélateurs qu'elle-même. Par un mystérieux et incessant travail, les sentiments et les pensées de ses savants, de ses philosophes et de ses poètes s'harmonisent, se coordonnent, s'associent et, de leur combinaison, naissent un sentiment et une pensée qui, sans qu'on puisse en suivre la trace, s'infiltrent, pénètrent dans le sein des masses et finiront par éclater en une unanime et irrésistible affirmation.

Et cette affirmation sera ancienne et nouvelle à la fois : nouvelle par sa nature compréhensive, ancienne par les éléments qu'elle comprendra. L'apparition d'une religion entièrement nouvelle est aussi impossible que la résurrection des vieilles croyances. Inhérente à l'humanité, la religion a commencé le jour même où l'homme est apparu sur la terre. Toujours la même, mais se transformant sans cesse, elle est seulement arrivée à une époque où ses transformations, qui avaient lieu par prédominances successives, ne se manifesteront plus qu'avec harmonie. Elle changeait de nom quand changeait l'élément qui prédominait en elle. Tout en se modifiant et se perfectionnant sans cesse, elle ne changera plus de nom, car exclusivisme et prédominance seront bannis de son sein. Elle ne s'appellera plus *polythéisme*, *monothéisme* ou *panthéisme*; son nom sera SOCIALISME, car l'association sera son essence et son objet.

THÉOLOGIE. — Science de Dieu. — Le moment est venu de faire remarquer au lecteur que nous avons pu nous expliquer sur la nature de la religion et sur l'objet du dogme sans employer une seule fois le mot *Dieu*. Cela était nécessaire pour bien faire comprendre comment, à l'avenir, la question religieuse doit demeurer, jusqu'à un certain point, distincte de la question théologique.

Si, en effet, un homme pouvait se rencontrer capable de comprendre l'association universelle sans Dieu ; si, de plus, cet homme, outre la science de l'association, en avait le sentiment et exprimait ces sentiments par ses actes, tout athée qu'il serait, cet homme pourrait être profondément religieux.

La question est de savoir si, effectivement, sans Dieu, l'association universelle peut se concevoir. C'est ce que nous allons examiner en cherchant d'abord ce que le mot *Dieu* signifie. Mais, avant, qu'il nous soit permis d'insister sur ce point que la piété n'est pas plus la religion que la théologie n'est le dogme.

Si Dieu n'existe pas, la piété n'est qu'une infirmité du cœur et la théologie qu'une aberration de l'esprit. S'il existe, comme il n'existe pas seul, comme à lui seul il n'est pas l'association universelle, la piété n'est qu'une partie de la morale, la théologie n'est qu'une partie du dogme, partie nécessaire, partie importante mais qu'on aurait tort de prendre pour le dogme tout entier. La théologie n'est qu'une science particulière, la science de Dieu, et le dogme est la science générale, la science de l'être.

### DIEU

L'état de société est l'état nécessaire du genre humain. Nulle société n'a pu se constituer sans chefs. Parce que les les hommes attribuaient à leurs chefs l'ordre qui régnait parmi eux, partout où ils virent de l'ordre, ils supposèrent des chefs, des puissances dirigeantes qu'ils appelèrent des Dieux.

Comme, entre ces dieux eux-mêmes, devait régner de l'ordre, puisque les phénomènes auxquels ils présidaient, loin de se contrarier mutuellement, concouraient à l'ordre universel, ces dieux aussi devaient avoir des chefs ayant des chefs eux-mêmes, jusqu'à ce qu'enfin on arrivât à des chefs sans chefs ; et on y arrivait forcément, car ce qui, surtout, constituait le chef, c'était la puissance. Les degrés de la hiérarchie divine étaient donc déterminés par des degrés plus ou moins grands de puissance, et, lorsqu'on était arrivé à la *toute-puissance,* il n'y avait pas moyen d'aller au-delà.

Ceci nous ne l'inventons pas. Tous les monuments historiques en témoignent. Partout, les Dieux sont appelés *Pères* parce que les pères étaient les chefs de la tribu, et *Rois* parce que les rois étaient les chefs des nations ; partout, dans les anciens temps, les *princes,* à leur tour, étaient appelés *dieux* et recevaient des hommages analogues à ceux qu'on rendait aux Dieux.

Mais la puissance des chefs, presque toujours électifs, ils la devaient à leur courage et à leur sagesse. La puissance d'ailleurs est proportionnelle au nombre des qualités qu'on possède. Le clairvoyant peut plus de choses que l'aveugle, celui qui a deux bras plus que le manchot. D'où la conséquence que les Dieux, puisqu'ils sont plus puissants, possèdent plus de qualités ou de perfections que les hommes, et que les dieux supérieurs, *superi,* les dieux tout-puissants, à qui exclusivement ou plus particulièrement était réservé le titre de dieux possèdent toutes les perfections possibles et sont des êtres au-dessus desquels rien ne peut ni exister, ni se concevoir.

Cette définition traditionnelle, avec un mot de plus dont nous justifierons tout à l'heure l'emploi, sera aussi la nôtre, et Dieu sera, pour nous, *l'être qui résume en lui toutes les qualités actuellement possibles portées au plus haut degré actuellement possible* [1].

---

[1] Nous réservons, pour l'examiner plus tard, la question d'unité ou de pluralité des personnes divines. Néanmoins, pour nous conformer à l'usage, nous continuerons à parler de Dieu au singulier.
Quand nous disons que Dieu résume en lui toutes les qualités actuellement possibles, il est bien entendu que nous n'entendons parler que des qualités phénoménales et nullement des noumènes. Nous aurons d'ailleurs à revenir sur ce sujet.

Il est rare que les discussions qui ont Dieu pour objet ne prennent pas un caractère passionné. Nous éviterons cet écueil en adoptant la méthode froidement rigoureuse des géomètres. Nous parlerons de Dieu comme ils parlent d'un solide ou d'une courbe. Sans nous préoccuper de savoir si Dieu existe ou non, nous examinerons d'abord si la définition que nous venons d'en donner ne renferme pas quelque impossibilité logique. Rassurés sur ce point, nous n'aurons plus qu'à développer cette définition et à extraire les conséquences qu'elle renferme.

Quand, de cette manière, nous serons arrivés à avoir une idée plus nette de la nature divine, nous chercherons à quelle fonction correspond cette nature. Si nous trouvons que cette fonction soit nécessaire à l'existence et au progrès des autres êtres et qu'elle ne puisse être remplie que par un être ou par des êtres possédant les attributs qui constituent l'essence divine, l'existence de Dieu sera prouvée et nous n'aurons pas besoin d'en chercher une autre démonstration.

I

L'hypothèse de l'existence de Dieu repose, nous venons de le dire, sur cette croyance que, chaque être possédant un certain nombre de qualités, il faut qu'au-dessus de ceux qui en possèdent le plus, s'en trouvent un ou plusieurs qui les possèdent toutes.

Ce mot *toutes* peut prêter à équivoque, car il rappelle l'idée de somme et de totalité. Or, les êtres étant sans nombre, il faut que leurs espèces soient aussi sans nombre, ou, si elles sont en nombre indéterminé, qu'elles renferment des êtres sans nombre. Cette seconde alternative étant contredite par l'expérience, puisque nous pouvons avoir le compte des hommes, des éléphants, des arbres, etc., etc.[1], qui existent, il faut bien admettre que les espèces sont en nombre indéfini. Comme chaque espèce est caractérisée par une qualité particulière, il en résulte que les qualités qui sont actuellement, non-seulement possibles, mais réalisées, sont sans nombre. Comme, d'un autre côté, les choses qui sont sans nombre ne peuvent faire totalité ou somme, il y aurait contradiction à prétendre qu'un être puisse posséder la somme toutes les qualités possibles.

Aussi n'est-ce point là ce que nous avons voulu dire. L'indéfini ne peut s'additionner, mais il peut se *résumer*, se *condenser*, se synthétiser. L'homme résume en lui les séries animales, et cependant ces séries sont sans nombre. Un principe, quel qu'il soit, résume ses conséquences, et qui peut dire, dans leur développement, où s'arrêteront les conséquences d'un principe? Le présent résume tout le passé et le passé est sans limites.

Il n'y a donc pas de contradiction à dire que Dieu résume en lui les qualités possibles, sans en excepter aucune, c'est-à-dire qu'il les possède dans ce qu'elles ont d'essentiel et de fondamental, et cela sous des conditions inhérentes à sa propre nature. C'est d'ailleurs fatalement en quelque sorte que nous sommes conduits à considérer Dieu comme l'être compréhensif par excellence, car, dès les premières lignes de ce travail, ayant posé en principe que l'erreur et le mal avaient leur source dans l'exclusivisme, force est à nous d'en conclure que le bien et la perfection consistent dans la puissance compréhensive. Ce serait mal nous comprendre toutefois que de supposer que nous ne voyons en Dieu qu'une passive réceptivité, car, à nos yeux,

---

[1] On ne peut supposer qu'il y ait, ailleurs que sur la terre, des hommes, des éléphants, etc., etc., car ce serait nier l'influence des milieux. Des êtres placés sur une autre planète pourraient avoir quelque analogie avec nous, mais ne seraient certainement pas des hommes.

ce qui est résumé est aussi bien principe de développement que conséquence d'envelopppement ; aussi, en Dieu voyons-nous aussi bien la source dont les qualités émanent que le point vers lequel elles convergent. Ce qui nous reste à dire le fera mieux comprendre et, si cette explication prématurée nous a paru nécessaire, c'est que, sur le terrain mouvant que nous foulons, toute erreur de route peut conduire à des abîmes.

Si on ne porte son attention que sur le nombre sans cesse croissant des espèces, sans tenir compte de leurs combinaisons en nombre sans cesse décroissant ; si on ne s'attache qu'à l'éparpillement des êtres, sans s'occuper de leur concentration ; si on ne voit que le mouvement analytique sans regarder au mouvement synthétique, on ne se fera jamais une juste idée de l'univers.

A quelle époque, à quel étage qu'on prenne les êtres, on les trouvera distribués par groupes sans cesse diminuant de nombre, parce que chaque groupe supérieur est le résumé d'un certain nombre de groupes inférieurs. Toujours, à les prendre dans leur ensemble, on voit leur coordination tendre, dans un sens, à une pluralité de plus en plus grande, et, dans l'autre, à l'unité.

Nous ne pouvons concevoir le monde que comme un immense système. Or, tout système qu'est-il autre chose qu'une ordonnance de groupes rentrant les uns dans les autres jusqu'à un groupe plus compréhensif qui les résume tous ? Que faisons-nous nous-mêmes quand nous cherchons à mettre quelque ordre dans le cahos des connaissances humaines ? Ne cherchons-nous pas à les distribuer en sciences particulières qui se résument en sciences plus générales, se résumant elles mêmes en une science la plus générale de toutes, que nous savons s'élargir sans cesse, mais au-delà de laquelle nous refusons de rien concevoir ? Que si on prétend qu'au-dessous des sciences les plus particulières, il s'en trouve de plus particulières encore, et cela sans fin ni limite, nous n'y contredirons pas, mais cela changera-t-il quelque chose à l'idée que nous nous faisons d'un système et à la nécessité, pour tout système, d'avoir un point culminant? Que les branches de l'arbre encyclopédique s'étendent indéfiniment, cela empêchera-t-il cet arbre de n'avoir qu'un seul tronc?

En représentant le monde comme un immense système de groupes convergeant, et s'emboîtant, pour ainsi dire, les uns dans les autres, comme une série sans fin de conséquences rentrant dans un commun principe, n'avons-nous pas trop incliné vers l'erreur panthéistique ?

Cette formule : Dieu est l'être qui résume en lui les qualités de tous les autres êtres, a besoin d'être interprétée. Dieu résume en lui toutes les qualités, mais les qualités seulement qui sont susceptibles d'être résumées. Dans chaque être, il est une qualité ou un groupe de qualités, *noumènes,* qui le distinguent absolument de tous les autres, qui lui sont exclusivement propres et que nul autre que lui ne peut posséder. Ces incommunicables qualités, ce *moi* de chaque être, Dieu ne le résume pas. Il peut tout ce que je peux, à l'exception d'une seule chose : il ne peut pas être moi, ce qui revient à dire qu'il ne peut cesser d'être lui, car il ne pourrait absorber mon moi sans perdre aussitôt le sien, puisqu'il cesserait de pouvoir se distinguer de moi et qu'il perdrait ainsi ses qualités absolues. Il ne résume pas les êtres, comme l'enseignait le panthéisme ; il ne résume que leurs qualités phénoménales.

Sans revenir sur la question de la personnalité et de l'universalité divines que nous avons implicitement discutée ailleurs, ce que nous venons de dire suffira, nous l'espérons, pour montrer que la définition que nous avons donnée de Dieu ne renferme aucune impossibilité logique, et que l'hypothèse d'un être résumant en lui les qualités quelconques qui sont susceptibles de l'être, n'a en soi, rien de contradictoire.

En serait-il de même de la croyance en des séries d'êtres de plus en plus parfaits, se continuant sans fin, de manière à ce qu'il n'y en ait pas quelques-uns dont on puisse dire qu'ils sont plus parfaits que tous les autres ? Cette supposition d'un nombre indéfini de dieux, nous en avons déjà implicitement démontré le vide. Il n'est pas inutile cependant d'y revenir.

Toute série suppose un devenir, toute série suppose un mouvement continu de fluxion ou d'écoulement. Une série ne se continuant pas, une progression ne progressant pas, c'est-à-dire n'étant pas *actuellement* limitée, ne peut se concevoir. Que, de toute éternité, des êtres plus parfaits se soient superposés à des êtres moins parfaits, et que ce *procès* d'hiérarchisation n'ait pas cessé une minute, nous l'accordons sans peine, mais de l'éternité vous ne pouvez pas ne pas détacher le moment actuel, et, dans le moment actuel, la perfection qui vient de se placer au-dessus de toutes les perfections antérieures, quoi que vous fassiez, est bien la plus parfaite de toutes. Si vous refusez de tenir compte du présent, sans aucun doute, vous pouvez suivre, sans vous arrêter jamais, ce flot toujours croissant de perfections. Mais ne pas tenir compte du présent, c'est ne pas tenir compte d'un des aspects essentiels de la réalité, c'est tomber dans l'exclusivisme et, par conséquent, dans l'erreur.

Au-dessus du Dieu *actuel,* vous pouvez imaginer autant de dieux futurs que vous voudrez, c'est-à-dire autant de transformations futures de la divinité qu'il vous plaira, mais, *actuellement* et dans l'instant précis où nous parlons, c'est forcément au Dieu actuel que votre série s'arrête, et, comme chacun des moments qui se succèdent, est, à son tour, le présent, quoique la série n'ait pas cessé de s'étendre, toujours vous lui trouverez un présent, c'est-à-dire vous serez contraint de la concevoir comme arrêtée. Telle est la loi des séries, telle est la loi de ce dont l'indéfinité constitue le caractère.

Tout cela peut paraître bien subtil, bien difficile à comprendre, et cependant, guidée par un infaillible instinct, l'humanité n'a jamais mis cela en doute. Si l'homme a toujours conçu un sommet à la hiérarchie des êtres, ce n'est pas, comme on l'a gratuitement supposé, par suite de la faiblesse de son intelligence et de la nécessité où il était de planter, pour s'y reconnaître, un jalon dans le champ sans limites de l'indéfini, car, s'il en avait été ainsi, il en aurait eu conscience et, au lieu d'affirmer catégoriquement, comme il l'a toujours fait, qu'au-dessus de Dieu il n'y a rien, il aurait dit qu'au dessus de Dieu reste l'inaccessible, que Dieu n'est pas le plus parfait qui soit, mais seulement le plus parfait qui se puisse concevoir.

Ce jalon dont on le fait le créateur, l'homme l'a trouvé planté par la nature même des choses ; car ce jalon mobile c'est le moment actuel, c'est la détermination nécessaire de l'indeterminé, c'est le point qui, sans les interrompre, partage en deux toutes les séries. Ce n'est donc point par suite de sa faiblesse, mais par suite d'une véritable nécessité logique que l'homme s'est arrêté à Dieu, car il n'aurait pu aller au-delà qu'en dépouillant le temps de deux de ses termes essentiels pour ne conserver que le *devenir*.

II

Bien que nous soyons forcés, en vertu de notre conception ontologique, de reconnaître à Dieu, comme à tout être, l'universalité substantielle ; bien que nous reconnaissions que, sans néanmoins que notre individualité soit la sienne, il se sent vivre en nous et que, par suite, il soit vrai de dire que, sentimentalement et en tant que nous sommes identiques, il est nous ; cependant nous sommes tout disposés à faire au surnaturalisme les concessions les plus larges.

Nous ne pouvons accorder, il est vrai, que Dieu n'ait

rien de commun avec les autres êtres, car, par notre définition, il a de commun avec eux toutes les qualités phénoménales dont il est la vivante synthèse. Mais cela n'empêche pas que nous ne le regardions comme un être d'une espèce particulière, bien plus différent de l'homme, par exemple, que l'homme ne peut l'être du plus chétif brin d'herbe. Outre les qualités que possèdent les autres êtres, Dieu en possède qui lui sont spéciales et qui, à ne considérer qu'elles, le distinguent absolument, le séparent, l'isolent de tous les autres êtres et, en un mot, creusent, entre les autres êtres et lui, un abîme aussi insondable qu'on voudra, mais qui, néanmoins, ne le rend inaccessible que sous ce seul aspect.

Et ceci n'est pas, de notre part, un acte de condescendance, c'est la conséquence forcée de nos principes, car nous n'avons cessé de redire que toute association, que tout résumé, que toute combinaison de qualités donnait lieu à la production de qualités entièrement nouvelles, de qualités spécifiques et irréductibles. Nous ne nions donc pas la face non-seulement surhumaine mais surnaturelle de la Divinité, entendant, néanmoins, par *surnaturel*, non ce qui est au-dessus de la nature tout entière et dont Dieu fait partie, mais ce qui est au-dessus de la nature, abstraction faite de Dieu. Nous ne nions pas l'Isis voilée, nous ne brisons pas l'autel du Dieu inconnu. Seulement nous soutenons que tout, en Dieu, ne peut être voilé et inconnu, puisqu'il possède des qualités que nous connaissons parce qu'elles sont aussi les nôtres.

Nous savons bien que les surnaturalistes ne sont pas gens à se contenter de si peu, et que ce à quoi ils tiennent, c'est à la distinction radicale du fini et de l'infini, c'est surtout à ce que le titre d'*infini* soit réservé à Dieu seul, et que celui de *fini* soit le lot de tous les autres êtres. Il ne leur suffit pas que Dieu soit distinct de nous; ils veulent qu'il nous soit contradictoire.

Sous ce rapport, nous ne pouvons que les renvoyer aux

premières pages de ce *Glossaire*. Ils y verront que nous ne nions pas que Dieu soit infini, pourvu qu'on nous accorde qu'il est, en même temps, fini et indéfini sous d'autres aspects, et cela, quoique *à des conditions différentes,* absolument comme tous les autres êtres. Nous ne voulons pas recommencer cette discussion. Nous nous bornerons à rappeler que la coexistence d'êtres exclusivement finis et d'êtres exclusivement infinis est impossible, car, là où le fini commence, là finit l'infini, et répondre à cela que l'infini comprend le fini ou se manifeste par le fini, qui est sa propre négation, c'est se payer de mots et parler un langage qui, entre gens sérieux, n'est plus de mise.

Mais enfin, en n'accordant à Dieu que les perfections *actuellement* possibles, n'avons-nous pas de lui une conception inférieure à celle qui lui attribue une perfection absolue, c'est-à-dire une perfection à laquelle jamais de nouvelles perfections ne pourront s'ajouter ?

Nous répondrons que cette dernière manière de voir n'agrandit pas Dieu, mais qu'implicitement elle le nie en le rendant impossible. En effet, les perfections ou les qualités divines ne peuvent être infinies, car là où se rencontre une pluralité, l'infinité ne peut se concevoir. Ces qualités ne peuvent donc être qu'indéfinies, c'est-à-dire limitées dans un sens et sans limites dans l'autre. Mais la limite de l'indéfini est une limite qui sans cesse recule. Si toutes les qualités possibles étaient réalisées en Dieu, il s'ensuivrait que l'indéfini, dont la continuité est le caractère, ne pourrait se continuer ; il s'ensuivrait que sa limite, dont l'essence est d'être en perpétuel état de devenir, se trouverait immobilisée.

Comment, d'ailleurs, l'être absolument parfait pourrait-il agir ? Toute action est une modification et toute modification de la perfection absolue est une imperfection. Toute action est un changement, et que pourrait-il y avoir à changer dans ce qui serait absolument parfait ? Les docteurs du surnaturalisme l'ont bien compris ; aussi ont-ils été unanimes à regarder Dieu comme immuable. Mais l'être qui serait immuable sous tous ses aspects serait-il un être ? C'était là une position insoutenable ; aussi, pour en sortir, ne s'est-on pas fait faute d'inconséquences et, après avoir proclamé Dieu immuable, l'a-t-on fait agir ; après avoir affirmé qu'il ne manquait rien à sa perfection, lui a-t-on fait créer le monde, afin de se donner un spectacle dont, sans doute, il éprouvait le besoin. On avait beau répéter que Dieu est incapable d'acquérir des perfections nouvelles, le bon sens était là pour répondre que cette incapacité ne pouvait être une perfection.

Le même principe qui nous conduit à reconnaître, à tout moment donné, l'existence d'un ou de plusieurs êtres parfaits nous force de reconnaître que la perfection consiste dans la triple capacité de posséder, de communiquer et de recevoir toutes les qualités actuellement possibles et par conséquent de pouvoir sans cesse en acquérir de nouvelles. Dieu étant l'idéal vers lequel s'avancent tous les êtres, si Dieu est immobile, l'univers le devient aussi. Le progrès ayant une borne fixe et immuable cesse d'être indéfini, il n'est même plus qu'un vain mot, car, toutes les qualités possibles se trouvant déjà réalisées en Dieu, rien de nouveau ne peut plus se produire.

Le Dieu que nous concevons n'est pas une borne, c'est la colonne de feu qui dirige la grande procession des êtres. Dieu est vivant et par conséquent *progressif*. Donc imparfait ! nous crie-t-on. Ce mot nous le repoussons de toutes nos forces. Dieu est parfait, car il possède toutes les qualités actuellement possibles. Dans le moment actuel, il n'en est aucune que vous puissiez ajouter à celles qu'il possède ; s'il était imparfait, un autre plus parfait serait actuellement possible et cela est contre la définition donnée. Si vous voulez qu'il soit imparfait, convenez qu'il ne l'est que relativement à lui-même, que relativement à ce qu'il sera demain, que relativement à ce qui n'est pas encore.

Mais, de bonne foi, être imparfait de cette manière, n'est-ce pas être parfait ?

On ne s'étonnera pas de nous voir donner aux mots *perfection* et *parfait* un sens qu'ils n'avaient pas encore reçu. Il est évident que l'idée de perfection varie nécessairement avec les conceptions ontologiques. Pour les panthéistes, qui font exclusivement prédominer l'aspect indéfini de l'existence, la perfection est dans le *devenir*; pour les monothéistes, qui font prédominer l'aspect de l'infini, la perfection est dans l'*immuabilité*. Les polythéistes, qui font prédominer l'aspect du fini, placent la perfection dans le *changement*, dans l'inépuisable richesse d'une variété qui ne se répète et ne se ressemble jamais.

Puisque nous autres, *socialistes*, nous ne nous attachons exclusivement à aucun des trois aspects, mais tâchons, au contraire, de les associer, il est évident que, pour nous, la perfection ne résidera, ni dans le devenir exclusif qui n'est qu'un simple développement dans lequel rien de nouveau n'apparaît, ni dans l'infini qui se fige en immobilité, ni dans le fini qui varie sans tradition et sans ordre. La perfection sera l'ASSOCIATION, la combinaison de ces trois modes; le caractère de la perfection sera le *progrès*.

En définissant le mot *infini*, nous avons dit que le *parfait* était ce à quoi on ne pouvait rien ajouter. Nous ne pouvions parler autrement, puisque, nous tenant alors enfermés dans la catégorie de l'*absolu*, nous faisions et devions faire abstraction du temps. Mais, actuellement qu'il ne s'agit plus d'une notion pure, mais de la connaissance d'un être réel, cette suppression de la durée n'est plus possible. Nous devons donc compléter notre définition et dire que le *parfait* est ce à quoi on ne peut, dans le moment actuel, rien ajouter, mais à quoi, dans chacun des moments qui vont suivre et à mesure qu'elles deviendront possibles, s'ajouteront des qualités nouvelles.

Non-seulement Dieu ne peut épuiser l'inépuisable en réalisant en lui le possible dans toute son étendue, mais, dans le trésor sans limites, que l'avenir lui réserve, il ne peut même puiser que successivement et avec une certaine mesure. Cela ne tient pas à ce que le possible renferme quelques qualités que Dieu, par un défaut de sa nature, soit incapable de posséder même actuellement, mais à ce qu'étant solidairement relié à nous, qui sommes si imparfaits et si attardés, il se trouve toujours dans un milieu qui rend actuellement impossible l'éclosion de certaines qualités, qui ne pourront naître que par nos efforts à tous combinés avec les siens, dirigés par sa sagesse et facilités par son assistance.

Ce qui tend à rendre obscure notre conception de la perfection divine, c'est que, habitués à ne considérer Dieu que comme indépendant des autres êtres, ce qui est vrai, d'ailleurs, mais sous un rapport seulement, nous oublions que, en même temps, il est relié à eux.

Dieu est donc progressif; Dieu possèdera, demain, des qualités qu'il ne possède pas aujourd'hui, uniquement parce que, aujourd'hui, elles sont impossibles. Mais comment deviendront-elles possibles demain? C'est demander comment éclosent les qualités, comment naissent les espèces nouvelles. Essayons de nous en rendre compte. Si nous y parvenons, nous aurons, du même coup, expliqué ce qu'il faut entendre par *création*, car, si nous consultons les données recueillies par l'histoire naturelle, notre principal guide en cette matière, la création n'est autre chose que l'acquisition faite par une espèce d'une qualité qu'elle n'avait pas et qui, par son apparition, la fait monter d'un degré dans l'échelle des êtres. Lorsque, à la fin de ce qu'on appelle les époques géologiques, quelques-uns des plus parfaits parmi les êtres qui occupaient la terre revêtirent les qualités humaines, ce jour-là, l'homme fut créé. Ce fut une création véritable, car ce qui n'existait pas encore exista.

Où se rencontrent les qualités nouvelles? Toujours, comme nous l'avons dit ailleurs, au point d'intersection de deux ou de plusieurs séries.

Dans l'intérieur de chaque espèce, les races se forment, se multiplient, se perfectionnent par le croisement. Les espèces que nous connaissons ne se croisent point comme le font les races ; tout indique qu'elles se fondent et se combinent par une autre voie ; mais la hiérarchie sériaire montre clairement que la formation d'une espèce supérieure n'est que le résultat de la réunion des qualités appartenant aux espèces inférieures, complétées par la production d'une ou de plusieurs qualités nouvelles. De sorte que l'on peut dire que ce sont les groupes inférieurs qui, par la combinaison de leurs qualités, créent les qualités spécifiques des groupes supérieurs, de sorte qu'en remontant ainsi de groupe en groupe on arrive à un groupe terminal auquel, par définition, aucune qualité ne peut rester étrangère. A ce point de vue, il est permis de dire aussi que Dieu se trouve, à chaque instant, créé par les autres êtres en ajoutant que, s'il est créé, il est créateur en même temps, car nulle combinaison nouvelle ne peut se faire sans le concours intelligent de l'universalité des êtres, concours qui, nous le verrons bientôt, suppose nécessairement l'intervention d'un Dieu ou d'un groupe divin.

Nous insistons sur ce dernier point, car nous ne voudrions pas qu'on inférât de ce que nous venons de dire que Dieu doit exclusivement aux autres êtres les qualités qui, sans cesse, viennent agrandir son existence. Elles ne procèdent pas des autres êtres seulement, mais, tout à la fois, des autres et de lui ; elles sont leur œuvre commune. Si nous avions à rédiger un catéchisme, nous le commencerions par ces mots : — D. Qui vous a fait ce que vous êtes ? — R. Moi, aidé du concours de tous les autres êtres, concours non pas commandé, mais dirigé et rendu fécond par les plus parfaits d'entre eux.

Si, pour nous faire mieux comprendre encore, nous devions avoir recours à une comparaison, nous dirions que l'oxygène et l'hydrogène ne s'associent pour constituer l'eau qu'à la condition qu'intervienne l'étincelle électrique et que ce serait une faute de ne donner à l'eau pour générateurs que l'hydrogène et l'oxygène.

Certes, nous voilà bien loin des vieilles cosmogonies. Elles représentent la création comme un fait accompli à un certain moment, comme un fait accompli une fois pour toutes, tandis que, pour nous, la création, qui n'a pas eu de commencement, se continue d'une manière indéfinie. Elles voient, dans la création, un acte d'autorité et nous un fait de réciprocité ; elles la considèrent comme un miracle et nous comme la chose la plus naturelle qui se puisse concevoir.

Il y a bien un mystère dans la création, car notre intelligence ne peut comprendre comment deux ou plusieurs qualités, en se combinant, en s'associant, peuvent donner naissance à une qualité nouvelle et différente d'elles-mêmes, mais ce mystère n'a rien de miraculeux, car nous le voyons chaque jour s'accomplir.

Une seule des antiques religions avait entrevu cette manière si simple de résoudre l'obscure question des origines. Mais elle décomposait en deux mouvements alternatifs et indépendants ce qui n'est qu'un mouvement unique. Comme les Brahmes, nous ne dirons pas que toute vie, par une série continue d'émanations, découle de Dieu pour rentrer plus tard en lui par une série d'enveloppements. Nous disons que, à chaque instant, elle en descend et y remonte, ou plutôt, rejetant ce dualisme de langage, nous disons que tout progrès qualitatif, que toute apparition de qualités nouvelles, que toute création, en un mot, est le produit de l'association de Dieu avec les autres êtres ou, plus exactement encore, est le produit de l'association universelle.

Pour tous les autres êtres, l'acquisition d'une qualité nouvelle, le passage d'une espèce à une autre est un fait qui se reproduit par intervalles séparés, par des crises qui s'appellent *naissance* ou *mort*. Relativement à Dieu, ce fait doit être permanent, car, à chaque instant, de nouvelles qualités éclosent dans l'univers. A chaque instant donc, Dieu doit naître et mourir, et c'est pour cela que nous pouvons dire qu'il ne naît ni ne meurt ou qu'il est immortel, entendant seulement par là toutefois que les évolutions par lesquelles se manifeste sa vie sont d'une tout autre nature que les crises violentes qui brisent et renouvellent la nôtre.

Dieu est vivant, par conséquent solidairement relié avec tout ce qui est. Sans lui, rien ne serait, mais, sans les autres êtres, il ne serait pas. C'est par son association avec tous les autres êtres que Dieu est, c'est-à-dire devient et progresse. Nous sommes donc tous les associés de Dieu. Il n'a donc pas seulement des droits sur nous ; il a aussi, envers nous, des devoirs. Il est soumis aux lois de la justice comme il est soumis aux lois de l'existence. Sans impiété, devant ces lois, nous pouvons nous dire ses égaux. C'est ce que, sans en avoir conscience, a toujours cru l'humanité et c'est pour cela que, lorsque, dans son aveuglement, l'homme croit que Dieu a manqué à ses devoirs d'associé, sa bouche éclate en blasphèmes.

Ce ne sont pas là, au surplus, des choses entièrement nouvelles. Toutes les religions ont considéré Dieu comme ayant fait un pacte, formé une alliance avec un peuple ou avec une Église. Cette alliance, cette association nous ne faisons que l'étendre d'une nation, non pas seulement à l'humanité, mais, sans exception, à tous les êtres.

### III

Dieu résume en lui toutes les qualités actuellement possibles. Ces qualités sont en lui, mais résumées ; elles sont donc en lui, mais non pas exactement comme elles sont en nous. Et nous-mêmes, parce que nous résumons les qualités des espèces animales, dira-t-on que ces qualités sont en nous exactement comme elles sont dans les animaux? Nous pensons, nous sentons, nous agissons comme eux mais *plus* et *autrement* qu'eux. La qualité humaine, en s'ajoutant à leurs qualités, sans les détruire, les transforme et les modifie.

Autres sont les qualités, et autres sont les manières d'être qu'elles engendrent. L'erreur capitale de l'anthropomorphisme n'est pas d'avoir attribué à Dieu les qualités humaines, mais de les lui avoir attribuées suivant le mode humain et par conséquent de n'avoir vu en Dieu qu'un homme élevé au plus haut degré de perfection humaine possible.

Pour ne pas être soupçonné de cette grossière erreur, une fois pour toutes, nous déclarons ignorer le *comment* de celles mêmes des qualités que Dieu a en commun avec nous, et l'ignorer bien plus profondément que les espèces animales les plus inférieures n'ignorent le comment de leurs propres qualités en tant qu'elles sont résumées dans l'homme. Si une huître philosophe, puisqu'elle pense, affirmait que nous pensons, elle aurait raison de l'affirmer, mais, si elle prétendait deviner comment nous pensons et, bien plus encore, si elle supposait que nos procédés intellectuels soient complètement identiques aux siens, elle ne dirait plus que des sottises.

Cela ne veut pas dire toutefois qu'il nous soit interdit de raisonner sur les qualités humaines que Dieu résume en lui, car, si cela était, il nous serait entièrement inconnu; il serait, pour nous, ce qu'est le Dieu des unitairiens, ce qu'était le Dieu du vicaire savoyard ou l'Être suprême de Robespierre: un être dont nous ne savons rien, si ce n'est, tout au plus, qu'il existe; une affirmation sans objet déterminé, et par conséquent, aussi stérile pour la science, qu'impuissante à satisfaire les besoins de notre cœur.

Ce que nous pouvons affirmer, au contraire, c'est que, si Dieu existe, il possède nos qualités en ce qu'elles ont d'essentiel, en ce sans quoi elles ne pourraient pas être. Toutes les fois donc qu'on attribuera à Dieu nos qualités sous des conditions contradictoires à leur nature, nous serons en droit de protester.

Aussi, connaître étant, à la fois, distinguer et assimiler, si on prétendait que Dieu a, nous ne dirons pas le sentiment, car cette assertion serait légitime, mais la connaissance de l'indistinct ou de l'indéfini, nous serions fondés à repousser cette singulière doctrine. Il est impossible que Dieu connaisse, à la fois, et embrasse dans une même pensée tous les êtres actuels ou tous les faits passés, car, s'il les connaissait, il les distinguerait, et, par conséquent, il pourrait les compter; or, ces êtres et ces faits sont sans nombre. Nous concevons sans doute qu'à chaque instant, Dieu puisse connaître tel nombre déterminé d'êtres, ou évoquer dans sa mémoire tel nombre d'événements qu'il lui plaît; mais comprendre, dans une même pensée, l'univers tout entier, ou dans un même souvenir, tout le passé, voilà ce qui lui est manifestement impossible.

Il en est de même de ce qu'on a appelé la *prescience* divine ou faculté de connaître l'avenir de la même manière et aussi distinctement que nous connaissons le présent.

Toute connaissance véritable implique une affirmation. Or, dans les faits à venir, il y a un aspect contingent, un aspect entièrement nouveau et sans racines dans le passé, quelque chose qui n'est pas encore, même à l'état de devenir, quelque chose qui n'est en aucune manière. Si Dieu connaît ce quelque chose, il connaît ce qui n'est pas, hypothèse contradictoire à l'idée même de connaissance; il affirme ce qui n'est pas, chose contradictoire à l'idée de perfection. Certainement, dans les faits à venir, il y aura quelque chose qui sera la conséquence nécessaire du passé. Infaillible logicien, Dieu conclut cet aspect des événements futurs, non pas de tous les événements, toutefois, car les conséquences du passé sont indéfinies, mais de ceux qu'il lui plaît de considérer, et cela ne se nomme pas de la *prescience*, mais de la *déduction*, et cette déduction non-seulement, puisqu'elle n'embrasse pas tous les faits passés, et qu'elle n'atteint dans le futur que son aspect nécessaire, ne peut pas s'étendre au futur tout entier.

De même encore pour la *toute-puissance*. Dieu est tout-puissant, sans doute, mais sa puissance, néanmoins, ne va pas jusqu'à faire qu'un triangle ait les propriétés du cercle ou, comme le dit Spinoza, ce qui est exactement la même chose, que du pain, sans cesser d'être du pain, prenne les propriétés de la nature humaine. Dieu ne peut faire de *miracles*, si toutefois on entend par ce mot ce qui est contre nature, ce qui est une violation des lois de la nature.

En effet, que sont ces lois ? Ces lois sont les manières d'être essentielles des êtres. Donc, un miracle est la suppression de ce qui est essentiel, l'abolition de ce qui est nécessaire, c'est-à-dire l'anéantissement de ce qui est l'objet du miracle. Quand la femme de Loth fut changée en statue de sel, elle fut, ou du moins, si on tient à cette vieille et fausse division de l'être, son corps fut anéanti et remplacé par une masse minérale ; quand le soleil s'arrêta sur l'ordre de Josué, l'astre que nous connaissons cessa d'être, et fut remplacé par un astre nouveau.

Si les miracles nous paraissent absurdes, c'est, disons-le cependant, parce que nous ne pouvons admettre que les lois de la nature soient le résultat du bon plaisir divin. Tant qu'on a regardé Dieu comme le suprême ordonnateur, comme le souverain législateur du monde, la foi aux miracles était chose fort raisonnable, car on ne pouvait refuser au législateur, quand il reconnaissait s'être trompé, le droit et le pouvoir de réformer son œuvre. Avec la création *ex nihilo* les miracles sont très-admissibles, car il est de toute raison que celui qui a fait l'être ait fait aussi et puisse changer ses manières d'être ou ses lois. Mais, dès qu'on admet l'éternité des êtres, force est bien d'admettre que, s'ils sont par eux-mêmes et par le fait de leur association avec les autres êtres, c'est d'eux-mêmes et de cette association, et non d'un être particulier qu'ils tirent leur essence. Il n'y a donc pas de milieu ou, il faut, avec nous, rejeter les miracles, ou il faut adhérer aux croyances en la création totale et en l'anéantissement total des êtres, effort vraiment impossible à la raison qui, jamais, ne souscrira à des formules dont le néant est l'un des termes.

On voit que notre manière de concevoir Dieu qui, sans l'amoindrir, ne fait que le dépouiller de ce qui le rendait impossible, ne concède rien aux superstitions vulgaires. Ce sera peut-être un motif d'accueillir, sans trop de répugnance, ce qui nous reste à dire, quelque étrange que puissent le faire paraître nos préjugés chrétiens.

De même que, dans la conception de Dieu, on a cherché à supprimer le temps, en le réduisant à la notion absolue d'immuabilité dans la perfection ou à la notion indéfinie d'un devenir continu, qui exclut toute actualité d'existence, de même on a voulu retrancher de cette conception tout ce qui se rapporte à l'espace, soit en réduisant l'essence divine à un point sans étendue et sans figure, soit en ne considérant que son immensité. A aucune de ces mutilations nous ne pouvons souscrire. Si Dieu est, comme tout ce qui est, il se manifeste dans le temps et dans l'espace : dans le temps par le progrès, dans l'espace par l'organisation.

Dieu possède toutes les qualités actuellement possibles. La beauté plastique est une qualité ; donc Dieu est beau comme il est puissant et sage.

Il est corporel, il a une forme. Cette forme quelle est-elle ? Elle doit être le résumé de toutes les beautés possibles combinées de manière à donner naissance à une beauté suprême dont il nous est impossible de nous faire la moindre idée, mais à laquelle nous devons affirmer que, à chaque instant, s'ajoutent des beautés nouvelles.

Le *comment* des combinaisons supérieures nous étant inaccessible, nous ne pouvons faire le portrait de Dieu, mais nous devons tenir pour certain, que tout ce qui est beau a un certain degré de ressemblance avec lui. Nous pouvons même ajouter que la forme humaine, la plus belle que nous connaissions, est, de toutes celles que nous puissions actuellement connaître, celle qui a, avec la forme divine, la ressemblance la moins éloignée.

Que l'artiste sache donc que son œuvre est sainte et que le culte de la beauté est le culte de Dieu lui-même, type de toutes beautés ; que l'artiste rêve un idéal de formes de plus en plus parfait, car, par là aussi, il se rapprochera de Dieu ; que, dans le temple nouveau, les Phidias de l'avenir placent des statues sur l'autel ; qu'ils y placent un groupe, car la beauté humaine c'est, à la fois, la vigueur de l'homme, les grâces de la femme et la ravissante indécision des formes de l'enfant ; qu'ils y placent aussi la colombe et le lion, la rose et le palmier ; que les Raphaëls futurs encadrent la sainte famille dans les plus splendides paysages ; car en toutes ces beautés il y a un reflet de la beauté divine ; mais que, en même temps, une voix austère ne cesse de répéter à la foule émerveillée que tout cela ressemble à Dieu, mais bien moins encore qu'un rayon égaré ne ressemble au soleil.

Remarquons-le bien, l'anthropomorphisme n'est descendu jusqu'aux grossières superstitions de l'idolâtrie que parce que, au lieu de se borner à enseigner que Dieu, comme l'homme et comme tout être, possède un organisme, il a prétendu connaître cet organisme et l'a cru analogue à l'organisme humain. Pour nous, des statues ne peuvent être que des symboles ; pour les payens, c'étaient de véritables images.

On voudrait voir et toucher Dieu, et on ne comprend pas ce que l'énoncé même de ce vœu renferme d'absurde. Vous le verriez et le toucheriez, en effet, que jamais vous ne pourriez savoir que c'est lui que vous voyez et que vous touchez. Rien ne dit que vous ne le voyez pas. Il est possible qu'il soit le Soleil, qu'il soit Sirius ou Aldébaran.

Pour le savoir, il faudrait savoir si ces astres possèdent les qualités divines, c'est-à-dire toutes les qualités possibles ; mais, pour cela, ces qualités il faudrait les connaître, et pour les connaître, il faudrait les posséder.

Vous verriez Dieu face à face que ce serait absolument comme si vous ne le voyiez pas, puisque, ne pouvant connaître ses qualités spécifiques, vous ne pourriez jamais dire : c'est lui. Chose bizarre, en apparence, jamais un aveugle de naissance n'a pu matériellement s'assurer de l'existence d'un clairvoyant. Quand cet aveugle prend ma main, il sent bien qu'il touche un être, un homme, mais un homme doué de la faculté de voir, non : car il ignore ce que *voir* signifie. Relativement à Dieu, nous sommes des aveugles, mais des aveugles qui s'étonnent et s'indignent de ne pas voir le jour.

Ce n'est point, comme on l'a dit niaisement, pour nous donner le mérite de la foi que Dieu se dérobe à nos regards. Il n'est pas en sa puissance de se manifester directement à nous, car, pour cela, il faudrait qu'il fît que nous pussions le comprendre, c'est-à-dire que nous fussions autres que ce que nous sommes.

C'est par la même raison que les rapports incessants qui existent entre lui et nous ne peuvent nous être connus, de la même manière que ceux que nous entretenons avec les autres hommes. Si vous ne me connaissez pas, vous ne distinguerez jamais ce qui vous vient de moi de ce qui vous vient des autres hommes. L'huître qu'un pêcheur transporte dans le parc où elle doit prendre de plus riches développements ne peut attribuer à l'homme ce changement d'état qu'elle éprouve, car elle ne sait pas ce qu'est un homme, ce qu'est un être doué de locomotion. Le chien sait fort bien que ma main le caresse, car lui-même est capable de caresser, mais il ne sait pas que c'est moi qui ait construit cette locomotive qui l'emporte, car il ne peut avoir l'idée des calculs qui m'ont guidé dans la construction de cette machine.

Dieu possède, puisque nous en possédons, des moyens de manifester sa pensée, mais ces moyens ne sont pas le langage et l'écriture. Il ne peut pas plus parler hébreu ou latin que l'éléphant ne peut voler et manifester ainsi sa vie d'éléphant par les signes manifestateurs de la vie de l'oiseau. Dieu ne peut cesser d'être Dieu et d'agir en Dieu. L'idée de vouloir communiquer avec lui par des moyens humains, l'idée qu'on peut l'interroger et en recevoir des réponses est certainement la preuve la plus évidente de la confusion que la vieille théologie a jetée dans les intelligences.

Dieu, qui, substantiellement est partout, intellectuellement et corporellement est, à chaque instant, quelque part, car un être qui ne serait nulle part ne se pourrait concevoir. Où est-il? Nul de nous ne le sait, ni ne peut le savoir. Mais, parce que nous ne savons où il est, est-ce un motif de douter de son existence? Savons-nous où nous étions avant de revêtir la forme humaine? Où nous serons quand nous l'aurons échangée contre une plus parfaite? Savons-nous où nous étions, à pareille heure, il y a dix ans, il y a quinze jours? Il nous suffit de savoir que nous étions quelque part sur la terre; pourquoi ne nous suffirait-il pas de savoir que Dieu est quelque part dans l'espace, quelque part dans les cieux vers lesquels toujours s'élève notre regard, lorsque nous pensons aux choses surhumaines? L'ignorance où nous sommes de son séjour n'est pas plus un motif de douter de son existence, que l'ignorance où nous sommes des qualités spéciales qu'il possède et dont nous ne pouvons nous faire aucune idée, parce qu'elles n'appartiennent à aucun des êtres soumis à notre observation.

Parce que nous faisons Dieu corporel, qu'on ne nous accuse pas de matérialisme. Ce qui constitue le matérialisme, c'est de regarder la pensée comme un attribut, comme une propriété du corps, et on ne doit pas avoir oublié que, à nos yeux, la pensée et le corps, abstractions d'égale valeur, sont des propriétés de l'être.

Le surnaturalisme chrétien a cru honorer Dieu en supposant qu'il n'est nulle part, car c'est à cela qu'arrive l'hypothèse d'un Dieu pur esprit, parce que, suivant la définition qu'on en donne, un esprit n'ayant pas d'étendue ne peut occuper aucun espace ni être en aucun lieu. Après tout ce que nous avons dit à cet égard, nous croirions faire injure au lecteur en recommençant, ici, la réfutation d'une doctrine que réfute assez le sens commun. Nous préférons résumer en quelques lignes les développements un peu trop étendus peut-être que nous avons cru devoir donner à notre définition de la nature divine.

De même que l'homme n'est pas seulement le plus parfait des animaux, mais est, en même temps, un être d'une nature différente, Dieu n'est pas seulement le plus parfait des êtres ; il est absolument distinct de tous les autres par des qualités que nul que lui ne possède.

Et, en même temps, par les qualités qu'il possède en commun avec les autres êtres, il se rapproche d'eux, il est l'un d'entre eux et ne se distingue plus que quantitativement d'eux.

Substantiellement enfin, il se confond avec eux, il est eux, et de cette identité, il doit avoir un sentiment analogue à celui que nous en avons nous-mêmes, mais avec cette différence néanmoins que la conscience de notre identité, de notre solidarité avec le reste des êtres, est vague et obscure, tandis qu'en lui elle doit être portée jusqu'à la plus lumineuse évidence. Incomparablement mieux que nous ne nous sentons vivre de la vie des êtres qui nous sont les plus chers, Dieu doit se sentir vivre de celle de tous les êtres.

Sous ce dernier rapport, c'est par le sentiment seul qu'il nous est accessible. Aussi est-ce le domaine de la poésie et de la foi. La raison ne l'atteint que par son aspect anthropomorphique ; encore, en parlant des qualités qui nous sont communes avec lui, n'en pouvons-nous parler que dans ce qu'elles ont d'essentiel, en ne perdant pas de vue que, pour tout le reste, elles ne peuvent être en lui que modifiées d'une manière dont il y aurait folie de notre part à vouloir préciser la nature.

## IV

Actif et passif à la fois, puisqu'il est *vivant,* Dieu agit sur nous comme nous agissons sur lui. Entre lui et nous, d'incessantes communications existent. Affirmer ces communications, voilà ce qu'exige la logique. Chercher ce qu'elles peuvent être, s'enquérir de leur *comment,* voilà ce que peut vouloir seulement la superstition la plus aveugle. La superstition est ce qui dépasse la connaissance possible, ce qui va plus loin, ce qui va plus haut, *quod super est, quod super stat.* Est-il besoin de dire que toute cette magie blanche ou noire, que ces incantations et ces sacramentelles formules, que ces sacrifices et ces évocations par lesquelles on croyait entrer en rapport avec la divinité, ne se relèveront jamais des coups que leur a portés la raison?... Tout homme qui prétend, par un moyen particulier quelconque, entrer en communication directe avec Dieu est un charlatan ou ne sait pas ce que le mot *Dieu* signifie.

Vous demandez quels rapports vous pouvez établir avec Dieu et comment vous pouvez établir ces rapports. La réponse est bien simple ! VIVEZ, devenez meilleurs, faites-vous, de tout votre pouvoir, plus aimants, plus intelligents, plus actifs ! vos rapports avec Dieu ne consistent point en des actes spéciaux, mais en tous vos actes quels qu'ils soient : tous vos sentiments, toutes vos pensées, toutes vos actions. Mais vous n'avez point conscience de ces rapports? Vous vous trompez : vous commencez déjà d'avoir cette conscience, puisque vous la cherchez ; plus vous comprendrez la nature de Dieu et l'organisation des êtres, et plus ces rapports entre vous et Dieu deviendront clairs et manifestes. La chimie, la physique, l'astronomie, la logique, l'histoire naturelle, l'histoire humaine, la poésie, la musique, la sculpture, la peinture, toutes les sciences, tous les arts, sont les prolégomènes de la théologie.

D'ailleurs, le fait même de rapport et de communication n'a-t-il pas toujours quelque chose de vague et de mystérieux ? Nous avons certainement les uns avec les autres, et même avec d'autres êtres que les hommes, des rapports qui s'entretiennent sans communication apparente, mais sans compter que nous nous connaissons entre nous de tels rapports, il faut bien avouer que les rapports mêmes que nous entretenons par des moyens de communication apparents, nous n'en connaissons bien ni la nature, ni la clé.

A l'égard de Dieu, les moyens de communication apparents nous manquent, mais cela n'a rien qui puisse surprendre, car cela rentre dans cette catégorie du comment que nous savons nous être actuellement inaccessible. Dieu n'est certainement point le seul être avec lequel nous soyons en rapport sans moyen de communication apparent : ce n'est point au-dessus de nous seulement qu'il en faut chercher l'exemple. N'étions-nous pas en rapport avec les êtres microscopiques et télescopiques avant de soupçonner leur existence ?

Puisque Dieu possède toutes les qualités actuellement possibles, il possède celle d'agir sur les autres êtres et d'être impressionné par eux. Cela doit nous suffire. Aller plus loin, serait quitter le sentier du raisonnement pour celui de la fable et de l'imposture.

Outre la prédication et le symbolisme, que restera-t-il alors des anciens cultes ? Alors, que devient la prière ?

Des anciens cultes, désormais purifiés de tout superstitieux appareil, restent d'abord l'adoration et l'action de grâces. Impossible que l'idée de Dieu ne nous inspire pas vénération, amour et respect. Or le respect à sa plus haute puissance est-ce autre chose que l'adoration ? Cette expression du respect cependant prendra, dans l'avenir, un caractère nouveau. Elle ne sera plus la prosternation de l'esclave aux pieds de son maître, mais l'hommage spontanément rendu par des enfants à leur père, par des amis et des associés à un ami et à un associé supérieur, par des hommes libres au génie même de la liberté. Elle ne sera plus mêlée de tressaillement et d'épouvante, mais de confiance et d'amour. La crainte du Seigneur n'est pas le commencement de la sagesse ; elle est le commencement de la superstition. Quant à l'action de grâces, elle sera continuelle comme les bienfaits, et, dans les occasions solennelles où la bonté de Dieu nous semblera éclater davantage encore, notre reconnaissance ne se traduira pas moins en saintes résolutions de travail et de vertu qu'en hymnes et en cantiques.

La prière, comme moyen d'attirer des faveurs, rentre évidemment dans la catégorie de ces paroles magiques censées avoir de la puissance par elles-mêmes. Nous n'hésitons pas à le proclamer : l'homme qui, en marmottant certaines formules, croit, par-là, obtenir une bonne santé ou une bonne récolte, est un fou ; l'homme qui s'endort et se croise les bras, après avoir dit à Dieu : « Donnez-nous, aujourd'hui, notre pain quotidien, » est un paresseux, qui, sans travail, voudrait que la manne lui tombât du ciel. Et, cependant, il y a quelque chose d'utile et de raisonnable dans la prière !

A chaque instant, n'avons-nous pas besoin du secours, nous ne disons pas seulement de nos frères, mais de tous les êtres sans en excepter un seul ? Sans leur concours pourrions-nous un instant subsister ? Ce concours qui ne nous est jamais entièrement refusé, parce que ce refus absolu serait l'anéantissement même des êtres, nous n'en éprouvons le besoin, il est vrai, que dans les circonstances qui nous font sentir combien nous sommes impuissants à nous suffire à nous-mêmes, dans les circonstances où nos forces sont épuisées et où notre intelligence ne rencontre plus que ténèbres. Alors, avec raison, nous cherchons un appui en dehors de nous ; nous appelons l'univers entier à notre aide et, parce que nous sentons que les forces de la nature ne peuvent concourir dans toute leur intelligence et leur énergie, que guidées par celui en qui elles se résument, c'est à lui principalement que notre invocation s'adresse, non-seulement comme au plus puissant mais comme au représentant de tous.

On ne peut pas plus condamner ce désir de secours qu'on n'en peut condamner l'expression volontaire ou involontaire. S'adresser au Dieu immuable, au Dieu inflexible des chrétiens est absurde, mais où est l'absurdité d'invoquer le Dieu vivant? Qu'on raisonne tant qu'on le voudra, jamais on n'empêchera une mère, auprès du berceau de son enfant mourant, d'implorer le secours d'en haut. Mais, en cet instant de douleur suprême, dans cette invocation désespérée, la mère, elle-même, si elle est animée des croyances nouvelles, ne réclamera pas un miracle. Elle ne demandera pas que les lois de la nature soient changées en sa faveur, mais seulement que la pensée d'un remède salutaire naisse en son esprit. Sa prière sera un appel et un souhait.

La prière est inutile car, Dieu, sans que nous les exprimions, connaît nos besoins ! Cela est vrai, mais c'est fort inutilement aussi que, cent fois par jour, le malade répète qu'il souffre. Cela ne le guérira point, mais cela le soulage. La prière aussi nous soulage, et, ce cri du poète : Si je pouvais prier ! tout semblable à celui de ce dernier paroxisme de la douleur : si je pouvais pleurer ! exprime assez quelle consolation l'homme attend de la prière.

Non-seulement la prière console, mais, bien plus encore, elle fortifie. Qu'est-elle, en effet, si ce n'est la revendication de nos droits d'associés ? Or le sentiment du droit n'est-il pas une source de force ? Nous ne pouvons prier sans sentir que Dieu nous *doit* son appui, et notre pensée ne s'élève pas vers lui sans que nous comprenions que ce qu'il doit faire il le fait et que, par conséquent, il est avec nous. Cette assistance divine n'est pas une illusion. Ou Dieu n'est pas, ou son ministère de providentielle assistance est de tous les instants. La prière, qui nous le rend, en quelque sorte, visible, la prière qui fixe notre pensée sur une vérité auprès de laquelle nous passions sans détourner la tête, n'est donc pas un vain exercice, une faiblesse digne de mépris.

Quand nous prions, nous n'avons pas tort de croire, qu'aide nous sera accordée, mais notre tort serait de supposer que c'est à cette prière que nous la devrons. Car, encore une fois, la prière n'est pas autre chose qu'un témoignage que nous nous rendons à nous-mêmes de l'harmonie universelle et de l'association des êtres. Comme nous venons de le dire, la prière n'a d'efficacité que sur nous, par la consolation qu'elle nous apporte, par la force qu'elle nous prête et par la disposition meilleure où elle nous place. Hors de nous, elle ne peut rien, mais, en nous et hors de nous, Dieu veille et agit et ce n'est pas en vain que nous comptons sur son secours.

Comme moyen particulier de communication avec Dieu, nous le répétons, la prière est absurde ; comme cri du cœur, elle n'est pas discutable ; comme expression de notre confiance en la bonté divine, elle n'a rien que la raison désavoue. Elle est un besoin et ne peut jamais être un devoir.

Certains d'être aidés dans ce qui est juste et bon, comme nous ne doutons jamais de la bonté et de la justice de nos désirs, aussitôt que la prière nous a rendu plus présente l'assistance divine, nous ne pouvons pas ne pas croire que nous serons aidés précisément dans ce que nous désirons obtenir, ou, du moins, ne pas regarder ce résultat comme très-probable. Ceci est et doit être, le plus souvent, une source de déceptions, mais, qui pourra jamais s'y soustraire ? Qui pourra jamais se dire que ce qu'il désire le plus est injuste et déraisonnable ?

N'en demandons pas tant. Soyons satisfaits si ce que nous venons de dire suffit pour déraciner cette vieille croyance qui attribue une efficacité directe et immédiate à de liturgiques formules. Que le genre humain continue de prier, mais en usant surtout de la prière comme d'une salutaire pratique d'hygiène morale.

C'est à ce point de vue principalement que sera instituée la prière publique. S'il est bon, en effet, que les hommes se réunissent pour prier, c'est principalement parce que cette proclamation faite en commun de leur association avec Dieu et, par lui, avec tous les êtres, parce que cet acte commun de confiance ne peut que fortifier et exalter leur courage.

Indépendamment des prières qui s'adressent à Dieu, il en est d'autres qui s'adressent à des êtres regardés par nous, seulement comme supérieurs à l'humanité. Que nous invoquions l'assistance de nos aïeux et de ceux de nos amis arrivés, avant nous, à une vie meilleure ; qu'une nation entière se place sous la protection des grands hommes sortis de son sein, c'est encore là un fait qui s'est toujours produit et qui se produira toujours. Ici, l'invocation change de caractère. Il est possible que les êtres dont nous implorons l'appui aient besoin d'être priés pour nous secourir ; il est possible qu'ils ignorent nos besoins si nous ne les leur faisons pas connaître. Plus près de nous, ils doivent participer à nos imperfections et à notre ignorance.

Ceci, au reste, est le culte des dieux inférieurs, chose de sentiment et à laquelle le raisonnement n'a que bien peu de chose à voir, car, si ce n'est qu'ils existent et qu'ils sont dignes de nos hommages, nous ne savons de ces êtres rien qui puisse nous permettre d'en parler avec assurance. Quand nous parlons de Dieu, nous savons qu'il s'agit d'un être possédant toutes les qualités actuellement possibles, au plus haut degré actuellement possible. Cela est net et précis. Mais de ce qu'est Socrate, aujourd'hui, qu'en pouvons-nous savoir? Que, outre les qualités qui nous sont inconnues et qui caractérisent le mode d'existence auquel il s'est élevé, il continue de posséder, dans ce qu'elles ont d'essentiel, les qualités humaines, et cela à un degré supérieur à celui auquel nous les possédons nous-mêmes? Mais quel est ce degré? Nous l'ignorons; comment pourrions-nous en conclure quelque chose? Socrate est meilleur que le meilleur d'entre nous, mais l'est-il assez pour n'avoir de préférence que pour la souffrance et pour la vertu? assez pour rester insensible aux sollicitations et aux hommages? Dans sa nouvelle existence, qu'a-t-il dépouillé, qu'a-t-il conservé du limon terrestre? C'est à la poésie de le rêver et non à la science de le dire.

## V

Nous avons exposé, en le déduisant de la définition que nous en avions donnée, ce que nous pensions de la nature divine, et ce que nous en pensons, est, en définitive, ce qu'en a toujours pensé le genre humain, moins toutefois les impossibilités, les contradictions et les absurdités de toutes sortes que l'exclusivisme avait successivement accumulées dans ses formules théologiques. Tout ce qui précède a eu pour but de rendre Dieu possible, mais, pour qu'il soit autre chose qu'un vain rêve de l'imagination, il ne suffit pas que Dieu soit possible; il faut encore qu'il soit nécessaire. Nous avons défini sa nature; il nous reste à définir sa fonction.

Dieu n'est ni un roi ni un maître; il est le *suprême administrateur de la grande république des êtres*. La fonction qu'il remplit a pour nom *Providence*.

Il ne *gouverne* pas; il *pourvoit*, il *administre*. Ces deux mots expriment toute la différence qu'il y a entre la conception théologique nouvelle et les dogmes anciens.

Gouverner, c'est substituer sa volonté à celle d'autrui. Gouverner, c'est absorber et contraindre. Administrer, pourvoir, c'est aider, c'est assister, c'est réparer, c'est servir. Dès qu'une société est gouvernée, que ce soit par une majorité, par une classe ou par un chef, les noms de *démocratie*, d'*aristocratie* ou de *monarchie* lui conviennent mais non celui de *République*. C'est parce que Dieu ou les Dieux administrent l'universelle association, mais ne la gouvernent pas que nous avons appelé *République* cette société, type sur lequel, tôt ou tard, se modèleront toutes les autres.

Mais, est-il vrai que tous les êtres soient associés entre eux ? Est-il vrai que cette société suppose des administrateurs ?

Tous les êtres sont associés entre eux ; cela ressort de notre conception même de l'être. Ils sont solidaires, donc ils sont associés. Eux-mêmes sont chacun une association de qualités. Comment les relations qu'ils ont entre eux ne porteraient-elles pas l'empreinte de ce qui constitue leur essence ? Comment ces relations pourraient-elles être autre chose que des relations d'association ? Vainement on prétendrait qu'il n'y a d'association possible qu'entre égaux et que les êtres n'étant pas tous égaux, ne peuvent, par conséquent, être associés. L'association, en effet, ne suppose pas l'égalité ; elle la fait naître ; elle donne naissance à des droits et à des devoirs qui, étant les mêmes pour tous les associés, sous ce rapport, les rendent égaux.

Nous ne nous dissimulons pas que ces mots : le monde est une immense association, prononcés à une époque, où même les plus avancés ne comprennent encore le monde que comme une immense machine, peuvent et doivent causer quelque étonnement. Ils sont pourtant la conséquence forcée de tout ce que nous avons écrit jusqu'à ce moment, et, de deux choses l'une : ou nous avons erré dès nos premiers pas, ou il faut renoncer à voir autre chose dans le monde que l'ensemble des êtres associés.

Dire association, c'est dire poursuite en commun d'un but, c'est dire concours et coordination d'efforts en vue de ce but. Cette coordination d'efforts suppose-t-elle un gouvernement ou une administration, ou peut-elle se passer de ces deux choses à la fois? C'est ce que nous allons examiner.

Si tout était prédéterminé dans le monde, si l'avenir tout entier était la conséquence nécessaire du passé, si rien de nouveau, d'inattendu, ne se produisait, ni gouvernement, ni administration ne seraient, non-seulement indispensables, mais possibles. La fatalité suffirait à tout; Dieu serait absolument inutile.

Dieu, s'il existe, n'a donc de raison d'être que dans le contingent, que dans l'imprévu, en un mot, que dans la liberté. Cela nous semble inattaquable; mais un Dieu, en quelque sorte fils de la liberté, à quelle distance cela ne nous porte-t-il pas des anciennes croyances? Si Dieu a sa raison d'être dans la liberté dont les autres êtres jouissent, ne serait-il pas absurde de supposer qu'il pût réagir contre sa propre raison d'être? Ne serait-il pas absurde de le considérer comme un maître, comme un despote faisant tout fléchir sous sa volonté, et condamnant à d'éternels supplices ceux qui osent s'y soustraire?

Quel besoin le monde a-t-il d'un gouverneur et d'un maître? quelle serait sa fonction? Dicter des lois et les faire exécuter? Mais les lois du monde sont dans le monde lui-même, et ne lui viennent pas du dehors. Les lois d'un être sont ses manières d'être constitutives; les lois d'une association sont les manières d'être communes aux êtres qui la composent. Gardons-nous de confondre les lois naturelles avec les manifestations du bon plaisir de nos princes ou de nos assemblées. Dans les lois naturelles, rien d'arbitraire; elles sont parce qu'elles sont, et parce qu'elles ne peuvent être autrement. Elles ne sont pas seulement, comme on l'a souvent dit, immanentes dans les êtres; elles sont les êtres eux-mêmes, considérés dans ce qu'ont d'essentiel leurs manières d'être. Toutes les fois qu'en eux une qualité nouvelle se produit, les lois qui s'y rapportent naissent en même temps qu'elle, et l'espèce nouvelle qu'elle caractérise trouve ses lois dans sa propre spécificité. En tout cela, quel besoin d'un législateur ?

Entend-on parler de la loi morale ? Mais, comme toutes les autres, elle nous est intrinsèque. Il nous est tout aussi impossible de ne pas sentir que rendre le mal pour le bien est un crime, que de ne pas savoir que le contenant est plus grand que le contenu. On n'est homme qu'à ces conditions. Les lois morales sont des manières de sentir qui nous sont tout aussi essentielles que peuvent l'être nos manières d'agir ou de penser.

Quant à ce qui touche à la sanction des lois en général, elle n'exige, en aucune manière, l'intervention d'un juge ou d'un bourreau. Leurs transgressions sont suffisamment punies par les conséquences qu'elles entraînent. L'oisif devient ignorant et pauvre; celui qui se livre à de coupables excès devient malade. Dans cette vie ou dans l'autre, toute infraction porte ses fruits naturels, et cela sans que Minos ou Rhadamante aient à s'en mêler le moins du monde.

Si l'universelle association n'a nul besoin d'être *gouvernée*, peut-on dire aussi qu'elle n'ait aucun besoin d'être *administrée* ?

Nous avons dit qu'administrer c'était principalement pourvoir, aider et secourir. A ce titre, tous les associés ont droit au nom d'administrateur, car, tous, puisqu'ils concourent à l'œuvre commune, se prêtent mutuellement aide et secours. Toute la question se réduit donc à savoir s'il n'est pas nécessaire que cette fonction, commune à tous, ne soit pas plus spécialement dévolue à un seul ou à quelques-uns.

Tous les êtres sont associés, mais non immédiatement,

entre eux. L'association universelle comprend une multitude indéfinie d'associations partielles, coordonnées entre elles. Comme, malgré nous, nous la prenons toujours pour type de nos propres institutions, nous ne comprenons une association nationale ou une nation, que comme composée d'associations provinciales, composées elles-mêmes d'associations cantonales, qui se subdivisent en associations communales, etc., etc. De même, nous ne concevons une grande manufacture que comme composée d'ateliers différents, chaque atelier composé de brigades, etc., etc.

Le but vers lequel tend chacune de ces subdivisions de l'association générale est différent, et ces buts particuliers ne peuvent concourir au but commun que sous l'influence d'une vue d'ensemble plus ou moins étrangère aux travailleurs de chaque spécialité. Sans une magistrature, gardienne des intérêts nationaux, les provinces ne resteraient pas longtemps unies, et les communes elles-mêmes ne tarderaient pas à se séparer les unes des autres. Sans les soins d'un ingénieur habile, chaque atelier s'attachant uniquement au but particulier qu'il poursuit, sans égard pour le but général de la manufacture, la production ne serait pas longtemps sans s'arrêter.

Dira-t-on qu'il serait mieux que chaque associé pût, à la fois, et avec une puissance égale, se placer au point de vue de sa spécialité et au point de vue de l'ensemble? C'est là un idéal que nous pouvons concevoir réalisé dans la nature divine, mais dont les êtres qui habitent la terre sont certainement à une incommensurable distance. Quand même cette double vue serait possible à l'homme, on ne prétendra pas sans doute qu'elle soit possible aux animaux, aux végétaux, etc., etc. Les animaux et les végétaux, cependant, remplissent d'importantes fonctions dans l'universel concert, et ce n'est point par elles-mêmes, assurément, que ces fonctions peuvent se coordonner avec toutes les autres.

Cette coordination, en la supposant une fois établie, pourrait se maintenir si rien de nouveau ne se produisait dans la nature. Dans une fabrique d'horlogerie où chaque atelier confectionnerait invariablement les mêmes **rouages**, un directeur serait inutile. Mais, si un de ces ateliers venait, tout à coup, à modifier, en les perfectionnant, les pièces dont la fabrication lui est confiée, si personne n'avait soin de faire concorder avec ces modifications les produits des autres ateliers, certainement, les montres qui sortiraient de cette fabrique sans administrateur marcheraient mal ou ne marcheraient pas du tout, et la fabrique ne tarderait pas à dépérir.

Nous ne connaissons, et encore bien imparfaitement, que l'idéal humain ; de l'idéal universel, du but vers lequel tend l'universelle association des êtres, nous n'avons presque aucune idée. Comment, au milieu des modifications sans nombre qui, à chaque instant, se produisent, pourrions-nous y coordonner nos efforts? Cet idéal, sans lequel le progrès ne serait qu'un vain mot, il est donc aussi indispensable qu'un être ou des êtres le connaissent, qu'il est indispensable que, dans un navire, le pilote connaisse les parages vers lesquels lui et ses compagnons se dirigent. Cet être, c'est celui qui possède toutes les qualités actuellement possibles, car, seul, il peut se mettre, à la fois, aux divers points de vue correspondants à ces qualités qu'il résume.

Non-seulement, sans Dieu, le progrès universel ne peut se concevoir, mais il serait même impossible, sans lui, de se rendre compte des moindres progrès individuels. Nous ne pouvons rien, nous ne faisons rien sans le concours de tous les autres êtres. Or, ce concours qu'ils nous prêtent est un concours intelligent, et cependant beaucoup d'entre eux sont ou peuvent être considérés comme privés d'intelligence. Comment expliquer cela sans l'intervention d'une puissance supérieure qui les éclaire et les dirige?

Tant que nos organes ne remplissent que les fonctions normales de la digestion, de la respiration, etc., etc., ces fonctions peuvent, à la rigueur, être considérées comme prédéterminées et aveugles; mais qu'un fait nouveau, qu'un fait dans lequel prédomine l'imprévu, vienne à se produire, qu'une tuile nous tombe sur la tête et nous occasionne une légère ou profonde blessure, à l'instant même se manifeste en nous une fonction nouvelle, une fonction médicatrice. Toutes les forces organiques se portent au secours de l'organe blessé, et, par leur synergie, concourent au rétablissement de la santé générale. Comme cet unanime concert, qui a lieu à notre insu, n'est certainement pas notre ouvrage, comme il est impossible que notre organisation ait été combinée de manière à réparer le nombre indéfini, et par conséquent impossible à prévoir, de lésions qui peuvent l'atteindre, les médecins attribuent à la nature ce merveilleux phénomène. Nous le voulons bien, mais il conviendront que cette nature, qui vient si puissamment en aide à leur art, est bien intelligente et bien bonne.

Le mot *nature* a été fort en vogue au xviiie siècle, parce qu'on espérait que, grâce à son élasticité, il pourrait remplacer et faire oublier le mot *Providence*. Il serait pourtant utile de savoir ce qu'on veut dire, lorsqu'on affirme qu'un homme a été guéri par la nature [1].

Entend-on parler de sa nature propre, de son tempérament, de sa constitution? Sans doute, cela a contribué à sa guérison, mais cela seulement n'a pu y suffire, car on ne peut regarder le corps humain comme organisé de manière à triompher du nombre indéfini de perturbations qui peuvent l'atteindre. Qu'on ne dise pas que ce nombre est

---

[1] Pour nous, le mot *nature* a deux sens. Quand nous parlons de de la nature d'un être, nous entendons parler de l'ensemble de ses qualités, ou de l'ensemble de ses lois constitutives. Quand, au contraire, nous parlons de la nature en général c'est de l'univers que nous parlons, mais surtout de l'univers *en acte*. L'univers c'est l'enchaînement, c'est l'association des êtres, c'est l'ensemble des êtres considérés comme solidaires et reliés entre eux; la Nature c'est encore cette même association, mais surtout en tant qu'elle agit. En un mot, la *Nature* c'est le concours coordonné et *intelligent* de tous les êtres, qu'eux-mêmes soient intelligents ou non.

limité à celles qui ne dépassent pas un certain degré de désordre, car, même dans ces limites, le nombre des accidents possibles est indéfini. Les possibles sont sans nombre; quand, de ce qui est sans nombre, on retranche quelque chose, ce qui reste est encore sans nombre.

Entend-on parler de l'influence des milieux, de l'action bienfaisante de l'air, de l'eau, de la température, des climats, etc., etc., en un mot, de ce qu'on appelle les forces naturelles, action qui vient s'ajouter à celle que l'organisme exerce sur lui-même? Cela aussi concourt, et puissamment, à la cure obtenue. Mais comment cela y concourt-il? Cette action, hier, concourait à l'entretien de la santé; aujourd'hui, elle concourt à son rétablissement. Mais, il n'est pas possible que, sans modifications, la même cause produise deux effets différents. Il y a donc eu modification spéciale des milieux. Se sont-ils modifiés par eux-mêmes dans ce but? Alors ce but ils ont dû le connaître. Se sont-ils modifiés par suite de leur propre nature? Mais alors ils ont été constitués en vue de tous les buts possibles. De quel côté qu'on se tourne on se trouve dans un impasse dont on ne peut sortir qu'en confessant Dieu.

On a cependant essayé de briser ce cercle par un argument que nous ne devons pas laisser sans réponse, parce qu'il est assez spécieux pour séduire même les meilleurs esprits. « Si l'intelligence est partout, si elle est la loi de tous les rapports, nous n'avons que faire de l'intervention divine. L'accident, l'imprévu peuvent produire des phénomènes nouveaux, mais les rapports restent les mêmes. Les forces agissent à l'*extraordinaire* comme à l'*ordinaire*. Les circonstances changent, les milieux sont modifiés, les lois restent invariables. »

L'intelligence est partout. Qu'est-ce que cela veut dire? Cela signifie-t-il qu'il existe une sorte d'âme du monde, une intelligence infuse dans tout ce qui est et s'ajoutant à tout ce qui est, *mens agitat molem*? Nous croirions faire injure à notre contradicteur en supposant que ce soit là sa pensée. Dans sa bouche, cela veut dire que tous les êtres, quels qu'ils soient, sont, à quelque degré, intelligents. Quoique nous ne soyons pas bien certains de l'intelligence des végétaux, nous ne répugnons pas à l'admettre, mais qu'est-ce que cela pourra prouver ? Je suis un être intelligent et cependant ce n'est pas mon intelligence qui enseigne à mes organes à réparer les accidents qui peuvent les atteindre.

Continuons : l'intelligence est la loi de tous les rapports. Si nous ne nous trompons pas, cela signifie qu'il est de l'essence de tous les rapports d'être intelligents. Comme les rapports ne sont que les êtres eux-mêmes, considérés sous un certain aspect, cela revient à dire, une seconde fois, que tous les êtres sont intelligents, mais tant qu'on n'aura pas prouvé qu'ils le sont assez pour, dans toutes les circonstances possibles, se venir efficacement en aide à eux-mêmes et pour venir efficacement en aide aux autres, cette seconde affirmation n'aura pas plus de portée que la première.

Allons plus loin : les forces agissent à l'extraordinaire comme à l'ordinaire. Mais pas du tout : à l'ordinaire, les forces agissent suivant l'ordre, suivant un ordre prévu et prédéterminé. A l'extraordinaire, elles agissent en dehors de cet ordre. A l'ordinaire, des forces aveugles suffisent; la machine est montée et elle marche. A l'extraordinaire, ces forces ont besoin d'êtres intelligentes et de l'être plus que vous et moi. La machine est dérangée, il faut qu'elle ait l'esprit de se raccommoder elle-même.

« L'accident, l'imprévu, des phénomènes nouveaux peuvent se produire, mais les rapports restent les mêmes. Les circonstances changent, les milieux se modifient, les lois restent invariables. » Remarquons d'abord que, dans ce langage, qui n'est pas le nôtre, les mots *lois* et *rapports* sont synonymes et expriment ce qu'il y a d'immuable dans l'être. Sans doute, il y a, en tout être, un aspect immuable et absolu, mais cet aspect est *un* et il ne faut pas le décomposer en lois et en rapports. Loin d'être indépendants des circonstances, les rapports que j'entretiens avec les autres êtres, indéterminés de leur nature, sont, au contraire, à chaque instant, déterminés par les circonstances et changent avec elles. Si on appelle *rapports* les conditions de santé de mon organisme, on sera forcé de convenir que, si ces rapports restent les mêmes tant que les milieux et les circonstances restent les mêmes, ils changent nécessairement quand ces milieux varient, et, si dans ces changements éclate de l'intelligence, il faut en chercher la source ailleurs que dans l'état normal où l'intelligence, où la nécessité de prendre un parti, d'accepter ou de repousser telle ou telle modification n'existait pas.

Les mots abstraits : *forces, lois, rapports,* ne font que rendre cette discussion obscure. Parlons des êtres, car il n'existe pas autre chose.

Voilà une armée sans général, une armée sur laquelle aucun commandement ne s'exerce, mais dans laquelle chaque soldat, sans en savoir davantage, sait parfaitement ce qu'il a à faire dans certains cas prévus et déterminés. Tant que rien ne vient déranger le plan de bataille, tout marche à merveille, et l'armée présente le plus bel ordre. Mais des circonstances, qu'il était impossible de prévoir, se présentent : une des ailes est tournée, l'ennemi a fait une trouée dans le centre, les colonnes rencontrent un marais dont on ignorait l'existence, et cependant l'armée, toujours sans général, par les plus savantes manœuvres, rétablit ses lignes et conserve l'ordre le plus parfait.

Le scepticisme pourra attribuer ce résultat au hasard; mais, si le même fait se représente sans cesse, ce hasard, si peu capricieux, ne tardera pas, pour un philosophe, à devenir suspect. Que pensera ce philosophe? Que, tout à coup, en présence d'un pressant danger, l'esprit, jusque-là si lourd et si obtus de ces soldats, s'est éclairé d'une lueur inaccoutumée? Cela, à la rigueur, est possible ; il est possible que, voyant les circonstances changer, chacun d'eux ait spontanément modifié le rôle qu'il avait d'abord à remplir. Mais ce qui ne l'est en aucune manière, c'est que, n'ayant pu ni se consulter, ni s'entendre, ils aient réussi, par eux-mêmes et sans guide, à combiner leurs efforts de la façon la plus harmonique et la plus savante, et cela sans rien comprendre, cependant, à l'ensemble des manœuvres qu'ils ont exécutées.

Si Achille ne les commandait pas, tenons pour certain que Tyrthée, du moins, était à leur tête. S'ils n'ont pas obéi à un impérieux commandement, ils ont, du moins, été entraînés par une *puissance inspiratrice*. Dira-t-on que, souvent, on a vu les masses populaires, dans des moments de crise, agir et vouloir comme un seul homme? Mais de quoi s'agissait-il, alors? D'un fait extrêmement simple : d'un oui ou d'un non à prononcer, d'un trône à mettre en pièces, ou d'un prince à élever sur le pavois. Les phénomènes cosmiques sont d'un tout autre ordre ; rien n'égale leur complexité et leur étendue. Dans les foules, d'ailleurs, toutes les pensées, toutes les aspirations sont des aspirations et des pensées humaines, pouvant, en vertu de leur homogénéité, parvenir à se confondre; mais ce qui leur est possible peut-il se concevoir de cette multitude d'êtres si différents dont se compose l'univers?

Dès qu'il y a concours, il faut qu'il y ait délibération, coercition, ou inspiration. Entre ces trois termes, on peut choisir.

Mais enfin, si l'intervention divine peut seule, en lui imposant un cachet d'harmonie, expliquer l'histoire du monde, comment cette intervention elle-même peut-elle se réaliser en pratique? Nous savons que, dans l'ordre théologique, la demande du *comment* est une demande à laquelle la raison n'a pas à faire de réponse. Ici, toutefois, l'analogie, si elle ne peut pas nous donner une scientifique certitude, projette sur notre route quelques lueurs dont, pour faire quelques pas de plus, nous aurions tort de ne pas profiter.

Quand nous voulons, sans exercer sur eux de contrainte, donner à quelques-uns de nos semblables une direction commune, que faisons-nous? Nous éclairons leur intelligence, nous excitons leurs appétits, nous enflammons leurs désirs. Pourquoi Dieu ne pourrait-il pas disposer de semblables moyens? De tous ceux qu'on lui a attribués, le rôle d'inspirateur, d'éducateur, n'est-il pas le plus beau et le plus digne de sa sagesse et de sa bonté?

Ce rôle, nous le lui avons déjà implicitement assigné, en lui donnant le titre d'*administrateur* de la grande république des êtres. Administrer, en effet, c'est moraliser, c'est exciter, c'est instruire. Quels sont les devoirs du magistrat chargé de l'administration d'une cité? Placé surtout au point de vue des intérêts généraux, et pouvant, mieux que tout autre, en saisir l'ensemble, il doit indiquer à ses concitoyens ce qui est favorable ou nuisible au bien commun, et indiquer aussi à chacun la fonction qu'il doit remplir, pour que ce mal soit évité, et pour que ce bien se réalise. C'est par cet enseignement, par ces indications qu'il les aide, qu'il les sert, et qu'il contribue au progrès de la communauté dont il fait partie.

Mais ce n'est pas seulement à proclamer le but social, que se borne sa mission. Il doit encore le faire accepter, le faire désirer par les masses. S'il était assez habile pour y parvenir, il n'aurait nul besoin d'user de contrainte pour arriver à la réalisation de ses vues bienfaisantes. Malheureusement, parmi nous, bien rarement se rencontrent de ces natures d'élite, qui ont puissance de se faire librement et spontanément suivre par un peuple tout entier. C'est pour cela que le droit de coercition est toujours inséparable des fonctions d'administrateur. Mais ce droit, témoignage de l'incapacité de qui en use, est un mal que, avec raison, nous cherchons de plus en plus à restreindre, et que, certainement, nous ne transportons pas dans notre idéal.

Le magistrat, autrefois, n'avait pas à s'occuper de faire l'éducation du peuple dont l'administration lui était confiée.

Il disait le droit, il disait ce qui lui paraissait juste et utile et il fallait, bon gré, mal gré, que les masses s'y conformassent. Aujourd'hui, il ne lui suffit plus d'avoir raison ; il faut qu'il fasse accepter sa manière de voir par une majorité la plus nombreuse possible, afin de n'avoir à user de contrainte qu'envers une minorité de plus en plus faible. Il serait un magistrat modèle, si sa puissance de persuasion était assez grande pour désarmer cette minorité opposante, et pour n'avoir pas besoin, par conséquent, d'avoir recours à la force.

C'est, parce que nos idées sur ce qui constitue la perfection de la fonction administrative ont changé, que nous ne pouvons plus avoir de l'intervention divine les idées qu'en avaient nos pères. C'est parce que nous avons dépassé leur idéal, qu'il ne peut plus exciter en nous que mépris et colère. Est-ce à dire pour cela, comme l'ont prétendu Feuerbach et ses partisans, que Dieu ne soit que l'idée que l'homme se fait de la perfection humaine, ce qui revient à prétendre que Dieu, réduit à l'état d'abstraction, en tant qu'être, en tant que personne, n'existe pas ?

D'abord, en fait, cette assertion que l'idée de Dieu n'a jamais été que l'amplification de celle que l'homme se faisait de lui-même est, de la manière la plus éclatante, contredite par l'histoire. Les chrétiens donnaient de Dieu une définition absolument contraire à celle qu'ils donnaient de la nature humaine. Ils le déclaraient infini, incorporel, omniscient, immense, triple et un tout ensemble, choses qui ne pouvaient certainement pas convenir à l'homme. Les panthéistes, en faisant de Dieu l'universelle substance dont l'homme n'était qu'une vaine et passagère manifestation, séparaient la divinité de l'humanité de tout l'intervalle qui existe entre la réalité et l'apparence, entre la vérité et l'illusion. Il est vrai que les uns, comme les autres, par une inévitable contradiction, attribuaient à Dieu nos passions et nos idées ; mais ce n'était là qu'un détail accessoire, qui n'infirmait en rien ces définitions si différentes de celles que l'homme se donne de lui-même.

Chercher à devenir plus parfaits est une irrésistible tendance de notre nature. Dieu étant conçu comme la perfection elle-même, l'homme a dû, nécessairement, voir en Dieu un type, un modèle, ou, pour parler le langage moderne, un idéal dont il devait tendre à se rapprocher. Si, comme le prétend Feuerbach, cette perfection n'était autre que la perfection humaine, toutes les religions auraient commandé à l'homme de se perfectionner, en tant qu'homme. Celles que nous venons de nommer ordonnaient, au contraire, au croyant, de se dégrader par les macérations et par les jeûnes.

Le Brahmanisme allait plus loin : il voulait que nous travaillassions à anéantir en nous la science, la volonté, la personnalité. Pour se rapprocher de Dieu, cette religion cherchait à détruire l'humanité dans l'homme. Est-ce là ce qui aurait été prescrit, si on n'avait vu en Dieu qu'un homme perfectionné ?

L'assertion du philosophe allemand n'est fondée qu'à l'égard de l'anthropomorphisme grec et romain. Mais, qu'est-ce que cela prouve contre l'existence de Dieu ? Parce qu'un peintre se fait, d'après les plus beaux modèles qu'il a sous les yeux, un certain idéal de beauté, est-ce une raison de soutenir que cet idéal n'existe que dans la pensée de l'artiste, et que, nulle part au monde, il ne puisse exister une forme aussi belle que celle qu'il a rêvée ?

Il n'est pas vrai, d'ailleurs, que l'idée de perfection, comme on voudrait le faire croire, soit une arbitraire création de notre esprit, une artificielle combinaison d'idées analogues à celle par laquelle nous arrivons à la conception d'un sphinx ou d'une chimère.

L'idée du *mieux*, comme l'idée du rouge ou du jaune, est une connaissance véritable qui s'impose à nous, et à laquelle, bien que nous ayons concouru à la produire, nous ne pouvons rien changer. Seulement, c'est une connaissance dans laquelle le sentiment prédomine, et qui, en raison de cela même, donne plutôt naissance à un vœu qu'à une conception nettement définie. Nous disons un vœu, une aspiration, et non un acte de volonté, parce que la volonté suppose toujours un but précis et déterminé, tandis que le mieux, ayant toujours un mieux après lui, ne se présente jamais à nous que d'une manière vague et indécise. L'*idéal* est ce que nous *voudrions* être, ce que nous voudrions que les autres fussent.

Ce vœu du meilleur, que nous formons tous et toujours, serait absurde et impossible, s'il n'était pas accompagné de la *certitude morale* de sa réalisation. Ce mieux, auquel nous aspirons, non-seulement nous avons la certitude de l'atteindre, mais, si nous croyons au progrès, nous avons aussi celle que d'autres êtres, que des êtres supérieurs à nous, l'ont atteint. Tel est le mode d'affirmation qu'implique la connaissance du mieux, connaissance qui n'en serait pas une, si elle était totalement dépourvue de réalité objective.

En d'autres termes, l'idéal est le sentiment nécessaire, quoique toujours obscur, de quelque chose de mieux que ce que nous connaissons. Si ce quelque chose manquait de personnalité, il serait moins parfait que ce que nous connaissons, ce qui est contraire à la définition même de l'idéal.

L'artiste, en adorant la beauté qu'il conçoit, sait bien que ce n'est pas lui-même qu'il adore; il sent, à n'en pouvoir douter, que si elle ne se rencontre pas ailleurs, elle se rencontre au moins en Dieu, et voilà pourquoi jamais artiste n'a été athée. Pour penser autrement, le philosophe n'a pas à faire violence seulement à son cœur, mais aussi à sa raison; en effet, ne sait-il pas que le mal absolu c'est le néant, et que, par conséquent, plus une chose est bonne, plus elle a de réalité, et par conséquent encore que, plus une idée contient de bonté, de beauté, de justice, plus est réel l'objet auquel elle correspond ?

## VI

Nous avons dit que, considéré comme une association progressive, le monde, sans Dieu, serait aussi inexplicable que Dieu, sans le monde, serait impossible. Si, quittant les hauteurs cosmologiques, nous concentrons nos regards sur l'humanité, l'intervention divine ne nous paraîtra pas moins nécessaire.

Quand nous ouvrons l'histoire, quand nous voyons des générations entières, en voulant toute autre chose, concourir à des progrès dont elles ne pouvaient même avoir la pensée, quand nous voyons l'égoïsme des princes préparer l'émancipation des peuples, et des hommes tels que Louis XI et Richelieu, en croyant fortifier la royauté, travailler à sa ruine ; quand nous voyons frappés de démence ceux qui veulent retenir un passé qui s'enfuit, nous ne pouvons pas nous empêcher de croire que, dans les faits humains, tout n'appartient pas à l'homme.

Non pas que nous pensions que l'homme s'agite et que Dieu le mène ; non pas que nous nous considérions comme de passifs instruments entre les mains de Dieu. Rien n'est plus opposé à nos croyances. Car, nous l'avons déjà dit : Dieu peut, sans doute, tout ce qui est actuellement possible, mais il ne peut ni ne veut porter atteinte à la liberté, à l'autonomie des autres êtres, puisque ce serait les dégrader et, par là, se dégrader lui-même.

Ce que nous croyons, et c'est en cela que nous faisons consister cet élément providentiel sans lequel l'histoire, manquant d'unité, serait lettre morte et récit inintelligible, ce que nous croyons c'est que Dieu nous inspire des désirs conformes à ses vues, c'est que nous restons libres de résister à ces inspirations mais que son aide et son assistance soutiennent et font réussir ceux d'entre nous qui, même sans le savoir, qui, même en croyant et voulant marcher dans une autre direction, peuvent servir ses desseins.

Le succès et la vertu ne se font point équation. Le succès n'est pas toujours le lot des meilleurs. Le succès est le lot de ceux qui, certaines circonstances étant données, sont les plus utiles au progrès général. Si Dieu avait le choix absolu des moyens, c'est-à-dire, si nous étions autres que ce que nous sommes, jamais le crime ne serait instrument de progrès. Caton avait les intentions les plus pures; moralement, César était loin de le valoir. Les Dieux pourtant aidèrent César! C'est que Caton se dévouait pour une aristocratie qui avait fait son temps et que César mettait son astuce et son égoïsme au service d'idées nouvelles et *alors* progressives.

Tous les grands hommes, quoique tous n'aient pas été de grands hommes de bien, ont cru à leur étoile, c'est-à-dire à une protection plus spéciale du ciel, et l'histoire nous démontre que leur foi n'était pas vaine, car tout leur a réussi, car tout ce qui même devait être pour eux un obstacle, tant qu'ils sont restés fidèles à leur mission, s'est transformé en moyen de succès,

Qu'on n'aille pas néanmoins plus loin que notre pensée. Si le succès est le partage de ceux qui le plus utilement concourent à l'accomplissement des vues d'en haut, est-ce toujours une raison de nous rallier à eux? Comme c'est par des crimes souvent qu'ils réussissent, devons-nous nous faire complices de leurs crimes? Non certes : détester les moyens dont ils se servent, combattre leurs tendances mauvaises, flétrir énergiquement leurs actes et leur caractère, n'accepter de leurs œuvres que ce qui peut s'y trouver mêlé de juste, d'utile et de vrai, tel est notre devoir. Tout en détestant les moyens dont ils se servent, tout en combattant leurs tendances mauvaises, tout en éprouvant même pour leur caractère la plus vive répulsion, nous devons, mais dans la mesure et par les moyens qu'approuve notre conscience, aider à ce qu'ils font de juste et d'utile.

Mais si ces hommes de meurtre ou de fraude sont dans les voies de Dieu, Dieu approuve donc la fraude et le meurtre? Non, Dieu ne violente ni ne change les hommes; il les prend tels qu'ils sont, avec leurs vertus et leurs vices. Quand il prête plus spécialement son appui à quelques-uns d'entre eux, ce n'est pas leur moralité qu'il a en vue, mais l'utilité de leurs actes au point de vue général. Par leur succès il nous indique la ligne que nous devons suivre, mais suivre cependant sans en partager les souillures.

Ce qui porte le trouble dans les idées c'est qu'aussitôt qu'on parle de l'intervention de Dieu dans les choses humaines, le souvenir se réveille de ce *gouvernement temporel de la Providence* dont la vieille théologie a si étrangement abusé. S'il est permis de descendre à de pareilles considérations, un maire de village qui met les ressources de sa commune à la disposition des travailleurs qui contribueront le mieux à sa prospérité, fait-il acte de gouvernement ou d'administration ? Tout est là et qui ne comprendra pas la différence qui existe entre les choses que ces deux mots expriment, aura beau employer de nouvelles formules, il retombera toujours dans les contradictions du vieux dogmatisme.

Si Dieu, en effet, gouverne le monde, il est complice des crimes qui s'y commettent et qu'il aurait pu empêcher. Si simplement il l'administre, il n'est responsable que du salut, que du progrès public, et les crimes des agents qu'il emploie ne pourraient lui être reprochés que dans le cas où il aurait pu en trouver d'autres qui, plus vertueux, eussent tout aussi bien été capables de seconder ses vues. Si nul mieux que Clovis ne pouvait poser les fondements de la nationalité française, ne reprochons pas à Dieu les crimes de Clovis. Dieu n'aurait pu le dépouiller de ses farouches tendances que par un miracle, et exiger un miracle, c'est demander à la suprême sagesse la suprême absurdité.

Si Dieu est tout-puissant, comment laisse-t-il exister les

désordres que nous apercevons dans l'univers ? Cet argument était sans réplique, tant qu'il s'adressait au Dieu créateur, au Dieu absolu, maître et roi de la nature. Puisqu'il a tout créé, ce ne peut être que par malice ou que par impuissance qu'il a laissé sa création si imparfaite. Créateur de Satan, il est, quoi qu'on en dise, le créateur du mal, car il savait que Satan pécherait, il savait que cet orgueil, qu'il pouvait, en le créant, ne pas lui donner, l'entraînerait à sa chute. Il est son complice, car il pouvait l'empêcher d'introduire le désordre dans le monde.

Le Dieu que nous concevons n'a jamais été, suivant une belle expression de M. Cousin, « un roi solitaire, relégué par-delà la création sur le trône désert d'une éternité silencieuse et d'une existence absolue qui ressemble au néant même de l'existence. » De tout temps se sont agités autour de lui les êtres sans nombre qui, sous d'autres formes et à d'autres conditions, existent aujourd'hui. A tous moments donnés, il a agi sur eux pour les porter au bien, mais jamais il n'a pu vouloir les faire marcher plus vite que ne le comportait leur nature. Si avec des matériaux imparfaits, il n'a pu construire qu'une œuvre perfectible mais imparfaite, c'est que ces matériaux sont des matériaux vivants qu'il n'aurait pu ranger à la règle et au compas qu'en les brisant, qu'en les anéantissant en leur enlevant leur essentiel caractère de causes et de causes premières, pour les réduire à n'être que de simples effets. Ce pouvoir d'anéantissement, ce pouvoir du mal absolu est le seul que nous lui refusions, et, en cela, nous ne croyons pas porter atteinte à sa toute-puissance.

Il est tout-puissant car il possède au plus haut degré toutes les qualités actuellement possibles et la puissance d'un être ne consiste, en effet, que dans le nombre et le développement des qualités qu'il possède. Mais il n'a pas la puissance de l'absurde, mais il n'a pas cette puissance des tyrans, qui n'est en soi qu'un témoignage d'impuissance. Tout ce qui se fait il le fait, mais avec des collaborateurs, et ce qui se fait de mal, ce n'est pas à lui qu'il faut l'imputer, mais à l'infirmité et à la liberté des autres membres de la grande association qu'il administre.

C'est parce que l'histoire est le théâtre de la liberté, que l'histoire est la plus éloquente démonstration de Dieu, car un Dieu seul peut faire que, malgré son individualisme, la liberté soit ramenée sans contrainte à concourir à l'œuvre que souvent même elle croit combattre et qu'elle combat en effet, mais sans comprendre que la manière dont elle la combat assure sa réalisation. Concilier l'ordre et la liberté est l'idéal des temps modernes, idéal que, par conséquent, il nous est impossible, pour rester fidèles à la définition que nous en avons donnée, de ne pas réaliser en Dieu.

La liberté, qui périrait sans l'ordre, certainement périrait sans Dieu et, avec elle, périrait la justice. Que veut la justice? Que chacun soit rétribué suivant ses œuvres. Normalement il en est ainsi et, comme nous n'avons cessé de le redire, la sanction de la loi morale ne se trouve que dans les conséquences logiques de nos actes.

Il est rare, sur notre terre, que le bien puisse s'accomplir autrement qu'au moyen du mal et trop souvent le char du progrès n'avance qu'en broyant sous ses roues de nombreuses victimes. Serait-il juste, parce que, dans l'intérêt général, ma vie a été brisée avant son terme, que je sois privé des avantages qui seraient résultés pour moi des progrès que j'aurais pu accomplir? Je travaillais à me rendre savant et robuste, mais j'étais faible et ignorant encore quand la mort est venue me surprendre, normalement je devrais dans ma vie nouvelle me trouver ignorant et faible ; mais cela serait-il juste? Dois-je être puni d'avoir été sacrifié pour le salut commun ? Sans doute je prendrai ma part des avantages qu'ont produit les événements dont j'ai été victime, mais ma part sera-t-elle plus grande que celle des autres et compensera-t-elle d'ailleurs ces avantages personnels de santé et d'intelligence sans lesquels il n'y a point de bonheur véritable ?

Sans la miséricorde pour ces ouvriers de la dixième heure, sans une puissance réparatrice de ce qu'a d'injuste la justice absolue, le monde moral s'écroule sur sa base. Le juge qui condamne et qui absout est inutile, mais comment se passer de la main qui compense et indemnise ? Pour qui ne croit pas en Dieu le mot *vertu* peut conserver un sens dans la langue du cœur mais n'en a plus dans celle de la raison. Un athée peut être le plus respectable des hommes, mais il nous semble bien difficile qu'il puisse jamais justifier sa pratique par une ombre même de théorie.

### VII

Jusqu'ici, pour éviter une discussion prématurée, nous avons parlé de Dieu au singulier. Le moment est venu d'examiner si, de la définition même que nous avons donnée de la nature divine, résulte forcément la croyance en un Dieu unique.

Tout se réduit à ceci : est-ce une perfection que de n'avoir pas de semblables? Est-ce une perfection qu'une existence monotone et solitaire? Est-ce une perfection enfin que d'être privé des rapports d'étroite sympathie que l'égalité engendre ? Nous ne le croyons pas et, si on excepte l'islamisme, religion sans théologie et sans dogmes raisonnés, qui n'a pu engendrer que le plus abrutissant despotisme, nulle part nous ne voyons que le monothéisme ait jamais, dans toute sa rigueur, justifié son titre.

Comme il y a une espèce humaine, il y doit y avoir une espèce divine. Mais les inégalités qui existent entre les hommes existent-elle entre les Dieux? Comment cela pourrait-il être? Dans la même espèce, les inégalités ne résultent que du plus ou moins de développement des qualités communes et les Dieux possèdent chacun toutes les qualités actuellement possibles au plus haut degré actuellement possible, c'est-à-dire au même degré.

Comment peuvent-ils donc se distinguer entre eux ? Par leur *moi*, par leurs noumènes et aussi par les tendances diverses, par le caractère propre qui en résultent et par conséquent aussi par les fonctions qui s'y rapportent. Entre eux ils forment une association, une société, mais une société typique. Absolument distincts, ils n'ont cependant qu'une même pensée, qu'un même vouloir, car si, sur le même sujet, leur pensée et leur volonté étaient diverses, les uns auraient raison et les autres tort, ce qui est incompatible avec la perfection de leur nature.

En proclamant ainsi, d'accord avec la tradition, la pluralité des personnes divines, ne tombons-nous pas dans cet inconvénient de diviniser la pluralité et de la regarder comme supérieure à l'unité et à l'identité ? Si on se rappelle et ce que nous venons de dire et la définition donnée ailleurs de ces derniers mots, on ne pourra le penser. Ce n'est pas la pluralité, en effet, que nous plaçons au sommet de la hiérarchie des êtres, c'est l'association. Les Dieux non-seulement ne sont dieux, mais n'ont même d'existence que parce qu'ils sont associés. Or, si l'association suppose la pluralité, elle suppose aussi, et au même titre, l'identité et l'unité.

L'hypothèse d'un seul Dieu ne ferait pas à l'unité une part plus grande. Car ce Dieu unique, d'après notre conception de l'être, que serait-il lui-même si ce n'est une association ? Pour donner, ce que nous n'avons garde de faire, une véritable prééminence à l'unité, il ne suffirait pas d'affirmer un Dieu unique ; il faudrait que ce Dieu fût *un*, exclusivement un, que ce fût, en un mot, un pur esprit, aberration dans laquelle nous rougirions de tomber.

L'unanimité, qui est si rare, si même elle est possible, parmi nous, entre les personnes divines, au contraire, brille sans s'affaiblir jamais. C'est pour cela que nous pouvons les considérer comme ne formant qu'un seul être et parler de la Divinité comme on parle de la France quand cette nation agit avec ensemble et comme agirait un seul homme ; parler de la Divinité comme, un jour, on parlera de l'Humanité, lorsque, sous l'influence d'un sentiment commun, d'une religion commune, les êtres humains seront tout près d'atteindre la limite de la perfection humaine.

L'unanimité, l'égalité cependant excluant toute diversité, ne peut être qu'un des aspects de la réalité. La société divine, avons-nous dit, a pour fonction l'administration du monde. Chacune des personnes divines est également placée au point de vue de l'ensemble des choses, mais, en raison de son caractère propre et de ses tendances spéciales, est en même temps, plus spécialement placée à l'un des points de vue particuliers que comprend cet ensemble. Ces points de vue particuliers, nous n'en pouvons connaître le nombre, et, par suite, le nombre de personnes dont la Divinité se compose nous reste inconnu.

Néamoins trois de ces personnes seulement existent *pour nous* : celle qui plus spécialement s'attache à l'administration des choses de l'ordre matériel, celle qui plus spécialement s'occupe de l'administration des choses de l'ordre moral, et celle qui plus spécialement a pour attribution l'administration des choses de l'ordre intellectuel. Toutes les fonctions que nous pouvons concevoir rentrent dans celles là. Aussi, sous une forme ou sous une autre, la Triade, la Trimourti, dont l'expression la plus élevée, quoique encore entachée de surnaturalisme, est la Trinité chrétienne, se retrouvent-elles au fond de tous les dogmes.

Le monde qu'administre la Divinité est une association d'êtres vivants, dans laquelle, à chaque instant, tout change. Son administration exige que la suprématie et l'initiative appartiennent successivement à celle des personnes divines qui plus spécialement correspond à l'ordre de choses qui, dans un moment donné, a le plus besoin de l'intervention d'en-haut. L'égalité, en théorie ou en droit, devient ainsi, en pratique ou en fait, inégalité, mais inégalité alternative.

Ce que nous disons là, nous ne prenons pas, pour le dire, un ton de révélateur. C'est par la raison seule que nous y sommes amenés, car ce n'est là qu'une conséquence nécessaire de notre manière de concevoir la nature et la fonction divines. Le monde étant une association d'êtres, il répugnerait que la divinité, qui résume en elle, pour y ajouter encore, toutes les perfections du monde, soit autre chose qu'une association elle-même, non pas toutefois une association de qualités, comme le serait un être, un individu, mais une association de personnes.

## VIII

Après tout ce qui précède, une démonstration de l'existence de Dieu est-elle nécessaire ? ne se trouve-t-elle pas faite d'avance ? ne se trouve-t-elle pas donnée par la définition même de la fonction divine ? Si Dieu est indispensable au progrès universel, n'est-il pas évident que Dieu existe ? Si le monde est une association, une société, une république, si, d'autre part, nulle société ne peut se concevoir sans administrateurs, n'est-il pas évident qu'il existe des êtres plus spécialement chargés de *pourvoir* aux besoins de l'ensemble [1] ?

Cette démonstration suffit-elle ? est-elle complète ? Elle satisfait le sentiment et la raison, mais n'acquerrait-elle pas une autorité plus grande si nous pouvions, chose que

---

[1] Nous tenons à ce qu'il soit bien établi que nous ne déduisons pas l'existence de Dieu de l'existence de l'univers, mais du progrès universel. Pour nous, le monde se pose ; nous n'en recherchons pas, nous en nions même l'origine. Mais nous voyons les êtres se développer ou, pour mieux dire, progresser harmoniquement, sans que l'abus même de leur liberté fasse obstacle au progrès général. C'est de cette progressive harmonie, c'est de ce qu'il y a d'intelligent dans le concours que les êtres, même les moins intelligents, se prêtent que nous déduisons la nécessité de Dieu.

nous avons démontré être impossible, voir et toucher ce dont elle fournit la preuve ?

Nous ne nions pas l'importance et la valeur de l'observation sensible, mais nous ne pensons pas que les conditions de la certitude, même empirique, exigent impérieusement que nous voyions et touchions une chose pour être assurés de son existence. Si quelqu'un nous envoie un présent, quoique nous ne l'ayons jamais vu, ne sommes-nous pas certain que ce quelqu'un existe ? Si, plus tard, nous venons à le rencontrer, notre certitude de son existence augmentera-t-elle ? nous le connaîtrons mieux, voilà tout, mais l'affirmation dont il était l'objet ne sera ni plus absolue ni plus entière.

Pour être assuré de mon existence, vous n'avez pas besoin de mettre à nu mes bras ou mes jambes. Il vous suffit que vos regards s'arrêtent sur les habits que je porte. Il vous suffit de voir une chose quelconque qui soit de moi ou qui, sans moi, ne puisse pas être. Ne voyons-nous pas l'ordre universel et si, sans Dieu, cet ordre progressif ne peut être, n'avons-nous pas un témoignage matériel de l'existence divine ?

Dieu n'est l'auteur exclusif de cet ordre, pas plus que je je ne suis le créateur exclusif de cette lettre que je vous écris et dont je n'ai créé ni le papier, ni l'encre, ni les mots, ni même les idées. Néanmoins, sur ce gage sensible, si d'ailleurs vous avez la certitude que nul autre n'a pu ainsi écrire, si la preuve rationnelle se joint, pour la corroborer, à la preuve matérielle, vous affirmez mon existence. Ces phénomènes dont vous êtes témoin, s'il vous est démontré que nul autre que Dieu ne peut présider à leur harmonie, ne suffisent-ils pas pour vous convaincre que Dieu existe ?

Quand les géologues rencontrent un banc calcaire riche en coquilles fossiles, n'ont-ils pas la certitude qu'une mer, qu'ils n'ont jamais vue, a autrefois couvert ces montagnes ? Leur dira-t-on qu'ils n'ont de son existence qu'une preuve rationnelle ? Sans doute, ce raisonnement : nul autre phénomène que l'action d'un océan n'a pu former ces masses sédimentaires, ce raisonnement fondé sur l'invincible évidence morale tirée de l'analogie, entre comme élément dans cette preuve, mais n'en exclut pas l'élément matériel, la vue même des fossiles qui, au contraire, ici, est ce qui prédomine.

Qu'on ne s'y méprenne pas : lorsqu'il ne s'agit que des vérités abstraites, les preuves abstraites, c'est-à-dire exclusivement rationnelles, matérielles ou morales suffisent pour faire naître la certitude, mais il n'en est plus de même lorsqu'il s'agit du concret. La preuve, alors, doit être, à la fois, matérielle, rationnelle et morale, et cela se conçoit : l'existence ayant toujours quelque chose qui correspond à ces trois formes de la démonstration, la démonstration, pour être complète, doit revêtir, à la fois, ces trois formes.

C'est ce que n'avait pas compris Descartes, lorsqu'il croyait possible une démonstration purement rationnelle de l'existence de Dieu. Il n'avait pas vu qu'avec des syllogismes et rien que des syllogismes on ne pourrait prouver l'existence même du dernier brin d'herbe. C'est ce que ne comprennent pas non plus ceux qui se persuadent que la foi seule, c'est-à-dire que la preuve morale seule suffit pour arriver, sur ce point important, à une certitude complète, car, si Dieu est raisonnable, c'est par la raison aussi qu'il doit être démontré.

La preuve sur laquelle s'appuie notre conviction nous semble remplir les conditions essentielles aux preuves de ce genre. Elle part de quelque chose qui est, à la fois, un fait d'expérience, un sentiment et une vérité, à savoir l'harmonie et le concours dans l'universel progrès. Elle n'en cherche pas la cause, qui est dans tous les êtres, mais la condition qu'elle n'aperçoit pas dans les êtres que leur étroite spécificité empêche de comprendre les spécificités qui leur sont étrangères et qu'elle est dès lors conduite à affirmer dans des êtres qui, à une spécificité propre, joignent la généralité la plus compréhensive qui soit actuellement possible.

Pour arriver, non pas à l'abstraction, mais à la réalité, c'est de la réalité qu'il faut partir. Qu'y a-t-il de réel? *Les êtres associés*. C'est donc de l'association des êtres, de l'association universelle qu'il faut partir, non-seulement pour prouver Dieu, mais pour prouver quel être que ce soit. Si nous affirmons l'existence du plus chétif insecte, c'est que nous lui concevons, nous lui voyons, nous lui sentons une fonction dans l'univers, en un mot, une raison d'être. Ne l'apercevrions-nous même pas avec le secours du microscope, si nous croyons à sa raison d'être, son existence nous est prouvée. Si, au contraire, il nous paraissait une superfétation, une inutilité, lors même que nous le verrions et le toucherions, nous croirions plutôt à une illusion de nos sens qu'à son existence.

C'est la fonction qu'il remplit dans l'œuvre commune qui constitue l'associé, et c'est la qualité d'associé qui constitue le fait même d'existence. Ce n'est donc que par la fonction que l'existence se prouve. Or, la fonction divine, la fonction harmonisatrice la voyons-nous, la sentons-nous, la comprenons-nous? Pouvons-nous l'attribuer aux êtres qui, privés de certaines qualités, ne peuvent les connaître ni harmoniser par conséquent avec elles dans leurs développements les qualités qui leur sont propres? Et, si nous ne pouvons l'attribuer à ces êtres, ne sommes-nous pas contraints de l'attribuer à des êtres auxquels aucune qualité n'est étrangère? Toute notre démonstration est là, nous n'en chercherons pas d'autre.

Ce n'est pas que nous méprisions les enseignements que la tradition nous offre. Ceux-là seulement les dédaignent qui ne comprennent pas qu'une croyance commune à tous les siècles et à tous les climats est une *loi*, une nécessité de la nature humaine. Vainement on objecterait qu'il existe ou qu'il a existé des athées. Ceux qu'on a voulu flétrir de ce titre [1] n'ònt jamais formellement nié qu'il existât rien de supérieur à l'homme, car, pour cela, ils auraient dû prétendre connaître tout ce qui existe au dehors de la terre et affirmer que la terre, séjour de l'homme, était le plus parfait des astres. Seulement, avec raison, ils ont repoussé, comme absurde et comme incomplète, l'idée que leurs contemporains se faisaient de Dieu. Aujourd'hui, ceux qui nient le plus hardiment Dieu glorifient la Nature, chantent des hymnes à l'Idéal ou adressent des actions de grâce à la Raison impersonnelle, c'est-à-dire, sans le savoir, réalisent des entités métaphysiques dont ils regardent la nature comme supérieure à la nature de l'homme.

Ce qui est l'objet du consentement universel, ce qui est une affirmation du sens *commun*, est non-seulement la vérité mais une vérité nécessaire, mais un axiome dont on ne peut douter sans se mettre, ce qui est impossible, en dehors de la nature humaine.

Notre croyance en Dieu n'est pas, qu'on le remarque bien, la croyance de telle école ou de telle Eglise, c'est celle du genre humain tout entier ; c'est une croyance qui, en leur donnant satisfaction, embrasse et justifie toutes les croyances antérieures.

Quand une bataille était gagnée, à qui les panthéistes en devaient-ils attribuer l'honneur? à l'armée entière, sans distinction de rangs ni de personnes. Et les polythéistes? à quelques héros, à quelques capitaines. Et les monothéistes? au général.

Les succès continuels de l'éternelle bataille du progrès, à qui les attribuons-nous? à la nature entière, au concours de tous les êtres et aussi aux grands hommes qui en ont

---

[1] On a fort à tort étendu l'appellation d'*athée* à d'autres penseurs qui, regardant la raison humaine comme insuffisante pour résoudre le problème théologique, ont cru sage de s'abstenir, comme hommes de science, sans imposer silence néanmoins à la voix du sentiment, et sans traiter d'absurdes ces instinctifs mouvements du cœur qui nous portent à aimer des êtres supérieurs par qui nous nous sentons aimés et assistés.

été les réalisateurs les plus immédiats et aussi à Dieu qui a, sans contrainte, dirigé l'armée et inspiré ses chefs. Et ce ne sont point là trois espèces différentes d'actions de grâces que nous rendons, car nous ne voyons là que des choses inséparables. Sans *un,* sans *quelques-uns* et sans *tous,* rien ne peut se faire. Telle est notre foi et, tout en faisant nos réserves pour la part de vérité déposée dans les autres, elle nous permet d'entrer dans tous les temples.

Pourquoi d'ailleurs se révolte-t-on autant contre l'idée de Dieu ? Il faut le dire : on ne veut plus de Dieu parce qu'on ne veut plus de rois. Cette répugnance s'étendra-t-elle jusqu'à la nouvelle conception théologique que nous venons d'exposer ? Oui, si on continue à confondre un chef d'orchestre avec un conducteur de chiourme. Et nous craignons qu'il en soit ainsi pendant quelque temps encore, car ce qu'il y a au monde de plus difficile à vaincre, ce sont les préjugés. Mais la justice et la vérité auront enfin leur tour et le jour viendra où le grand nom de Dieu brillera d'un éclat nouveau, parce qu'il sera proclamé par la vérité et par la justice.

Après avoir défini la religion : le sentiment, la science et l'expression de l'association universelle, nous avons dit que, si, sans Dieu, l'association universelle pouvait se concevoir, la religion aussi pourrait exister sans la croyance en Dieu. Actuellement nous devons dire, que Dieu étant indispensable aux progrès du monde, sans théologie, il n'y a pas de religion et que, puisque, sans une transformation religieuse, sans une rénovation de ce qui résume tout ce qu'il y a de sentiment, d'activité matérielle et de science dans les sociétés, aucune grande et féconde rénovation sociale n'est à espérer, tant que le mot *Dieu* n'aura pas un sens nouveau compris par tout le monde, la grande crise révolutionnaire commencée dès la fin du moyen-âge ne pourra avoir de terme.

Quoi qu'on fasse, Dieu sera toujours l'idéal sur lequel se modèlera le genre humain et, tant qu'il manquera d'idéal, tant qu'il n'aura pas remplacé par un idéal nouveau celui qu'il a dépassé et qui ne pourrait plus que l'attirer en arrière, il manquera de boussole et n'avancera que dans les ténèbres.

Parmi nos lecteurs, nous ne l'ignorons pas, il s'en trouvera quelques-uns qui se demanderont à quoi bon ces dissertations théologiques. Depuis près d'un siècle, les classes éclairées se passent parfaitement de Dieu ou n'en font plus mention que pour mémoire. La liberté de conscience est devenue un axiome de la vie publique, ce qui revient à dire que les gouvernements se soucient fort peu que, à cet égard, on pense d'une manière ou d'une autre, et cela parce qu'ils savent que les opinions qu'on peut se former sur ces matières si obscures n'exercent plus aucune influence sur les destinées des nations. A quoi bon, dès lors, revenir sur un sujet épuisé et sur des questions reconnues stériles ?

Ceci exige une réponse.

Les classes supérieures, dit-on, se passent parfaitement de Dieu. C'est possible. Mais y ont-elles beaucoup gagné ? Leur moralité est-elle à l'abri de tout reproche ? S'en passent-elles pour leurs enfants ? Non, elles veulent pour eux une éducation religieuse. Pour cela, elles s'adressent aux différents clergés. Or, ces clergés qu'enseignent-ils ? un Dieu impossible que, plus tard, la raison des enfants repoussera, et, comme tout ce qui leur est enseigné de morale repose sur cette fragile croyance, quand cette croyance s'évanouira en eux, toute moralité disparaîtra avec elle.

S'il est bon, s'il est désirable que les classes éclairées demeurent ce qu'elles sont, si nous devons nous féliciter de la gangrène qui nous dévore, ne cherchons pas une nouvelle formule religieuse. Les anciennes suffisent ; elles ont fait leurs preuves.

La liberté de conscience, ajoute-t-on, est, pour toujours, garantie par nos lois. Oui, la liberté d'être catholique, protestant ou juif. Essayez donc d'être autre chose ; essayez donc d'ouvrir un temple et d'adorer Dieu, sans vous conformer aux prescriptions de certains rituels !

La vérité est que ces croyances officiellement reconnues, étant également animées d'un esprit exclusivement conservateur, les gouvernements les considèrent comme des instruments également propres à étouffer toute velléité innovatrice. C'est pour cela qu'ils les protégent également mais cela ne veut pas dire qu'ils regardent comme étant sans puissance l'idée religieuse. Tout au contraire, puisqu'ils l'empêchent de se produire quand elle ne consent pas à revêtir leur livrée.

On veut que la question religieuse soit sans influence sur les faits de l'ordre politique. Pourquoi l'Allemagne s'épuise-t-elle si vainement à vouloir réunir en un faisceau ses membres épars ? C'est qu'elle est catholique au midi et protestante au nord. On ne se fait plus la guerre pour cela. Gustave Adolphe n'aurait plus de raison d'être. Mais on se boude, on se froisse, on s'isole. Pourquoi l'Espagne est-elle à l'extrême arrière-garde de la civilisation ? N'est-ce point parce qu'elle a conservé ses moines et ses madones ? Pourquoi l'Italie a-t-elle tant de peine à se constituer ? Parce qu'elle ne le peut sans renverser le pouvoir temporel des papes. Quel est l'instrument le plus redoutable de ce panslavisme si menaçant pour l'Europe ? N'est-ce pas l'orthodoxie moscovite ? Et le nœud de cette inextricable question d'Orient qui fait le désespoir de la diplomatie, ne se trouve-t-il pas dans le mahométisme ? S'il est impossible à notre vieille civilisation de s'assimiler les races asiatiques, cela ne tient-il pas à ce que leurs croyances diffèrent essentiellement des nôtres ?

Le seul moyen de couper court à ces causes de discorde était, pensait-on dans le siècle dernier, de prêcher la tolérance. Mais conseiller la tolérance à des sectes nécessairement intolérantes, puisqu'une fausse conception de la nature divine leur persuade que ce qu'elles enseignent est la vérité absolue révélée par Dieu lui-même, leur conseiller la tolérance, c'est leur conseiller le suicide. Toutes n'ont pas le courage de répondre *non possumus*, mais toutes maudissent ce qui, à leurs yeux, ne peut être qu'un sauf-conduit accordé à l'erreur.

Il n'est qu'un moyen d'en finir avec elles, c'est de leur opposer un idéal plus élevé que le leur. Comme il en est de ces mauvais princes qu'on n'ose renverser parce qu'on ne sait point qui les remplacera, c'est faute de mieux que les masses restent encore attachées à leurs vieilles croyances. Si on veut qu'elles s'en détachent, ce *mieux* il faut le leur montrer. La critique a fait son œuvre ; elle a détruit tout ce qu'elle pouvait détruire. La guerre contre le passé ne peut plus se continuer qu'au moyen d'une rationnelle évocation des splendeurs que nous réserve l'avenir.

On ne détruit que ce qu'on remplace. Nous ne voulons plus du Dieu jaloux, du Dieu vengeur qui nous a donné l'Inquisition ; nous ne voulons plus du Dieu des armées à qui nous devons d'interminables batailles ; nous ne voulons plus surtout d'un Dieu roi, seigneur et maître, type et complice de toutes les tyrannies, et c'est parce que nous ne voulons plus de ces idoles, que nous devons chercher le vrai Dieu ; que nous devons chercher à nous faire de Dieu une plus haute idée.

Nous ne craignons pas de le dire ; ceux-là sont, sans le savoir, les plus redoutables auxiliaires des partis rétrogrades qui affectent de dédaigner, comme oiseuses, les tentatives faites dans le but de substituer aux bannières de la superstition et du servilisme le drapeau de la raison et de la liberté. En discréditant, comme stériles, les doctrines ayant pour objet de donner enfin un corps aux aspirations religieuses qui, de toutes parts, éclatent et qui sont comme la vie de notre siècle, sans le vouloir, ils perpétuent l'influence des corporations les plus hostiles à toute idée de progrès.

Nous ne nous exagérons pas néanmoins l'importance des

conceptions métaphysiques et théologiques. Si elles devaient rester à l'état de pures théories, avec raison, on pourrait les accuser de n'être que de stériles amusements de l'esprit. C'est seulement par leurs applications qu'elles valent. Et, nous le disons bien haut, nous n'aurions pas consacré de nombreuses années à d'abstraites spéculations, si nous n'avions été soutenu, dans ce difficile labeur, par l'espoir d'en conclure une pratique utile aux intérêts généraux de l'humanité.

Notre espérance a-t-elle été déçue ? Le lecteur en jugera en prenant connaissance des doctrines *morales, politiques* et *économiques* dont l'exposition sera l'objet de notre seconde partie et qui, nous osons le croire, seront comme une démonstration nouvelle des principes dont elles sont les conséquences.

**FIN DE LA PREMIÈRE PARTIE**

# TABLE ANALYTIQUE

### DES MATIÈRES

|  | Pages |
|---|---|
| Avertissement de l'éditeur | I |
| Introduction | 1 |

Première section. — *Expressions psychologiques.* — L'Entendement consiste dans l'association de la *raison* et de la *sensibilité* reliées entre elles par le *sentiment* ; la connaissance dans une association de notions *absolues* et de notions *relatives* reliées entre elles par des notions *indéterminées*. .... 5

Deuxième section. — *Expressions ontologiques.* — L'objet de la connaissance c'est l'*être*, c'est ce qui est. Les notions dont l'association constitue la connaissance de l'être sont celles de *noumènes* et de *phénomènes* reliées par celle de *substance*.

Mais les notions ne se rapportent qu'à des abstractions, qu'à des qualités; donc l'être ne nous est connu que comme une association de qualités phénoménales et noumènales rattachées entre elles par la substance, qui n'est, elle-même, qu'une qualité, qu'une manière d'être.

D'autre part, l'être n'est accessible à la connaissance que parce qu'il se manifeste par l'*action*, par le *temps* et par l'*espace*. Or, chacun de ces attributs de l'être n'étant que l'être lui-même partiellement considéré, devient un objet de connaissance. Ces connaissances des attributs de l'être éclairées par l'analyse, qui les étudie dans leurs notions élémentaires, se transforment en *conceptions* et, par conséquent, en affirmation de la *vie*, de l'*organisation* et du *progrès*, d'où cette conséquence que l'être est une association *vivante*, *organisée* et *progressive* . . . . . . . . 47

Troisième section. — *Expressions cosmologiques.* — Il n'existe que des êtres. L'univers n'est pas un être; il est les êtres associés; il est l'association des êtres. Une des principales lois, des principales manières d'être de cette association, c'est la systématisation, l'ordre co-ordonné, hiérarchique. Une hiérarchie, un système suppose des séries convergentes se résumant en un moindre nombre de séries convergentes encore et cela jusqu'à un groupe assez compréhensif pour résumer en lui les qualités de toutes les séries.

La hiérarchie suppose l'*égalité* à chacun de ses étages et l'*inégalité* d'un de ses étages à l'autre; égalité et inégalité, que la *solidarité* ramène à l'harmonie.

L'univers, pas plus que les êtres dont il est l'association, n'a eu de commencement, mais, loin d'avoir toujours été ce qu'il est, il a passé par une suite d'évolutions et de révolutions sans nombre. C'est à la science seule qu'il appartient de raconter quelques scènes de l'éternelle genèse . . .   97

QUATRIÈME SECTION. — *Expressions anthropologiques.* — L'espèce humaine est le chaînon intermédiaire entre les séries animales qu'elle résume et une série supérieure à l'animalité. L'homme est un animal créateur.

L'homme est progressif, mais les progrès qu'il accomplit ou dont il est l'initiateur, ne sont pas toujours une justification morale de ses actes. Le succès n'absout ni n'excuse.

L'homme s'affirme lui-même. La personnalité, sous un certain point de vue, suppose l'universalité qu'à tort, jusqu'ici, on a cru lui être incompatible.

La croyance en la continuité non interrompue de la vie, tant avant le berceau qu'après la tombe, est une conséquence forcée de la conception même de l'existence . . . . . .   151

QUATRIÈME SECTION. — *Expressions théologiques.* — La Religion consiste : 1° Dans le sentiment ; 2° dans la science de l'association universelle, 3° dans l'ensemble des moyens par lesquels cette science et ce sentiment se manifestent : si l'association universelle pouvait se concevoir sans Dieu, il n'y aurait pas de théologie et cependant la religion n'en existerait pas moins.

L'humanité, prise dans son ensemble, n'a jamais eu qu'une même religion dont le Panthéisme, le Polythéisme et le Monothéisme ne sont que des sectes, que des expressions unilatérales, également incomplètes.

Dieu a partout et toujours été considéré comme parfait, c'est-à-dire comme résumant en lui toutes les qualités possibles. Nous complétons cette formule en disant : *toutes les qualités* ACTUELLEMENT *possibles*.

Si Dieu est, il doit nécessairement remplir les conditions de l'existence. Il doit donc être *vivant, organisé* et *progressif*. Quoique progressif, il n'est pas imparfait, car il ne lui manque *actuellement* que des qualités *actuellement* impossibles.

Il n'est pas seulement le premier des êtres, il est un être spécial et distinct de tous les autres. Comme il résume en lui toutes les qualités, en lui se trouvent, mais *résumées* et *amplifiées*, toutes les qualités humaines, la bonté, la sagesse, etc.; sous cet aspect, il est, jusqu'à un certain point, accessible à notre faculté de connaître. Il possède, en outre, des qualités qui lui sont propres et que, parce que nous ne les possédons point, nous ne pouvons connaître en aucune manière. Sous cet aspect, il nous demeurera éternellement caché.

Bien qu'il possède les qualités humaines, comme il n'est pas un homme, il est impossible que, violant les lois de sa propre nature, il communique avec nous par des procédés humains. La croyance à des révélations verbales est aussi absurde que la croyance aux miracles.

Dieu n'est point en dehors du monde. Associé aux autres êtres, sans les autres êtres, il ne pourrait exister Réciproquement, les autres êtres ne pourraient non plus exister sans lui.

L'univers est une association, une société. Peut-on concevoir une société sans administrateurs, sans fonctionnaires placés surtout au point de vue des intérêts généraux ? L'univers est un atelier composé de travailleurs dont beaucoup sont ou privés d'intelligence ou fort peu intelligents. Cet atelier pourrait-il produire constamment des merveilles d'intelligence sans un ingénieur qui le dirige ?

La coercition est un signe d'incapacité chez celui qui l'emploie. Elle n'est indispensable qu'à ceux qui ne savent pas se faire spontanément et librement obéir. Dieu n'est ni un roi ni un maître. Il ne gouverne pas le monde ; il l'administre. Il est l'administrateur de la grande république des êtres : il en est le premier citoyen.

Si tout était soumis à la fatalité, Dieu serait inutile. Sa raison d'être est dans la liberté. Il n'est, de plus en plus, qu'en travaillant à rendre, de plus en plus, libres tous ceux qui existent autour de lui. Dieu ne peut plus être compris que comme le gardien et le promoteur de la liberté. Toute révolution émancipatrice est sainte ; toute tentative d'asservissement est une impiété.

L'analogie se refuse à arrêter brusquement, au niveau de l'homme, la série progressive des êtres. Tout nous oblige à regarder l'univers comme un immense système, dans lequel les diverses espèces se résument les unes dans les autres jusqu'à une espèce suprême qui les résume toutes.

Si on en excepte l'Islamisme, dont le Dieu soumis à la fatalité n'a qu'une existence nominale, toutes les croyances s'accordent à placer, au sommet de la hiérarchie des êtres, un Conseil, une Assemblée, parce qu'en effet c'est une imperfection que de n'avoir point d'égaux, c'est un supplice qu'une existence solitaire. — Unanimité dans la Trinité. . . . . . . . . . . . . . . . . . . . . . . 251

# TABLE ALPHABÉTIQUE

### DES MATIÈRES

## A

| | Pages |
|---|---|
| Abnégation | 185 |
| Absolu | 17 |
| Abstraction | 42 |
| Action | 80 |
| Activité | 80 |
| Affirmation | 5 |
| Ame | 158 |
| Animaux | 152-175-193 |
| Antinomie | 42-184 |
| Antithèse | 42 |
| Association | 55-93 |
| Athéisme | 323-267 |
| Atômes | 97 |

## C

| | |
|---|---|
| Catégorèmes | 47 |
| Catégories | 17 |
| Causalité | 80 |
| Certitude | 256-321 |
| Choses | 91 |
| Changement | 63 |
| Collectivité | 24 |
| Connaissance | 5 |
| Conception | 65 |
| Concret | 42 |
| Conséquence | 85 |
| Contingence | 177 |
| Continuité | 35 |
| Corps | 122-158 |
| Cosmogonies | 148 |
| Création | 247-279 |
| Culte | 258-292 |

## D

| | Pages |
|---|---|
| Développement | 64 |
| Devenir (le) | 64 |
| Dieu | 267 |
| Dieux inférieurs | 296 |
| Distances | 76-107 |
| Dogme | 252 |

## E

| | |
|---|---|
| Égalité | 131 |
| Égoïsme | 184 |
| Enveloppement | 74-199 |
| Effets | 82 |
| Entendement | 13 |
| Entités | 92 |
| Équivalence | 131 |
| Espace | 73-107 |
| Espèces | 142 |
| Esprit | 16 |
| Éternité | 64 |
| Être (l') | 87 |
| Êtres de raison | 88 |
| Êtres de sentiment | 90 |
| Êtres de sensation | 89 |
| Existence | 87-95 |

## F

| | |
|---|---|
| Facultés intellectuelles | 16 |
| Fatalité | 179 |
| Fini | 24 |
| Fluides | 109 |
| Foi | 254 |

|  | Pages |
|---|---|
| Fonctions. | 119-164 |
| Forces | 114 |
| Forme | 77 |

## G

| | |
|---|---|
| Génération | 218 |
| Générations spontanées | 242 |
| Genèse | 237 |
| Germes | 238 |

## H

| | |
|---|---|
| Harmonie | 37 |
| Hiérarchie | 137 |
| Homme | 151 |

## I

| | |
|---|---|
| Idées | 12 |
| Idéal | 310 |
| Identité | 31 |
| Idoles philosophiques | 88 |
| Immensité | 77 |
| Immuabilité | 62 |
| Imputabilité | 173 |
| Indéfini | 34-128 |
| Indéterminé | 26 |
| Individualité | 22 |
| Infinité | 18 |

## J

| | |
|---|---|
| Jugements | 12 |

## L

| | |
|---|---|
| Libre arbitre | 168-175 |
| Lieu | 73 |
| Logique | 13 |
| Lois | 68 |

## M

| | |
|---|---|
| Matérialisme | 289 |

|  | Pages |
|---|---|
| Matière | 99-161 |
| Mémoire | 225 |
| Métamorphoses | 240 |
| Méthode historique | 200 |
| Miracles | 285 |
| Moi (le) | 23 |
| Molécules | 103 |
| Monades | 104 |
| Monothéisme | 265 |
| Morale | 257 |
| Mort | 205 |
| Mouvement | 86-110 |
| Moyens | 84 |

## N

| | |
|---|---|
| Naissance | 205 |
| Nature | 303 |
| Nécessité | 177 |
| Nombre | 37 |
| Notions | 12 |
| Noumènes | 48 |

## O

| | |
|---|---|
| Objectif | 8-11 |
| Ontologie | 47 |
| Organes | 119-164 |
| Organisations | 80 |

## P

| | |
|---|---|
| Panthéisme | 265 |
| Passivité | 82 |
| Pensées | 12 |
| Perfection | 18-278 |
| Personnalité | 22-186 |
| Phénomènes | 49 |
| Philosophie | 45-252 |
| Plein (le) | 105 |
| Pluralité | 24 |
| Point (le) | 76 |
| Polythéisme | 265 |

|  | Pages |
|---|---|
| Possibilité | 177 |
| Prescience | 204 |
| Prière | 293 |
| Principes | 85 |
| Progrès | 65-194 |
| Proportions | 37 |
| Providence | 297 |

### Q

| Qualités | 74 |
|---|---|

### R

| Raison | 13-15 |
|---|---|
| Raisonnement | 12 |
| Rapport | 27 |
| Règnes | 139 |
| Relatif | 23 |
| Religion | 251 |

### S

| Sacerdoce | 259 |
|---|---|
| Science | 44 |
| Sensibilité | 16 |
| Sensation | 16 |
| Sentiment-entendement | 16 |
| Sentiment affectif | 14-184 |
| Sentiment esthétique | 185 |
| Série | 137 |
| Socialisme | 1-266 |
| Solidarité | 82 |

|  | Pages |
|---|---|
| Sommeil | 191 |
| Subjectif | 8-11 |
| Substance | 49 |
| Supériorité | 136 |
| Symbolisme | 258-287 |
| Système | 271 |

### T

| Temps | 62 |
|---|---|
| Théologie | 266 |
| Thèses | 42 |
| Totalité | 24 |
| Toute-puissance | 285 |
| Transformation | 64 |
| Trinité | 319 |

### U

| Unicité | 20 |
|---|---|
| Unité | 19 |
| Univers | 127 |
| Universalité | 39-186 |

### V

| Vertu | 185 |
|---|---|
| Vice | 185 |
| Vide (le) | 105 |
| Vie (la) | 85 |
| Vie future | 209 |
| Volonté | 166 |

14,171 — ABBEVILLE, IMP. R. HOUSSE.

www.ingramcontent.com/pod-product-compliance
Lightning Source LLC
Chambersburg PA
CBHW070848170426
43202CB00012B/1986